강화도조약·임오군란의 뒤안길

세계사와 포개 읽는 한국 100년 동안의 역사 ❸

강화도조약·임오군란의 뒤안길

김 용 삼
근현대사 탐구가

백년
동안

제3권 서문

왜 그 많은 나라 중 일본이 조선을 개항시켰을까

1876년 일본은 조선 조정을 압박하여 조일수호조규, 이른바 강화도조약으로 조선을 개화의 길로 안내했다. 개화란 문명화, 곧 근대화를 의미한다. 한 나라가 개항을 하면 선진 자본주의 국가의 식량·원료 공급 시장 역할을 하고, 상품 판매 시장이 된다. 국제 분업 체계에 편입되면 산업 구조가 재편되고 노동 통제 양식이 변하게 된다. 강화도조약을 통한 조선의 개항은 다음과 같은 사회·경제적 변혁을 초래했다(이헌창, 『한국경제통사』, 도서출판 해남, 2012, 251쪽).

첫째, 국제무역의 확대, 근대적 교통·통신·금융 설비의 도입, 시장친화적 제도 수립 등으로 시장이 급성장했다.

둘째, 회사 제도가 도입되고 근대적 상공업 경영이 성장하는 계기가 되었다.

셋째, 미곡 수출 확대로 인해 지주제가 빠르게 성장했다.

넷째, 수직적 국제 분업 체제로의 편입과 외국 자본의 침투로 대외 종속성이 나타났다.

다섯째, 근대 사상과 근대적 변혁 주체의 형성을 위한 계기가 되었다. 근대 문명의 충격으로 개화사상이 출현하고 개화파가 결성되었다.

하지만 조선은 강화도조약 체결 후 위정척사파의 거센 저항으로 조약이 규정하고 있는 조항들을 시행하지 못했다. 조정 대신들은 개화·개방에 대한 저항이 거세지자 납작 엎드려 책임 회피에 급급했다. 일본이 새로운 요구를 해 오면 그때마다 지루한 논쟁을 벌였고, 아무런 결론도 내리지 못하고 상황에 끌려가는 무기력한 모습만 보였다(함재봉, 『한국사람 만들기 II』, 아산서원, 2017, 265쪽).

1876년 체결된 강화도조약에서 흥미로운 관전 포인트는 이제 막 근대화 열차에 올라 부국강병 드라이브를 걸던 일본이 조선을 개국시킨 주인공이었다는 사실이다. 러시아계 미국 사학자 조지 렌슨(George A. Lensen)은 강화도조약에 두 가지 중요한 요소가 숨어있다고 분석했다.

첫째, 강화도조약은 동아시아에서 전개된 영-러 대결이라는 국제 정세를 일본이 교묘하게 이용한 결과였다. 둘째, 러시아의 한반도 병합을 저지하기 위한 영국의 음모가 작용했다는 사실이다. 즉, 강화도조약은 일본이 주도했지만 배후 조종자는 영국이며, 조선과 일본의 관계 정립보다 훨씬 거대한 영-러 그레이트게임 차원에서 벌어진 고차원적 국제 외교 게임이었다는 뜻이다.

렌슨이 이런 분석을 내놓는 근거들이 있다. 영국 외교 라인은 1874년 일본이 타이완을 침공하자 그 의도를 정밀 분석했다. 만약 일본이 타이완에서 영향력을 강화할 경우 중국 남부 지역에서 향유하고 있는 영국의 이권과 충돌할 가능성이 있었다. 자국의 이익을 침해당하는 상황을 손 놓고 구경만 하면, 그것은 패권국으로서 자격 미달이다.

강화도조약 배후 조종 세력은 영국

일본이 타이완을 침공하자 영국은 발 빠르게 대응책을 마련했다. 우선 청나라에 일본과 조속히 화의를 맺도록 압력을 가했다. 일본에도 압력을 가해 일본의 야망이 자국 이권과 충돌할 우려가 있는 타이완 대신 한반도로 향하도록 유도했다.

1874년 타이완 침공의 뒤처리를 위해 메이지 신정부의 실력자 오쿠보 도시미치大久保利通가 베이징을 방문했다. 이때 주청 영국 공사 토머스 웨이드(Thomas F. Wade)는 오쿠보와 만나 "일본이 타이완 대신 조선으로 진출할 경우 열강의 지원을 받을 수 있을 것"이라고 점잖게 조언했다.

일본의 관심이 한반도로 향하도록 방향을 틀면 중국 남부 지역에서 확보한 영국의 이익을 침해당할 우려가 제거된다. 또 일본을 통해, 호시탐탐 한반도로 남진을 노리는 러시아를 견제할 수 있게 된다. 영국이 타이완을 향한 일본의 관심을 한반도로 향하도록 공작한 것은 고단수 이이제이以夷制夷 책략이었다. 영국의 책략 덕분에 1년 후인 1875년에 운요호雲揚號 사건이 발생했고, 1876년 일본의 강화도조약 체결로 결실을 맺게 된다.

일본 지도부는 영국의 책략을 눈치 채지 못할 정도로 아둔하지는 않았다. 일본은 러시아가 한반도로 남진하는 것을 봉쇄하려는 영국의 동아시아 정책에 편승해 실리를 챙겼고, 다른 쪽에선 러시아와 비밀 거래를 서슴지 않았다. 일본은 영-러 '그레이트게임'을 적절하게 이용해 실리를 챙겼다. 조선만 세상 물정 모르고 어물거리다 조약을 강제당한 것이 강화도조약 체결의 본질이다.

문명국 일본, 야만국 청나라

이삼성은 1840년에서 1910년에 이르는 구한말 70년을 '말기 조선'으로 정의하고 8개 시기로 세분한다. 그 시기 구분을 정리하면 다음 페이지의 표와 같다.

제3권에서 다루게 될 시기는 이 가운데 제3~4기, 연도로는 1873~84년 기간이다. 이 무렵 동아시아에서는 중화 질서의 중심국인 청나라와, 서양

조선 말기의 시기 구분

기	연도	특징
제1기	1840~1863	- 청나라에서 경천동지할 세계사적 변화가 진행되는 상황에서 세도정치라는 왕조 말기 증상 지속 - 진주민란 등 위기의식과 저항
제2기	1863~1873	- 대원군 집정기 - 전통적 스타일의 내정 개혁과 쇄국주의적 외정 - 내정 개혁과 쇄국 모두 의의와 한계 노정
제3기	1873~1882	- 개혁 실종된 개국의 시대 - 개국 통해 새로운 사회적 정체성 구축과 국가 능력 향상 위해서는 내정 개혁이 동반되었어야 - 근대적 개혁은 물론 대원군 집정기의 전통적 개혁마저 포기, 세도정치 시대로 후퇴 - 내란과 쿠데타 야기
제4기	1882~1884	- 연이어 일어난 군란과 정변이 야기한 혼란상 - 청의 군사 개입과 종주권 강화 초래 - 청일 간 긴장과 갈등 야기
제5기	1885~1894	- 또 하나의 잃어버린 10년 - 위안스카이 통해 전개된 청의 횡포 - 조선이 근대 사회를 자주적으로 건설하기 위해 노력할 수 있었던 마지막 기회 - 내정 개혁 의지 실종, 고종은 외세 끌어들여 청의 압박에서 벗어나고자 노력하는 과정에서 외교적 난맥상 연출
제6기	1894~1895	- 농민혁명 사태 폭발 - 내란 진압 위해 외세 불러들이면서 일본 지배로 연결 - 민 왕후 시해 사건
제7기	1895~1905	- 아관파천, 고종과 친러 내각 대한제국 선포 - 패자 부활의 기회가 주어졌던 10년 - 고종의 인아거일(引俄拒日) 정책 시도는 영·미 등 서양 해양 세력과 일본 사이의 제국주의 연대 촉진 - 일본의 한반도 지배가 국제사회의 축복을 받는 상황을 재촉
제8기	1905~1910	- 조선의 모든 잃어버린 시간들의 누적

출처 : 이삼성, 『동아시아의 전쟁과 평화 (2)』, 한길사, 2017, 15~18쪽.

근대화 방법론을 받아들인 일본의 숨 막히는 대결이 벌어졌다.

청나라 인구는 1741년 1억 4,000만 명에서 약 반세기 후인 1799년 3억 명으로 배 이상 늘었다. 그로부터 반세기가 지난 1850년에는 4억

3,000만 명으로, 100년 만에 인구가 3배 증가했다. 반면에 제3대 황제 순치제順治帝(재위 1643~1661) 말기부터 건륭제乾隆帝(재위 1735~1796) 말까지 140년간 중국의 경지 면적은 5억 무畝에서 9억 무로 증가하는 데 그쳤다. 그 결과 건륭제 말기 중국의 1인당 평균 경지 면적은 4무, 19세기 초인 도광제道光帝(재위 1820~1850) 시기에는 2.25무로 줄었다(이삼성, 『동아시아의 전쟁과 평화 (2)』, 한길사, 2017, 157~158쪽).

1무는 평수로 환산하면 30평, 약 99.174제곱미터다. 당시 중국에서 1인당 최저 생활에 필요한 경지 면적은 4무, 즉 120평이었다. 이 기준으로 볼 때 도광제 시대에는 인구의 3분의 1이 기아 혹은 반半기아 상태에 놓이게 되었다(표교열, 「제1·2차 중영전쟁」, 서울대학교 동양사학연구실 편, 『강좌 중국사 V: 중화제국의 동요』, 지식산업사, 1989, 14~15쪽).

페리 함대의 내항으로 개국한 일본은 메이지유신을 통해 봉건 질서를 해체하고 중앙집권적 근대 국가 건설에 나섰다. 일본은 경이적인 스피드로 근대화에 성공하면서 국력이 신장되어, 동아시아의 패권을 장악해 온 청과의 대결 국면이 형성되었다. 일본은 중화 제국의 변방 울타리를 형성하고 있던 타이완을 침공(1874)하고, 류큐(오키나와)를 병탄(1879)한 데 이어, 중국이 늘 입술이 없으면 이가 시린脣亡齒寒 관계라고 주장해 온 조선을 차지하기 위한 의지를 불태웠다.

조선이 개항한 1876년부터 1894년 청일전쟁에 이르는 18년 동안 청-일 대립의 핵심 이슈는 조선 문제였다. 조선을 책봉-조공의 중화질서 체제하에 두느냐, 아니면 중화질서에서 분리시켜 국제조약 체제로 편입시키느냐의 격돌이었다.

당시 일본은 문명 표준국에 도달하는 것을 국시로 삼고 있었다. 일본 시각에서 바라볼 때 청일전쟁은 국제법을 수용한 '문명국' 일본이 국제법을 거부하고 책봉-조공이라는 전근대적 체제를 고집하는 '야만국' 청나라와 벌인 문명 전쟁이었다(야마무로 신이치, 정재정 옮김, 『러일전쟁의 세기』, 도서출판 소화, 2010, 46쪽).

일본이 조선을 노린 이유

일본 근대화의 아버지로 추앙받는 후쿠자와 유키치福澤諭吉는 청일전쟁을 "문명과 야만의 전쟁"으로 정의했다. 일본 개신교 사상가 우치무라 간조內村鑑三도 "야만주의 보호자인 청에게 문명을 선포하기 위한 의로운 전쟁義戰"이라고 주장했다. 언변은 그럴듯했지만, 청일전쟁의 실상은 조선의 자주독립을 위한 문명과 야만의 전쟁도, 의로운 전쟁도 아니었다. 현실 용어로 설명하면 누가 조선을 지배할 것인가를 놓고 아시아의 전통 맹주인 청과 신흥 강국 일본이 벌인 패권 쟁탈전이었다.

19세기 후반 서양 열강이 아시아에서 가장 관심을 가진 지역은 풍부한 자원을 보유한 인도와 중국, 동남아시아였다. 조선은 보유 자원이나 산업, 노동력, 소비 시장 면에서 그들 관심권 밖에 위치한 나라였다. 너무나 가난해 "착취할 것조차 없는 불모지"였던 셈이다. 여기서 의문이 제기된다. 일본은 서양 열강이 거들떠보지도 않는 조선에 왜 그토록 집착했을까?

일본은 메이지유신을 추진하는 과정에서 정치·사회·산업·국방 등의 제도 개혁에 막대한 재정이 요구되었다. 도쿠가와 막부 시절 일본은 260여 번藩으로 분리되어 재정 및 통치를 지방 영주들이 담당하는 분권형 국가 체제였다. 메이지유신 과정에서 영주들이 다스리던 영지領地와 영민領民을 일본 천황에게 반환해 중앙집권 국가로 변신했다.

이 과정에서 번이 안고 있던 부채가 중앙 정부로 귀속되었다. 막번 체제하에서 전쟁은 사무라이들의 영역이었다. 메이지유신 후 전쟁은 일반 국민을 징집해 훈련시킨 국민군이 담당하게 되었다. 그 결과 전투를 업으로 하던 사무라이 계급이 실업자로 전락했는데, 그들을 먹여 살리는 일도 중앙 정부가 떠안았다. 실직한 사무라이에게 제공되는 월급이 중앙 정부 전체 예산의 3분의 1을 차지할 정도로 큰 부담이었다.

근대화에 필요한 재원은 백성 호주머니를 쥐어짜 내는 증세, 불환지폐 발행(돈 찍어내기), 생사生絲(명주실) 수출 수익금으로 충당했다. 하지만 세입에 비해 지출이 많아 재정 수요를 감당하기 힘들었다. 결국 일본도 서양 열강처럼 힘을 앞세운 제국주의적 침략 유혹에 빠져들었다. 그들의 국력으로 볼 때 만만한 상대는 세상 물정 모른 채 여전히 순한 양처럼 유교적 미덕을 추구하면서 마키아벨리즘의 국제정치 바다에 떠있는 외로운 '플라톤의 섬' 조선이었다.

| 차례 |

제1장

동양에서는 왜 산업혁명이 일어나지 않았을까

국제정치학에서는 동아시아를 포함한 비서양 세계가 경제적으로나 군사·정치적으로 유럽이 주도하는 패권 질서에 편입된 시점을 1850년 전후로 보고 있다. 1850년은 영국이 아편전쟁을 일으켜 중국을 근대 조약 체계로 이끌어 낸 지 10년 후다. 전 지구적 국제 체제가 1850년에 성립된 것은 중국을 중심으로 한 중화 질서가 아편전쟁을 분수령으로 사실상 종언을 고하게 되었음을 뜻한다(이삼성, 『동아시아의 전쟁과 평화 (2)』, 2017, 30쪽).

그렇다면 중국에 한참 뒤져 있던 서양, 그중에서도 영국이 세계를 주도하는 국제 질서를 창출한 원동력은 무엇이었을까? 유럽 국가들은 15세기부터 대양으로 뻗어나가 아메리카와 아프리카를 식민지로 개척했다. 이것이 제1차 대항해 혁명이다. 포르투갈은 바스쿠 다가마(Vasco da Gama)를 시작으로 동진東進해 1510년 인도 서해안의 고아를 점령했고, 1511년에는 말레이반도 서남부의 항구 말라카를 점령했다. 에스파냐는 1519년부터 마젤란의 세계 일주를 시작으로 서진西進해 멕시코를 거쳐 1565년 필리핀에 도착했다. 1571년 에스파냐는 필리핀에 대한 영유권을 선언했다. 이로써 유럽인들의 대항해 시대가 본격화했다. 인도양에서 말라카해협에 이르는 해상무역권은 포르투갈이 장악했다.

중남미 대륙을 정복한 에스파냐 정복자들은 멕시코의 사카테카스(Zacatecas)와 볼리비아의 고도 3,976미터 고원 도시 포토시(Potosi)에서 대량의 은銀을 채굴했다. 그들은 중남미에서 생산된 은으로 중국의 도자기와 차를 수입했으며, 유럽에 풍부한 은을 공급해 산업 발전의 토대를 마련했다.

유럽 군주들은 재정 수입을 늘리기 위해 낯설고 광활한, 때로는 무섭고 모험적인 바다로 눈을 돌렸다. 가장 먼저 에스파냐와 포르투갈, 이어서 네덜란드와 영국이 해상무역에 뛰어들었다. 당시의 항해술이나 보건의료, 과학기술은 현재 수준으로 보면 원시적이고 보잘것없었다. 이런 상태에서 선단을 구성해 유럽에서 서인도제도나 인도네시아, 인도, 아메리카까지 항해하는 것은 요즘으로 치면 인간을 달에 보내는 것만큼이나 위험한 모험이었다.

1600년 네덜란드가 일본에 파견한 다섯 척의 선박 중 두 척은 에스파냐 해적에게 나포됐고, 한 척은 회항했으며, 한 척은 침몰했다. 목적지에 도착한 선박은 리프더(Liefde)호 한 척뿐이었다. 당시 대서양·인도양·태평양을 가로지르는 대항해는 성공 확률 20퍼센트의 목숨 건 모험이었다.

기업이 국가 대신 해외 식민지 개척

유럽 국가들의 해상무역과 식민지 획득 방법은 나라마다 달랐다. 에스파냐는 해외 영토를 국가가 직접 개척하고 지배하는 방식이었다. 반면에 네덜란드와 영국은 식민 통치에 따르는 비용을 최소화하고 재정 수입을 극대화하기 위해 새로운 방법을 고안해 냈다. 그들은 국왕의 명령을 충실하게 수행하고 돈도 벌기 위해 국가가 공인한 수탁 회사

(chartered companies), 즉 기업이라는 제도를 고안해 냈다. 이 회사에 군사력을 포함한 모든 권력을 위임하고 그 회사가 무역과 식민지 운영을 책임지게 하는 형태로 진행되었다. 정부 기관 성격이 짙은 영국의 동인도회사가 대표적이다.

1500년대에 동인도 향료 무역은 에스파냐와 포르투갈이 독점하고 있었다. 1588년 영국이 에스파냐 무적함대를 격파하면서 숨통이 트인 영국도 해상무역에 참여할 수 있는 길이 열렸다. 영국은 1600년 12월 31일 영국 국왕의 특허를 받은 동인도회사를 설립했다. 정식 명칭은 '동인도 무역을 위한 정부 및 런던 상인들의 회사'(Governor and Company of Merchants of London Trading into the East Indies)였다. 영국 왕실은 이 회사에 인도양과 태평양 무역 독점권을 부여했다.

국가로부터 특수한 사업을 위탁받은 수탁 회사들은 신대륙의 상권 장악을 위해, 시장 개발과 영토 정벌 및 자국의 근대화에 필요한 자원 확보를 위해 반反문명적·반인륜적 행위를 서슴지 않았다. 영국 동인도회사는 인도양과 동남아시아에서 포르투갈을 몰아내고 해상무역권을 차지했다.

이 회사는 이름만 회사였을 뿐, 회사가 진출한 영토 내에서 사법권·치안권은 물론 외교권과 군사행동권까지 보유했다. 회사 수장首長이 식민지 총독을 겸한 사실상의 총독부였다. 1689년 동인도회사는 영국군 총병력의 두 배에 해당하는 26만 명의 군대를 보유하고 인도의 벵골·첸나이·뭄바이를 국가처럼 통치했다.

영국이 동인도회사를 설립하자 네덜란드 정부도 2년 후인 1602년 네덜란드 동인도회사(VOC)를 설립하고 동양 무역 독점권을 부여했다. 이 회사는 영국 동인도회사와는 달리 주식을 발행해 투자 자금을 모았고, 이익금을 투자 금액에 따라 분배하는 제도를 도입했다. 인류 최초의 주식회사가 탄생한 것이다. 그 결과 주식 발행을 통해 대규모 무역을 가능케 하는 자본을 모아 해외 개척에 모험적 투자를 함으로써 원양 항해 시대를 열었다.

그들은 1618년 자와(자바)섬에 바타비아(Batavia, 현재의 자카르타)를 건설하고 그곳에 총독 정청(政廳)을 설치한 뒤 포르투갈·영국 세력을 쫓아내고 맹주 자리를 차지했다. 그들은 1609년 무역선단을 일본에 보내 무역을 독점하고 은화 수입원을 마련했다.

네덜란드 동인도회사는 17세기에 동양 무역에서 우월적 지위를 확립해 세계 최대의 무역 회사로 성장했다. 하지만 17세기 후반부터 영국에 밀리기 시작해 1799년 해산했다. 일본은 만주와 조선을 식민화하는 과정에서 동인도회사를 모방해 1906년 남만주철도주식회사(만철), 1908년 동양척식주식회사를 설립한다.

15~16세기 대항해시대가 제1차 해양혁명이었다면, 제2차 해양혁명은 증기와 강철(steam and steel)의 결합으로 탄생했다. 나무로만 만들던 선박 건조에 철이 사용된 것은 1830년대부터였다. 한편에선 제임스 와트(James Watt)가 증기기관 설계를 개선해 크기는 작아지고 연료 효율은 높아졌다. 그 결과 철선과 증기기관의 접목이라는 문명사의 신기원이 열렸다. 철선 시대는 필연적으로 선박의 대형화·고속화 현상을 불러왔다. 목선 시대와 비교하면 철선의 크기와 적재 톤수는 열 배 이상 늘었다.

전쟁은 과학기술을 낳는다

증기기관이 가져온 혁명은 해양뿐만이 아니라 육상에서 철도 보급도 촉진했다. 철도 산업은 철과 석탄을 포함한 자본재 산업의 혁명적 팽창을 야기했다. 철도 시대의 첫 20년(1830~1850) 동안, 영국의 철 생산량은 68만 톤에서 225만 톤으로, 석탄 생산량은 1,500만 톤에서 4,900만 톤으로 모두 세 배 이상 늘었다(이삼성, 『동아시아의 전쟁과 평화 (2)』, 2017, 97쪽).

서양이 제2차 해양혁명 및 산업혁명으로 몸살을 앓은 17세기 중엽부터 19세기 중엽까지의 200년 동안, 유럽은 혁명과 전쟁의 소용돌이에서 헤어나지 못했다. 전쟁 그 자체는 비극이었지만, 한편에선 문명을 바꾸는 전환점이기도 했다. 군사 기술이 산업의 기계화를 촉진한 덕분이다. 1789년 프랑스혁명 이후 1815년까지 전개된 나폴레옹전쟁은 유럽에서 군사 기술 혁명의 결정적 계기를 제공했다. 유럽은 나폴레옹전쟁 시기에 빠른 속도로 수작업 체제를 공장 생산 체제로 이동시켰다. 유럽이 '세계의 공장'으로 일어선 것은 나폴레옹전쟁 덕분이다.

자고 일어나면 터지는 전쟁으로 인해 유럽의 군주들은 전쟁을 치를 '자금' 마련에 애를 먹었다. 전쟁 수행을 위해 백성들에게 부과하는 세금을 크게 늘렸고, 돈줄을 쥐고 있는 귀족 세력과 교회, 도시의 이익집단들과 협상해야 했다.

유럽 국가들은 재정이 부족하면 공채를 발행해 상인들로부터 신용대부를 받았다. 이런 과정에서 유럽의 근대적 금융 제도가 발달했다. 돈을 빌리는 입장이 된 유럽 군주들의 권력은 축소되고 납세자 권한이 확대되면서 입헌군주제로 전환되어 갔다.

같은 기간, 동아시아는 청 제국이 주도하는 팍스 차이나(Pax China) 체제 아래 평화의 시대를 구가했다. 청나라는 국가 재정이 부족해지면 농업 분야에 추가 조세를 부과하거나, 기부금을 받고 관직을 주는 매관매직으로 해결했다. 근대적 금융 제도가 발아할 여건은 전혀 성숙하지 못했다.

중국이 18세기까지 유럽을 훨씬 앞지르는 경제력을 가질 수 있었던 이유는 농촌 가내수공업(원시 산업화)에서 상당한 발전을 이루었기 때문이다. 중국은 그 단계에서 멈춰 선 채 공장형 산업화 단계로 도약하지 못하고 제자리걸음을 하며 정체 내지 퇴보를 거듭했다. 앞으로 나아가지 못하고 제자리에서 헛바퀴질을 계속하며 정체 내지 퇴보하는 현상을 학자들은 인볼루션(involution)이라고 정의했다.

양무운동 시동

1860년 제2차 아편전쟁 당시 영국-프랑스 연합군이 베이징北京을 점령하고 위안밍위안圓明園을 파괴하면서 중국 지식인들은 서양 근대 문명을 받아들이기 위해 대비책을 수립한다. 1861년 궁정 쿠데타로 권력을 장악한 서태후와 공친왕은, 상군湘軍·회군淮軍을 일으켜 태평천국의 난을 평정한 쩡궈판曾國藩·쭤쭝탕左宗棠·리훙장을 비롯한 인사들과 손잡고 근대화를 추진한다.

그들의 관심은 중국이 땅덩어리로 보면 프랑스보다 100배 크고 영국보다 200배 큰데, 그들은 왜 그렇게 작으면서도 그토록 강하고 우리는 왜 이토록 크면서도 이토록 약한가였다. 이를 연구한 끝에 외국어·수학·과학 등을 공부해 자강을 추구하기 시작한다. 그들은 국제 무역을 통해 거둔 관세를 근대식 무기창과 조선소 건설에 투자해 군사력을 키우고, 근대식 학교를 설립해 서양의 과학기술과 국제법을 가르치고 서양에 유학생들을 파견한다. 동치중흥同治中興, 양무운동洋務運動의 시작이다.

과거 중국을 침략한 흉노·거란·여진·몽골 등은 모두 유목 민족이었다. 중국의 변방 문제는 주로 서북 지역에서 일어났다. 때문에 서북 변방만 잘 지키면 되었다. 그런데 서양 오랑캐는 모두 해양 세력이었다. 서양 오랑캐들은 배를 타고 쳐들어오니 동남 해안선이 무방비로 노출되었다. 프랑스는 남쪽을 위협하고, 영국은 서쪽을, 러시아는 북쪽을 위협했다. 내륙과 바다로부터 동시에 위협받는 것은 지난 수천 년 이래

한 번도 경험한 적이 없는 변고였다.

중국의 살길은 자강이었다. 이를 위해 서양의 군함과 총포뿐만 아니라 서양 과학기술까지 배워야 했다. 서양과의 교류, 서양 기술 받아들이기, 서양 따라 하기, 서양 흉내 내기였다. 서구로부터 양무를 배우는 목적은 중국의 자강, 즉 부국강병이었다. 이를 위해 무기와 군함 등 군사 산업뿐만 아니라 해상 수송, 탄광, 방직, 철도, 화폐, 철강 생산에 필요한 서양 기계와 기술을 도입했다. 리훙장은 군사 제도 개혁을 '변법變法'이라고 명명했다.

서양 지식 수입을 위해 서양 책들이 중국어로 번역 출간되기 시작했다. 서양식 근대 교육을 위해 1862년 베이징에 동문관同文館을 설립했다. 이를 신호탄으로 1863년에는 상하이上海에 광방언관廣方言館, 1864년에 광둥 서학관西學館, 상하이 동문관, 광둥 동문관이 설립됐고, 1866년 푸저우에 영어·프랑스어·해양술·공학을 가르치는 학교를 열었다.

서양과의 외교를 전담하기 위해 1861년 총리아문이 설립되었고, 변법자강의 재원 마련을 위해 해관이 설치되었다. 1870년 말 청조의 재정은 총 6,000만 냥 정도였다. 가장 큰 세수원은 토지세였고, 그다음으로 이금釐金이라 불린 통과세가 1,800만 냥으로 전체의 30퍼센트 정도를 차지했다. 해관 수입은 1,200만 냥으로 청조 전체 재정의 약 20퍼센트를 차지했다.

중국은 인볼루션, 유럽은 산업혁명

무기를 만들기 위해 병기창이 건설되었다. 리훙장이 상하이에 강남기기제조총국을 설립하고, 룽훙容閎이 미국에서 구입해 온 기계를 설치한다. 1867년 중반, 강남기기제조총국은 매일 15정의 장총과 100개의 12파운드 포탄, 매달 18개의 12파운드 대포를 제조한다. 쩡쭝탕은

1866년 황제의 재가를 받아 푸저우에 프랑스인들을 고용해 근대식 조선소 마웨이馬尾선정창을 건설한다. 1867년엔 톈진기기제조총국이 설립되었다. 이곳에서는 1874년부터 하루 1톤의 화약, 대량의 탄창과 포탄을 생산한다.

동치중흥, 변법자강, 양무운동……. 이름은 그럴듯했고 막대한 예산이 투입되었지만 기대했던 것만큼의 성과는 나오지 않았다. 무기 성능은 서양식에 비해 크게 뒤졌고, 증기선의 건조 비용은 많이 들어갔으나 서양 배에 비해 느리고 연료 효율도 낮았다. 급진적으로 발전하고 있는 서양 과학기술을 따라잡기에는 역부족이었다.

1870년대 양무운동을 일으켜 청의 부흥을 주도한 지도자들이 모두 죽거나 권력에서 축출된다. 공친왕과 서태후가 갈등 관계에 빠지면서 양무운동도 한계에 부닥쳤다. 전통적 주자성리학 입장을 고수하는 반외세주의자들은 공친왕·쩡궈판·리훙장 등 양무파를 끊임없이 공격하고 비판했다.

게다가 전통주의자와 양무파 공히 목표는 동일했다. 유교 문명의 보전이었다. 보수파가 중국 문명을 유지하기 위해서는 중국 문명을 하나도 고치지 않고 있는 그대로 지켜야 한다고 생각했다면, 양무파는 근대식 개혁을 통해 중국의 우월한 문명을 지키고자 했다. 이른바 중체서용中體西用의 논리였다.

중체서용론이 중국 지식인들에게 매력적이었던 이유는 서양 과학기술 문명을 받아들이면서도 중국 문명이 우월하다는 심리적 위안을 제공해 주었기 때문이다. 아무리 서양을 따라 하더라도 중국이 본체이고 서양은 실용에 불과하기 때문에 중국은 여전히 서양보다 앞서 있고, 따라서 중국 문명 자체를 바꿀 필요가 없다는 데 양자는 동일한 입장이었다(함재봉, 『한국사람 만들기 III: 친미기독교파 1』, H프레스, 2020, 498쪽).

동치중흥 지도자들은 자강과 양무를 결코 부국강병과 동일시하지 않았다. 그들은 경세치용經世致用을 중시했지만, 그렇다고 왕도정치의 이상을 버리지 않았고, 여전히 농업을 기반으로 하는 이상적인 유교 국가를 꿈꿨다. 서양식 무기창과 조선소를 건설하고 서양 학문을 가르치는 동문관과 총리아문을 설립해 구미 열강과 근대식 외교를 시작한 것도 모두 경세치용을 중시하는 유교적 왕도정치의 틀 속에서 이해되고 이행되었다(함재봉, 『한국사람 만들기 III: 친미기독교파 1』, 2020, 503~504쪽).

강남기기창에서는 영국인 존 프라이어(John Fryer)와 중국 학자들이 서양의 최신 과학기술 관련 서적 100여 권을 번역한다. 이 과정에서 이들은 서양의 개념을 중국어로 표현하기 위해 수많은 신조어를 만들어 내는 등 각고의 노력 끝에 번역서들을 낸다. 그러나 이 책들을 읽은 중국 학자는 거의 없었다(함재봉, 『한국사람 만들기 III: 친미기독교파 1』, 2020, 504쪽). 따라서 양무를 하든 변법을 하든, 중체서용을 고수하는 한 중국은 인볼루션에 빠져 18세기 상태로 머물러있을 수밖에 없었다.

중국이 이처럼 헤매고 있을 때, 영국을 비롯한 서양은 산업혁명을 통해 생산력과 자본의 무한정한 확장이 가능한 산업자본주의 시대로 접어들었다(이삼성, 『동아시아의 전쟁과 평화 (2)』, 2017, 36쪽). 상업자본이 산업자본으로 전환되는 과정을 선두에서 견인한 것은 중공업이었다. 중공업은 농업이나 원시 산업화와는 비교조차 되지 않을 정도로 대규모 자본 및 기술이 요구된다. 유럽에서 발달한 근대적 금융 제도는 중공업 건설에 필요한 대규모 자본을 조달하는 창구 역할을 했다. 이러한 조건들이 공장 생산 체제에 바탕을 둔 산업자본주의로의 이행을 촉진했다(이삼성, 『동아시아의 전쟁과 평화 (2)』, 2017, 100~103쪽 참조).

노예·아편 무역이 인류 역사에 끼친 영향

그렇다면 따져봐야 할 요소가 많다. 우선 유럽에서는 산업혁명이 일어나 생산력이 폭발적으로 늘어난 반면, 중국을 비롯한 동아시아에선 왜 산업혁명이 일어나지 않고 정체를 거듭했을까? 영국의 마르크스주의 역사학자 에릭 홉스봄(Eric J. E. Hobsbawm) 같은 사람은 서양에 내재한 정신문명적 우월성이 아닌 다른 곳에서 주된 원인을 찾는다. 그는 유럽이 식민주의적 팽창을 통해 자본 축적을 이루었기 때문에 산업혁명으로 이행할 수 있었다고 분석한다.

홉스봄의 견해에 의하면 18세기까지 유럽은 중국과 인도 등 아시아에 비해 경제력이나 산업력에서 우월한 위치에 있지 않았다. 홉스봄은 『혁명의 시대』『자본의 시대』『제국의 시대』 3부작을 통해 인류가 프랑스대혁명, 산업혁명, 시민혁명을 계기로 어떻게 변화 발전했으며, 그것을 통해 유럽 세계가 어떻게 형성되었는지를 밝혀냈다.

인도가 유럽의 식민지로 전락하기 전까지만 해도 유럽이 동양에 판매할 수 있는 물건은 거의 없었다. 오히려 동양이 늘 유럽에 필요한 물건을 공급하는 입장이었다. 그럼에도 불구하고 유럽은 산업혁명 이전에 무역수지 균형을 유지했다. 홉스봄은 그 이유를 노예 무역과 아메리카 식민지에서 노예노동으로 생산한 금·은·면화·해적 등 강도적 활동의 결과라고 설파했다.

1757년 벵골의 플라시(Plassey) 전투에서 무굴 제국 군대가 영국에 패배해 식민지가 되기 전까지 인도는 굴지의 면직물 수출국이었다.

유럽인들은 아프리카 흑인들을 노예로 잡아 자신들이 식민지로 개척한 아메리카 대륙으로 끌어갔다. 영국은 아메리카 대륙에서 노예노동을 통해, 그리고 인도 벵골 지역에서 대규모로 면화를 재배해 자국으로 운반해 왔다. 수입된 면화는 영국의 공장에서 면직물로 재탄생해 해외로 수출되었다. 1757년 이후 인도는 영국 면직물의 소비 시장으로 전락했다. 1820년 영국이 인도에 수출한 면직물은 1,100만 야드였는데, 20년 후인 1840년에는 1억 4,500만 야드로 13배나 늘었다.

왕립 아프리카회사(RAC)는 노예 무역으로 막대한 이익을 올려 영국 경제를 이끌었다. 1798년 무렵에는 연간 150척의 노예 무역선이 리버풀 항을 출항했다. 당시 영국 선박들은 연간 40만 명의 노예를 아프리카에서 아메리카 대륙으로 실어 날랐다. 18세기의 마지막 10년 동안 영국이 해외 무역으로 벌어들인 수입의 4분의 3이 노예 매매 연관 사업에서 발생한 것으로 추정된다.

산업혁명이 중국이 아닌 영국에서 일어난 이유

영국에서 면방직 산업이 본격적으로 기계화 단계에 돌입한 시기는 1815년 이후였다. 홉스봄은 산업혁명을 통한 유럽 국가들의 동양 무역이 동서양 역전의 분수령이 되었다고 해석했다. 홉스봄은 『혁명의 시대』에서 산업혁명을 "기계화된 공장 체제의 창조"라고 정의했다. 기계화된 공장 체제 성립은 대량생산을 가능케 했고, 생산 비용을 급격히 줄였으며, 끊임없이 시장을 팽창시켰다.

영국 면방직 산업은 노예 무역항인 브리스틀·글래스고·리버풀·랭커셔를 중심으로 발달했다. 노예·면화·면직물 산업은 아프리카·아메리카·유럽을 긴밀하게 연결해 세 대륙이 동일한 경제 구조로 작동하는 시대가 개막됐다. 이것은 영국의 자본주의 발전에서 노예 무역이 결정적인 역할을 했다는 사실을 증명한다.

유럽인들은 1450년부터 1750년까지 3세기에 걸쳐 인류 역사상 최악의 조직범죄인 노예 무역을 통해 동양을 추월하는 산업적 토대를 닦았다. 유럽의 부는 결국 아프리카 및 아메리카 대륙의 인력과 자원을 착취한 결과물이었다. 이처럼 세 대륙을 연결하는 자본 창출이 산업혁명을 일으켰고, 그것이 바로 유럽이 아시아를 추월한 비결이었다. 마르크스는 유럽 국가들이 비유럽 지역의 인력과 자원을 착취해 형성한 자본을 "피와 땀으로 이룩한 자본"이라고 비난했다.

홉스봄은 1848년경 세계 경제에서 영국이 차지했던 위상을 "100만 마력의 증기기관, 1,700만 개의 방적기를 통한 매년 200만 야드의 면직물 생산, 5,000만 톤의 석탄 채광, 연간 무역고 1억 7,000만 파운드"로 정리했다. 영국의 면직물 소비는 미국의 두 배, 프랑스의 네 배였고, 선철銑鐵은 당시 경제 선진국 생산량 총계의 절반을 영국이 생산했다. 영국 국민 1인당 철 사용량은 벨기에의 두 배, 미국의 세 배, 프랑스의 네 배 이상이었다.

증기기관과 철강을 토대로 바다에서는 증기선이, 육지에서는 철도가 탄생했다. 증기선과 기차는 중세와 근대를 나누는 분수령이었다. 인류 문명을 견인한 중요한 기술이었던 화약·나침반·인쇄술은 중국인들의 발명품이었다. 조세프 니덤(Joseph Needham)은 자신의 저서 『중국의 과학과 문명』에서 산업혁명 이전에 중국의 과학기술 수준은 유럽을 훨씬 앞서 있었다는 사실을 밝혀냈다. 유럽 학자들은 서양 과학기술이 중국을 앞서기 시작한 시점을 1815년으로 본다.

그렇다면 증기선과 기차를 탄생시킨 산업혁명이 동양의 중국이 아니라 서양의 영국에서 일어난 이유는 무엇인가? 다시 말하면 대량생산 체제를 요구하는 산업과 그에 필요한 조건들이 왜 영국에서 먼저 갖춰지게 되었을까? 이삼성 교수는 그 이유를 다섯 가지로 분석한다(이삼성, 『동아시아의 전쟁과 평화 (2)』, 2017, 83~98쪽 참조).

첫째, 영국은 1757년 플라시 전투에서 무굴 제국을 무너뜨리고 인도를 식민지화하면서 거대 시장 확보에 성공했다.

둘째, 영국의 농촌 노동자들이 토지로부터 유리되어 농업노동자로 탈바꿈했고, 19세기에 그들이 도시로 이동하면서 도시화 현상이 일반화되었다.

셋째, 아메리카 대륙을 식민화하면서 상당수 노동력이 식민지로 이주해 노동비가 비싸지자, 이를 극복하기 위해 기계 발명이 절실해졌다(임금 상승).

넷째, 면방직 산업에서 인건비를 줄이기 위해 기계화가 혁명적으로 전개되었다(기계화 추진).

다섯째, 석탄을 원료로 한 기계 동력장치들이 발명되고, 증기선과 철도를 통해 세계의 거리가 좁혀졌으며, 군사기술 혁명이 일어났다.

거대 시장 및 노동력 확보, 임금 상승으로 인한 기계화 추진, 기계 동력장치인 증기기관 발명과 그 원료의 원활한 보급이 가능했던 나라는 중국이 아니라 영국이었다.

금속활자 발명국과 문명개화

영국이 아편전쟁을 일으켜 중국을 공격한 1840년은 조선이 450여 년 유지해 왔던 대외 관계의 기둥이었던 책봉-조공 관계의 중화질서가 무너지기 시작한 해다. 또 무소불위의 세계 강국으로 인식되었던 청나라가 알고 보니 허깨비라는 사실이 드러나면서 서양 열강의 중국 뜯어먹기 공세가 시동 걸린 해다.

국제 상황이 엄중했음에도 불구하고 조선의 국가 지도부가 아편전쟁에서 어떤 자극이나 충격을 받은 것 같지는 않다. 중화 제국 중심의 외교 질서는 영국이 동아시아에 등장함으로써 격렬한 소용돌이에 휩싸였다. 이 와중에 조선은 서양 열강과의 통상 조약 체결을 통해 근대적 조약 질서 체제로 이행하게 된다.

한국인들은 세계 최초로 측우기와 금속활자를 발명하고, 과학적인 문자인 한글을 창제한 문명국이라고 프라이드가 대단하다. 세종 대왕이 한글을 창제한 연대는 1446년. 이를 중국 주변국에서 자국 문자를 만들어 쓴 사례와 비교해 보자. 돌궐(투르크)은 7세기, 티베트는 7세기 후반, 일본은 9세기, 거란족은 서기 920년, 여진족은 1119년, 몽골은 1225년이다. 중국 주변국 중에서 한글보다 늦게 창제된 문자는 찾아보기 힘들다.

몇 가지 의문을 더 제기해 본다. 과학기술의 빛나는 성과물인 측우기와 해시계를 발명한 나라가 농업 생산성에서 동아시아 꼴찌 수준을 면치 못한 이유는 무엇일까? 인류 최초로 금속활자를 발명한 문명국에서 서양처럼 출판을 통한 지식혁명은 왜 일어나지 않았을까?

주자성리학적 우주 질서를 거대 담론으로 즐기는 조선의 양반 관료들은 농업 생산성을 증대하기 위해 중국으로부터 모내기, 시비법, 객토법 등 강남농법을 받아들이는 데까지는 열심이었다. 하지만 그것으로 끝이었다. 그 후 조선 농민들의 생산성을 증대하기 위한 절실한 의지는 존재하지 않았다.

조선 지도부는 생산성을 증대시켜 농민을 잘살게 한다는 생각 자체를 갖고 있지 않았다. 오히려 농업 생산성이 높아져 백성들 배에 기름기가 끼면 자신들의 통치 행위에 도전할 가능성이 높아진다고 우려했다. 때문에 그들은 농업 생산성 증대를 위해 국가 차원에서 어떤 노력도 기울이지 않았다.

1997년 미국 언론인 바워스 부부와 고트리브 부부는 지난 1,000년 동안 인류 발전에 기여한 가장 위대한 인물을 선정하기 위한 조사를 진행했다. 그 결과 역사상 가장 위대한 인물 1위에 선정된 사람은 금속활자를 발명한 구텐베르크, 2위는 아메리카 대륙을 발견한 콜럼버스, 3위는 독일의 종교개혁가 마르틴 루터였다. 1998년 「라이프」 잡지의 조사에서도 지난 1,000년의 가장 중요한 기술 혁신 100가지 중에서 구텐베르크가 발명한 금속활자가 1위를 차지했다.

조선에서 '지식혁명'이 일어나지 못한 이유

구텐베르크가 금속활자를 활용해 대량 인쇄를 하기 전까지는 책 한 권을 필사하는 데 평균 2개월 걸렸다. 반면에 구텐베르크 인쇄기가 발명된 후에는 1주일에 책 500권이 생산되었다. 서기 500년부터 1400년대까지 유럽 전역에서 필사된 책의 총량은 10만 권 정도로 추산된다. 구텐베르크가 금속활자를 이용한 활판인쇄술을 발명한 이후 불과 50년 만에 유럽 각국에서 2,000만 권에 달하는 인쇄본이 간행되었다.

구텐베르크의 인쇄술 덕분에 필사본과는 비교가 안 될 정도로 서적이 대량, 다종 생산되어 저렴한 가격에 대중에게 판매되었다. 부자인 귀족이나 수도원에서만 소유할 수 있던 책들을 서민들도 부담 없이 사서 읽을 수 있게 되었다. 그 결과 지식과 정보의 대폭발로 인한 지식혁명이 일어났다.

금속활자는 구텐베르크보다 100년 이상 앞서 고려에서 발명되었다. 현존하는 가장 오래된 금속활자 인쇄본은 1337년 청주 흥덕사에서 인쇄된 『직지심체요절直指心體要節』이다. '직지심경'이라 불리는 이 책은 부처와 승려들의 어록, 대화, 편지 등에서 선禪의 깨달음에 관한 부분을 간추려 정리한 것이다.

고려와 조선에서 제작된 금속활자가 세계 최초, 최고 수준임은 누구도 부인할 수 없는 역사적 사실이다. 그렇다면 왜 지식혁명의 월계관이 고려와 조선의 금속활자를 발명한 장인이 아니라 서양 기술자 구텐베르크에게 넘어갔을까?

서양에서는 국가의 필요에 의해, 의도된 목적으로 인쇄업이 발달한 것이 아니다. 개인이 이익을 얻기 위해 자발적으로 투자하고 심혈을 기울여 출판 사업을 이끌었다. 구텐베르크는 1450년, 마인츠에 인쇄소를 차려 세계 최초로 라틴어로 번역된 『구텐베르크 성서』를 대량 인쇄해 판매했다. 그전까지 성서는 수도원에서 신부들만 볼 수 있는 '귀하신 몸'이었으나 구텐베르크 덕에 '누구나 사서 볼 수 있는 책'으로 성격이 바뀌었다. 1453년에는 보다 작고 발전된 활자로 『구약성서』를 인쇄했다.

구텐베르크 인쇄술 덕을 톡톡히 본 인물로는 마르틴 루터가 꼽힌다. 가톨릭의 '면죄부' 판매에 항의하기 위해 루터는 1517년 「95개조 반박문」을 인쇄해 곳곳에 뿌린 결과 종교개혁 운동이 불붙기 시작했다. 구텐베르크 아니었으면 루터의 종교개혁은 불가능했을 것이다. 이어서 잘 팔리는 아이템으로 음란 서적을 대량으로 찍어냈다. 『구텐베르크 성서』와 음란 서적이 날개 돋친 듯 유럽 전역으로 팔려나간 결과 인쇄업자들은 돈방석에 앉았다.

중국에서는 송나라 시절 민간 출판업자와 서적상이 등장했고, 청나라 수도 베이징의 유리창琉璃廠 거리는 서점이 성황을 이루었다. 건륭제 시절에는 100개의 서점이 서적의 유통 판매를 담당했다. 조선 사신들은 유리창 거리 곳곳의 서점에서 필요한 책을 구입해 귀국했다.

조선은 문치文治를 꽃피운 사회로 알려졌다. 하지만 그것은 양식 걱정 없는 양반 지주 계급에게만 해당되었을 뿐, 거의 대부분의 백성들은 20세기 초까지 문맹 상태로 방치되어 양반들에게 희생·봉사·충성을 강요당했다. 1478년 1월 25일, 국왕 성종은 책값이 너무 비싸서 사는 사람이 괴로워하고 있으니 도서 발간 주무 부서인 전교서典校署에 예산을 넉넉히 배정해 서적을 저렴한 가격에 사서 볼 수 있도록 하라는 어명을 내렸다.

인쇄·출판을 국가가 독점

서적 판매가 활성화되려면 인쇄·출판업자와 유통을 담당하는 서적상 등 종합 출판 인프라가 구축되어야 한다. 조선 조정은 국왕 성종의 어명에도 불구하고 서적 출판 및 유통업에 대한 인허가를 내주지 않았다. 조선 초기, 서점을 설치해야 한다는 상소가 여러 차례 올라왔지만 300년 동안 허가가 나지 않았다. 그런 탓에 조선은 필요한 사람이 직접 필사하는 방법 외에 다른 대안이 존재하지 않는 출판 불모지로 전락했다. 이유는 "우리나라 풍속에 없던 일" "중국과 달라 백성이 본래 가난하기 때문"이란 것이었다.

중종 시절 한 관리의 상소문에 의하면 『대학』이나 『중용』 같은 유학 서적 가격은 품질 좋은 면포 3~4필, 『논어』는 면포 1필 반이었다. 당시 면포 1필은 쌀 일곱 말에 해당했다. 당시 구매력으로 계산하면 책값은 상상할 수 없을 정도로 비싸 상업 유통이 불가능한 고가 사치품에 속했다.

영조 시절인 1771년 7월 13일, '책쾌冊儈'라 불리는 서적 판매상 조직이 일망타진되어 다섯 명이 귀양 가고 두 명은 처형당하는 사건이 발생했다. 1830년대에 겨우 서점이 정식으로 설립되었으나, 판매 부진으로 곧 문을 닫았다. 1880년대 초까지 정부 허가를 받은 공식 서점은 존재하지 않았다. 나라가 망할 때까지 서점은 그런 상태였다. 대체 그 이유가 무엇일까?

금속활자와 인쇄술, 종이 제조술이 세계 수준이었음에도 불구하고 조선에서는 지식과 정보를 값싸게 전달하는 시스템 구축에 실패했다. 근본 이유는 인쇄와 출판을 국가가 독점했기 때문이다. 조선 시대 출판은 국가 직영 사업이었다. 책의 편찬뿐만 아니라 판형, 활자, 책의 보급 방법(유통) 등을 국왕이 직접 관리했고, 중국에서 어떤 책을 구해 올 것인지도 정부가 지정했다. 현직 고위 관리들은 국비로 출판한 서적을 무상으로 하사받았기 때문에 서점을 이용해야 할 필요를 전혀 느끼지 못했다.

금속활자는 국가가 독점 소유해 국왕과 관료들에게 필요한 책을 엄선해 한정된 수량만 인쇄했고, 민간은 활자의 주조나 소유가 국법으로 엄격히 금지되었다. 인쇄·출판과 서적 유통을 통한 지식과 정보는 양반 관료 지배층이 독점했고, 일반 백성들에게 지식과 정보의 유통 채널은 철저히 통제 봉쇄되었다. 고요한 아침의 나라, 은둔의 왕조, 지식이 아니라 무식이 지배하는 야만의 왕국이었다는 뜻이다.

조선의 인쇄·출판은 고도의 국가 통치 행위에 속하는 사안이었다. 고매한 주자성리학자인 양반 관료들은 인류의 보물을 발명하고도, 일반인을 위한 지식 전달 따위에는 흥미나 관심이 없었다. 세계 최고 수준의 금속활자를 이용해 체제 유지나 통치 행위에 필요한 유학 서적을 국가에서 필요로 하는 극소량만 인쇄하고 제한된 인원에게만 제공했다.

조선 조정이 지극히 예외적으로 대량 인쇄해 일반에 보급한 책자가 없었던 것은 아니다. 주자성리학 보급을 위해 관혼상제 의례를 소개한 『주자가례朱子家禮』 같은 종류, 사농공상의 계급적 이데올로기의 강화·유지에 필요한 서적은 인쇄·출판이 허용되어 전 백성에게 보급되었다.

지배 이데올로기 강화를 위한 특정 서적만 선별적으로 보급한 결과, 서양에서 대량 인쇄를 통해 지식의 독점을 깨부순 것과는 정반대 현상이 나타났다. 국가 차원에서 『주자가례』를 지극정성으로 보급한 결과 전 국민이 주자성리학적 의례의 노예가 되어버린 것이다. 아버지 돌아가시면 삼년상 치르고, 때마다 돌아오는 조상 제사 모시느라 비생산적인 허례허식이 만연했다. 만약 조선에서 서양처럼 인쇄업자를 통해 대중들이 목말라하던 서적을 대량 인쇄해 유통시켰다면 지식혁명은 조선에서 먼저 일어났을 것이다.

한글 창제하고도 한자를 공용 문자로 사용

일본은 9세기 초, 한자를 모방해 히라가나平假名와 가타가나片假名를 만들어 일본어로 쓴 문학 작품을 보급했다. 9세기 말 일본어로 쓴 걸작이 『대나무 이야기竹取物語』다. 이 작품은 '탐미적 디스토피아 SF의 여걸'로 불리는 시미즈 레이코清水玲子가 『가구야히메輝夜姫』(우리나라에서는 『월광천녀月光天女』로 알려져 있다)라는 일본 만화와 애니메이션으로 되살려냈다.

11세기 초에는 일본 문학에 심오한 영향을 준 여류 작가 무라사키 시키부紫式部가 일본 문학사상 금자탑이자 세계에서 가장 오래된 장편 소설로 평가받는 『겐지 이야기源氏物語』를 발표했다.

글 모르는 일반 백성들도 쉽게 배워 쓰도록 하기 위해 세종이 훈민정음을 창제한 시기는 1443년이었다. 하지만 여러 대신들이 한글을 "야비하고 상스러운 무식한 글자"라고 멸시 비판하고 사용을 거부했다. 그 결과 한글은 하층민 또는 여자들이나 쓰는 문자라는 뜻에서 언문諺文 혹은 암클로 비하했다.

한글이 지구상에서 가장 과학적이고 독창적인 문자라고 입이 부르트도록 주장하기에 앞서 냉정하게 바라봐야 할 과제가 있다. 대체 조선 지도부를 형성한 양반들이 한글을 발명하고도 450년 이상 배우기 어렵고 사용하기 어려운 중국 문자인 한자를 공용어로 사용한 이유는 무엇인가?

조선과 같은 하찮은 나라에 한자보다 훨씬 우수한 문자가 존재한다는 사실에 깊은 충격을 받은 인물은 청나라가 파견한 조선 주재 외교관 위안스카이袁世凱였다. 그는 귀국 후 중국에서 사용이 어려운 한자를 폐기하고 한글을 보급하자고 주장했다. 그의 과격한 주장은 중국 지배층이 "대국이 주변 소국의 문자를 사용할 수 없다"라면서 반대해 해프닝으로 끝났다.

구한말 육영공원育英公院 교사, 선교사로 활동했던 헐버트(Homer Bezaleel Hulbert)도 조선에 알파벳보다 사용이 간편하고 배우기 쉬운 한글이 있음을 발견하고 깜짝 놀랐다. 더구나 한글이 대단히 과학적이고 독창적인 문자임에도 불구하고 한글로 된 교과서가 존재하지 않는다는 사실에 큰 충격을 받았다.

그는 1890년, 세계 정세와 지리, 천체, 각국의 풍습과 정부 형태, 산업 등을 누구나 이해하기 쉽게 순한글로 설명한 세계지리 교과서인 『사민필지士民必知』를 저술했다. 우리나라 근대 교과서의 효시인 이 책 서문에서 저자 헐버트는 "조선 언문(한글)이 중국 글자에 비해 크게 요긴하건만 사람들이 요긴한 줄도 모르고 업신여기니 어찌 안타깝지 않은가?"라고 썼다.

그는 1891년에 『사민필지』 교과서를 대중용으로 손질해 보급했고, 1908년까지 모두 15권의 한글 교과서를 펴냈다. 뿐만 아니라 한글을 체계적으로 연구해 띄어쓰기와 마침표 찍기를 도입하고, 고종에게 건의해 한글 연구 센터인 국문연구소를 개설했다. 그의 한글 연구 동료가 배재학당 제자 주시경이었다. 1903년에는 미국 스미스소니언협회 연례 보고서에 "한글은 의사 소통의 매개체로서 영어 알파벳보다 우수하다"라는 내용의 논문을 발표했다.

유형원 『반계수록』과 애덤 스미스 『국부론』의 운명

한글이 정부 공용 문자로 공식 채택된 것은 좌파 학자들이 "일본의 영향을 받은 개혁"이라고 기피 혐오하는 갑오경장 개혁 시절인 1894년 11월 21일이다. 이날 갑오개혁 정부는 칙령 제1호로 "법률 명령은 국문으로 본本을 삼고 한역漢譯을 부附하며, 국·한자를 혼용함"이라는 법령을 공포해, 창제된 지 451년 만에 한글이 공용 문자 예우를 받게 되었다.

전 국민에게 문자 교육이 실시된 것은 조선총독부에 의한 보통학교 교육 제도가 도입된 후의 일이다.

참으로 한심스런 일이지만, 한글의 과학적 우수성을 발견하고 그 보급·연구·발전에 앞장선 사람들은 한국인이 아니라 외국인이었다는 사실을 무슨 논리로 이해하고 받아들일 것인가?

그렇다면 조선 초기에 한글을 창제하고도 450여 년간 한자를 공용 문자로 고집한 이유는 무엇이었을까? 한자를 읽고 쓰기 위해서는 오랜 기간 교육이 필요하다. 당장 하루 벌어 하루 먹고 살기도 힘든 일반 백성들은 자식 교육시킬 여유도, 교육 시설도 존재하지 않았다.

인구의 5퍼센트에 불과한 양반·지주·선비 집단만 공용어인 한자 해독이 가능해 과거 시험을 보고 관리에 등용되어 지식과 정보를 독점한다. 반면 95퍼센트를 차지하는 상민·노비·천민 집단은 문맹 상태로 방치된다. 양반 지배 계층이 문자 생활을 독점하는 행위는 문화적 차원의 문제뿐만 아니라 부와 권력의 대물림이라는 사회적 현상을 야기했다.

세계 최초로 발명한 금속활자와 세종 시절 창제된 한글은 우리에게 문화적·정치적·사회적 토론거리를 제공한다. 한자는 수천 자에 이르는데, 금속활자로 인쇄하려면 글자 숫자만큼의 활자를 만들어야 한다. 반면에 한글은 알파벳처럼 24자모로 구성되어 있어 24개의 활자만 있으면 대량 인쇄가 가능하다.

금속활자로 한글 자모를 만들어 다양한 서적을 대량 인쇄해 보급했다면 조선 초기인 15세기에 지식혁명이 일어났을 가능성이 높다. 조선의 양반 관료들은 부와 권력의 독점 및 세습을 위해 그와는 역방향으로 질주했다.

영국은 1624년 신기술을 재산권으로 보호하는 특허 제도를 법제화했다. 특허법의 원래 명칭은 '독점법'이다. 특허증을 받은 사람은 법에 의해 그 사업에 대한 독점적 권리를 갖는다는 뜻이다. 특허권자는 자신의 기술을 독점해 떼돈을 벌 기회가 생긴다. 때문에 제제다사濟濟多士들이 특허 기술을 개발·발명·창조하기 위해 밤낮을 가리지 않고 노력했다. 영국이 산업혁명 시기에 기술적 측면에서 다른 나라들보다 앞섰던 이유는 열심히 노력한 사람에게 확실한 인센티브가 주어지는 특허 제도가 존재했기 때문이다.

조선은 뛰어난 인쇄술과 금속활자, 과학적 독창성에 빛나는 문자인 한글의 발명에도 불구하고 지식혁명은커녕 무지로 인한 암흑 세계가 20세기 중반까지 계속되었다. 조선에서 지식혁명이 실패한 사례는 유형원이 쓴 『반계수록磻溪隨錄』과 애덤 스미스(Adam Smith)의 『국부론』이 그 나라에 미친 영향을 통해 분석할 수 있다(정병석, 『조선은 왜 무너졌는가』, 시공사, 2016, 182~185쪽 참조).

유형원이 1670년(현종 11)에 저술한 『반계수록』은 임진왜란과 병자호란으로 피폐해진 조선의 회생을 위한 구체적 방법론을 제시한 혁명적인 책이다. 즉 토지·조세 제도 개혁, 인재 선발과 교육 제도, 노비 제도, 군사·행정 제도를 전면 개혁해 국가를 개조하자는 정책 제안서였다. 유형원은 지주들의 토지를 몰수해 백성들에게 분배하자는 혁명적인 농지 개혁도 주장했다.

이 책은 후에 실학實學 학풍을 일으키는 계기를 제공했다는 평을 듣는다. 미국의 한국사 연구자인 제임스 팔레(James Bernard Palais)는 유형원의 『반계수록』을 당시까지 나온 경제론 저술 중 가장 위대한 저작이라고 평했다.

여러 학자와 관료들이 국왕에게 수차 상소를 올려 이 책을 대량 간행 보급하고 정책으로 채택할 것을 건의했다. 하지만 국왕들은 계속 외면, 거부했다. 그로부터 100년이 흐른 1769년(영조 45년), 영조의 어명에 의해 목판본으로 3부가 간행되었는데, 책이 나오자마자 정부 서적 보관 창고로 직행했다. 실제 정책에 반영될 기회는 영영 사라졌다.

영국에서 애덤 스미스의 『국부론』이 처음 발간된 것은 1776년이었다. 수많은 사람들의 관심과 논란 속에 애덤 스미스가 사망하기 전까지 5판이 발간되었고, 프랑스어·독일어로도 번역 출간되어 유럽의 집단지성 형성에 중요한 역할을 했다.

제2장

강화도조약 체결하다

조선을 강제 개국시키기 위해 일본 정부가 파견한 전권대표는 참의 겸 개척장관인 육군 중장 구로다 기요타카黑田淸隆, 부대표는 훗날 우리 역사와 악연을 맺게 되는 이노우에 가오루井上馨였다.

구로다는 사쓰마번薩摩藩(현재의 가고시마) 출신으로, 견원지간이었던 조슈번長州藩과 삿초동맹薩長同盟을 이끌어내는 데 큰 역할을 했고, 메이지 신정부 지지파와 막부 지지파가 격돌한 무진전쟁戊辰戰爭과 사이고 다카모리西鄕隆盛 일파가 일으킨 서남전쟁西南戰爭에서 전공을 세운 개국공신이다.

구로다는 메이지 신정부가 홋카이도北海島 개발을 위해 파견한 홋카이도 개척장관이었다. 홋카이도의 기후와 토양이 호프 재배와 맥주 양조에 적합하다는 사실을 발견한 구로다는 1876년 9월 23일 삿포로 맥주 양조소를 개설했다. 이것이 삿포로 맥주의 출발이다. 그는 일본 제국헌법 제정 후 제2대 내각총리대신에 오르게 된다.

부대표 이노우에 가오루는 조슈번이 막부의 허가 없이 극비리에 영국으로 유학을 보낸 다섯 명의 유학생, 즉 '조슈 파이브(five)'의 일원이었다. 그는 메이지 신정부의 요직을 장악한 조슈 파벌이 대표로 내세운 인재 중의 인재였다. 전권대표단 구성을 보면 메이지 신정부는 사쓰마

번과 조슈번 출신들이 장악한 번벌 정부라는 사실이 드러난다.

일본 정부가 전권대표단을 강화도에 파견한 목적은 조일 외교 관계를 파탄으로 몰고 간 서계書契 문제와 1875년 발생한 운요호 사건의 뒤처리를 위해서였다. 일본 정부는 구로다 대표에게 조선과의 회담에서 (1) 운요호 사건에 대한 조선 정부의 사죄와 배상, (2) 강화부 일대 항구의 개항, (3) 조선 영해 내에서의 항행과 측량의 자유 등 세 가지를 반드시 확보할 것을 훈령했다. 조선과의 외교 협상은 이 주제에 초점이 맞춰져 진행되었다.

일본 대표단은 파견 목적을 달성하기 위해 자신들이 23년 전 페리 함대에 당했던 방법, 즉 군함과 대포를 앞세워 시위와 위협을 가하는 서구식 포함외교를 그대로 실행키로 했다. 일본이 서양의 아류가 되어, 독일 철학자 슈펭글러(Oswald Spengler)가 정의한 '파우스트 정신'을 동아시아 주변국에 실현하겠다는 의미였다. 다른 문명권의 존재를 인정하지 않고, 팽창과 섬멸의 대상으로 삼겠다고 선언한 것이다(김용구, 『거문도와 블라디보스토크』, 서강대학교 출판부, 2009, 17쪽).

일본 군함과 병력, 조선으로 총출동

일본은 동원 가능한 함정을 총동원해 조선에 파견할 함대를 구성했다. 일본 함정들은 1876년 1월 13일 쓰시마의 다케시키만竹敷灣에 집결해 이틀 후 부산항에 입항했다. 일본의 포함 호쇼鳳翔, 기선 만슈마루 등 총 8척의 함대가 전례 없는 공포 분위기를 연출했다.

일본 대표단은 조선의 일본 담당 관리인 왜학훈도 현석운에게 "우리 측 특명전권변리대신이 강화도로 가서 귀국 대신과 협상할 것이다. 우리와의 협상을 거부하면 곧바로 서울로 쳐들어갈 것이다. 강화도까지는 7~8일 걸릴 것"이라고 일방적으로 통보했다.

일본이 강화도에 파견한 함대 및 병력

함정명	성격	탑승 병력
겐부마루 (玄武丸)	기함	66명
닛신 (日進)	호위함	160명
모슌 (孟春)	호위함	82명
다카오마루 (高雄丸)	수송선	405명
하코다테마루 (函館丸)	수송선	54명
고류마루 (矯龍丸)	수송선	42명
호쇼 (鳳翔)	포함 (砲艦)	
만슈마루	기선	
계		809명

출처 : 신헌 지음, 김종학 옮김, 『심행일기』, 푸른역사, 2010, 79쪽.

부산에는 일본인 집단 거주지인 왜관이 설치되어 있었다. 조선 정부는 왜관에 체류하는 일본인이 왜관을 벗어나 조선인들이 사는 마을에 통행하는 것을 엄격히 금지했다. 현안이 있을 경우 조선 정부 대표인 왜학훈도가 왜관에 들어가 왜관 대표와 협의했다. 일본인들은 자신들의 요구가 받아들여지지 않을 경우 왜관에서 뛰쳐나가 동래부로 몰려가서 동래부사와 대화를 시도하는 일이 종종 있었다. 이런 행위를 '난출闌出'이라 했다. 일본이 강화도에서 협상하겠다는 선언은 해로를 이용해 집단 난출을 하겠다고 선전포고를 한 셈이다.

큰소리는 쳤지만 구로다 전권대표와 이노우에 부전권은 불안감을 감추기 힘들었다. 한강 하류의 수로가 확실치 않아 함정들의 항해가 어려울 수도 있다고 보고되었기 때문이다. 프랑스(병인양요), 미국(신미양요), 일본 군함(운요호)과의 격돌 이후 강화도 일대의 방어 시설도 강화되었을 것이 분명했다.

만약 조선군이 공격해 올 경우 잡동사니 선박까지 긁어모아 편성한 함대 세력으로 전투를 벌여 승리할 수 있을지 확신이 없었다. 만약 1866년 병인양요 때 프랑스군처럼 일본군이 강화도에서 패전할 경우 외교 교섭에 악영향을 미칠 수도 있었다. 걱정이 앞선 일본 대표단은 1876년 1월 15일 저녁, 본국 정부에 육군 2개 대대 추가 파병을 요청했다.

일본 정부는 이 요구를 허가하지 않았다. 다만 조선에서 전투가 벌어질 경우, 그때 병력을 증파해 강화부를 점령하기로 했다. 이를 사전에 준비하기 위해 1월 19일 육군경 야마가타 아리토모山縣有朋가 시모노세키에 급파되었다. 야마가타는 1월 22일 히로시마廣島와 구마모토熊本 두 진대 병력의 출동에 대비해서 수송 선박 준비에 착수했다(다보하시 기요시, 김종학 옮김, 『근대 일선관계의 연구 (상)』, 일조각, 2013, 424~425쪽).

본국에서 무력 사용을 준비하는 동안 구로다 전권대표는 속력이 느린 함정을 먼저 출발시켰다. 자신은 부산에서 회훈回訓을 기다리다가 1월 23일 부산을 출항했고, 1월 25일 경기 남양부 도리도 앞바다에 전함대가 집결했다.

역관 오경석, 일본 측에 비밀 정보 제공

조선 조정이 동래부사를 통해 일본 대표단의 움직임을 보고받은 것은 1월 27일이다. 이날 남양부사 강윤이 풍도에 정박 중인 일본 군함 닛신日進호에 승선해 일본 전권대신의 승선 여부, 함정 수와 승선 인원, 입항 이유, 목적지, 출발지 등을 묻는 문정問情을 실시했다.

1월 28일, 강화부 판관 박제근이 강화해협 남쪽 수로를 측량 중이던 모슌孟春호에 올라 문정을 실시했다. 일본 측은 "모두 6척의 함정이 출동했는데, 각 선박마다 500명 안팎의 병력이 탑승하고 있다"라고 하면서 강화도 일대 수로 측량을 마친 후 서울로 진입할 것이라고 답했다(신헌, 김종학 옮김, 『심행일기』, 푸른역사, 2010, 48쪽).

조정은 역관 오경석을 문정관으로 임명해 일본 함선의 강화도 도착 여부를 확인하라고 명했다. 명을 받은 오경석은 왜학훈도 현석운과 함께 서울을 출발, 강화해협 남쪽 수로를 측량 중이던 하코다테마루函館丸에 승선해 문정을 시행했다. 1월 29일 강화도 일대의 수로 측량이 완료되자 군함 닛신, 수송함 다카오마루, 기선 겐부마루가 팔미도 앞바다로 이동해 닻을 내렸다.

일본 전권대신이 탑승한 기함이 남양에 정박 중이라는 사실을 확인한 오경석과 현석운은 그곳으로 향했다. 1월 30일 닛신호에 승선한 두 사람은 모리야마 시게루森山茂에게 두 번째 문정을 시행했다. 조선을 대표하는 역관으로 꼽히는 오경석은 8대에 걸쳐 대대로 역관을 지낸 중인 집안에서 태어나 16세 때인 1846년 역과譯科에 합격해 정식 역관의 길로 들어섰다.

23세 때인 1853년(철종 4) 10월, 최초로 조선 연행사 통역으로 베이징에 파견된 이래 13차례 중국을 다녀왔다. 첫 번째 사행 때 그는 1년여 중국에 체류했는데, 이 무렵 중국은 태평천국의 난 진압에 총력을 기울이고 있었다. 그는 서양의 침략으로 붕괴되어 가는 중국의 실상을 목격하고 조선에도 큰 위기가 닥칠 것을 직감했다. 1860년에는 영국-프랑스 연합군이 베이징을 점령해 함풍제가 러허熱河로 피난을 가고 굴욕적인 베이징조약을 체결한 직후의 처절했던 상황을 현지에서 직접 목격했다.

제1차 사행 때부터 오경석은 중국에서 간행된 『해국도지海國圖志』『영환지략瀛環志略』『월비기략粵匪紀略』『북요휘편北徼彙编』 등을 비롯한 수백 권의 서적을 구입해 왔다. 또 장즈둥張之洞·우다청吳大澂 등 과거(진사 시험)를 보러 베이징에 온 또래의 중국 동남 지역 청년들과 교제해 견문을 넓혔다 (국사편찬위원회, 『한국사 38: 개화와 수구의 갈등』, 탐구당, 2003, 3쪽)

조선과 영국의 접촉

금석학金石學에 조예가 깊었던 오경석은 중국에서 구입한 수많은 신서를 읽고 서양에 대해 상당한 지식을 쌓은 결과 개화사상을 형성하게 된다. 그는 조선의 지식인 중 누구보다 먼저 개국의 필요성을 깨달았다. 그에게 개국은 곧 개화요 근대화이며 부국강병이었다. 하지만 주자성리학을 수호하고 서학을 이단으로 배척하는 위정척사衛正斥邪 기운이 조선 팔도를 뒤덮고 있어 누구도 이 주장을 함부로 꺼내기 어려운 시대였다.

여기서 잠시 조선과 영국의 만남을 정리해 본다. 조선에 대한 영국의 관심은 1840년 발발한 제1차 아편전쟁 직후부터 시작되었다. 제1차 아편전쟁에서 승리한 영국은 청나라로부터 홍콩을 할양받았고, 기존의 개항장이던 광저우 외에 푸저우·샤먼廈門·닝보寧波·상하이 등 5개 항구가 통상항으로 개항되었다. 영국 정부는 새로 개항된 항구에 접근하는 해로 탐사를 위해 1845년 측량선 사마랑(Samarang)호를 동아시아에 파견했다.

사마랑호는 거문도 일대를 측량해 해도를 작성하는 과정에서 거문도가 '동양의 지브롤터'에 해당하는 전략적 거점이라는 사실을 발견했다. 그들은 이 섬을 자국 해군상의 이름을 따서 해밀턴(Hamilton) 항으로 명명했다. 10년 후인 1855년에도 측량선 사라센(Saracen)호를 조선 해역에 보냈다.

이때까지만 해도 영국은 조선에 대한 관심이 거의 없었다. 제1차 아편전쟁을 통해 양쯔강 이남의 중국 남부 지역 일대에서 막대한 이권을 향유하는 데 정신이 쏠려있었기 때문이다. 1856년 애로호 사건으로 촉발된 제2차 아편전쟁은 영국이 전혀 의도하지 않았던 결과를 낳았다. 전투는 영국-프랑스 연합군이 수행했지만, 청으로부터 큰 이권을 얻어낸 것은 러시아였다.

러시아는 영국·프랑스와의 강화를 중재한 대가로 1860년 청-러 베이징조약을 체결해 청나라 영토였던 연해주를 강탈하는 데 성공했다. 러시아는 동아시아 일대에서 알토란 같은 영토를 확보했고, 두만강을 경계로 조선과 국경을 맞대게 되었다. 이때부터 러시아는 조선 곳곳에 위치한 부동항에 대한 관심을 키우기 시작했다.

베이징 주재 영국 공사관 찾아간 오경석

1861년 러시아가 쓰시마를 점령하고 부동항으로 삼으려 하자 영국은 군함을 파견해 러시아 세력을 몰아냈다. 이때 가까스로 충돌 위기를 넘긴 영국과 러시아는 조선에서도 비슷한 충돌이 일어날 것을 우려해 관망 정책으로 전환한다.

1871년 9월 북독일연방의 범선 추산(Chusan)호가 조선 서해안에서 난파했다. 화물 인양 과정에서 배에 타고 있던 영국인 선원 2명이 조선에 포로로 붙잡혔다. 엔타이煙臺 주재 영국 영사 윌리엄 메이어스(William F. Mayers)는 이들을 구출하는 과정에서 큰 역할을 했다.

이때 처음 조선과 인연을 맺은 메이어스 영사는 베이징 주재 영국 공사관 서기관으로 자리를 옮긴 이후 매년 베이징에 파견되어 오는 조선 사신들과 접촉을 했다. 1874년 3월 5일, 조선 연행사가 베이징에 도착했다는 소식을 접한 메이어스는 명함을 보내 회견을 요청했다.

다음 날인 3월 6일, 조선 역관 1명이 수행원과 함께 영국 공사관을 방문했다. 메이어스는 조선 역관에게 1866년 대동강에서 격침된 제너럴셔먼호 사건의 생존자가 있는지를 질문했다. 역관은 자신이 실종된 미국 선박 조사 과정에 참여했으며, 생존자는 없었다고 답했다. 이날 조선 역관은 "조선은 조만간 청이나 일본과 마찬가지로 서양 국가들과 외교를 시작하게 될 것인데, 문제는 조선의 지배층이다. 그들은 구체제로부터의 변화를 완강히 거부하고 있다. 조선 사회의 변화는 오직 힘에 의해서만 가능하다"라고 설명했다(김종학, 『개화당의 기원과 비밀외교』, 일조각, 2017, 28~29쪽).

그 역관은 동지사 겸 사은사 정건조의 수석 통역관으로 베이징에 파견된 오경석이었다. 이날 오경석은 메이어스에게 신미양요(1871) 당시 미국이 전투에서 승리하고도 곧바로 철수한 사실을 비판하면서 "영국이 조선에 올 때는 반드시 굳은 결의를 갖고 충분한 병력을 데리고 와야 한다"라고 발언했다.

오경석은 귀국하기 직전인 1874년 3월 27일, 다시 메이어스를 방문했다. 이날 그는 유럽 열강이 군대를 동원해 조선 정부의 은둔을 깨뜨려 주길 바란다고 요청했다.

오경석은 다음 해인 1875년 2월에 다시 베이징을 방문했다. 2월 16일, 그는 메이어스를 찾아가 전과 비슷한 요구를 했다. 군함과 함포를 동원해 자기 나라를 개국시켜 달라는 오경석의 요청에 대해 메이어스는 "기묘한 희망(the singular hope)"이라고 본국 정부에 보고했다(김종학, 『개화당의 기원과 비밀외교』, 2017, 32쪽).

운요호 사건 때 거문도 점령하려 했던 영국

오경석은 조선의 문호 개방은 피할 수 없는 추세라고 판단했다. 이 와중에 조선의 양반 위정자들이 세계 정세 돌아가는 것을 전혀 모른 채 위정척사와 쇄국 정책으로 일관하면서 나라 망할 때만 기다리고 있는 모습을 참을 수 없었던 것으로 보인다. 그는 서양의 힘을 끌어들여서라도 조선이 개국해야 한다는 사상에 기울어있던 급진적인 개화 지식인으로 변해 있었다.

1875년, 일본이 운요호를 동원해 강화도 초지진과 영종진을 공격하는 사건을 일으키자 주일 영국 공사 해리 파크스(Harry S. Parkes)와 영국 해군의 중국함대 사령관 라이더(Alfred P. Ryder) 제독은 포함외교를 동원해 조선을 개국시키고, 거문도를 싱가포르나 홍콩처럼 영국의 동북아 물류 기지로 만들자는 방안을 본국 정부에 제출했다.

그들은 거문도가 러시아에게 독점 지배되도록 할 것이 아니라 유럽 여러 나라에 개방되어야 하며, 이는 조선의 개국을 촉진하기 위해 바람직한 일이라고 주장했다. 라이더 제독은 영국 해군상에게 거문도 점령과 관련해 다음과 같이 보고했다.

첫째, 실비아(Sylvia)호는 거문도에 본부를 두고 내해보다는 조선의 서남 연안에 효과적으로 배치될 수 있다.

둘째, 거문도를 영원히 점령하면 영국의 이해관계에 큰 도움이 된다.

셋째, 조선은 야만인이기 때문에 거문도를 점령하는 데 아무런 의식도 필요 없다.

넷째, 조선 연안에 점령지를 보유하는 것은 극히 중요하다. 상하이 해군창이나 요코하마橫濱 저탄소는 전시에는 아무 쓸모도 없다. 중국·일본·러시아와 전쟁이 발발할 경우 저탄소·병원·부두 등을 마련해 줄 거점을 보유하는 것이 중요하다. 이런 거점은 겨울에 결빙하지 않는 남쪽에 있어야 하며, 중국·일본·러시아와 가까운 거리에 있어야 한다. 또 방어에 용이하고 안전한 부두를 갖고 있어야 한다. 거문도는 이런 모든 장점을 갖고 있다. 전임 사령관인 섀드웰(Charles Shadwell) 제독도 거문도 점령의 중요성을 잊지 말라고 충고한 바 있다.

영국의 디즈레일리(Benjamin Disraeli) 내각은 영국군이 거문도를 점령해야 한다는 파크스 공사와 라이더 제독의 제안을 거부했다. 그 대안으로 한반도에 대한 현상 유지 정책, 즉 '조용히 지켜본다'라는 정관[靜觀] 정책을 고수했다.

조선에 대한 본국 정부의 외교 방침이 '조용히 지켜보기'로 결정되자 파크스 공사는 나름대로 조선을 개국시킬 묘책을 궁리했다. 그는 자신의 재량으로 1876년 영국 군함 실비아호와 스윙거(Swinger)호를 경상도 연안에 파견해 측량 임무를 부여했다.

오경석은 개화를 이끌 핵심 세력이 부재한 상황에서 개화를 추진하려면 외부 힘을 끌어들여 충격을 주는 수밖에 없다고 판단했다. 이날 오경석은 모리야마 시게루와의 대담에서 "귀측 대표단이 강화도에 상륙해서 위엄을 보이는 것이 최선이다. 그러지 않으면 부산 담판과 마찬가지로 시간만 지체하게 될 것"(김종학, 『개화당의 기원과 비밀외교』, 2017, 39쪽)이라고 조언했다.

운요호 사건의 파장으로 일본이 강화도로 와서 조약 체결을 요구하자 오경석은 이 기회에 일본이 무력을 동원해서라도 조선을 강제 개국시켜 주기를 원했다. 같은 날 오경석은 모리야마에게 "개화인을 만나 개화 이야기를 나누니 몹시 유쾌하다"라는 말도 남겼다. 이날부터 오경석이 조선의 개국을 위해 일본에 적극 협조하는 관계가 형성된다.

조선 조정은 1월 30일 판중추부사 신헌을 접견대관(전권대신)으로, 도총부[都總府] 부총관(중앙군인 오위를 지휘 감독하는 최고 군령 기관의 부사령관) 윤자승을 접견부관으로 임명했다. 그동안 일본과의 수교를 극도로 꺼리던 조선 정부가 협상 대표를 임명한 이유는 청나라로부터 외교 채널을 통해 "배일 외교를 청산하고 일본과 수교하라"라는 압력을 받았기 때문이다.

신헌은 문무겸전의 인재로 당대의 석학 정약용과 추사 김정희 문하에서 수학했다. 지리학에도 관심이 많아 김정호가 「대동여지도」를 제작할 때 함께 작업에 참여했다. 그가 접견대관에 임명되도록 도운 사람은 연암 박지원의 손자 박규수였다.

일본 대표단 강화도 상륙

개화파였던 신헌은 배일 정책과 위정척사의 몸통인 대원군에게도 큰 신임을 받았던 특이한 인물이다. 그동안 병조판서·훈련대장·어영대장 등 국방 요직을 역임했다. 1874년(고종 11)에는 강화유수로 임명되어 손돌 포구에서 갑곶진에 이르는 강화도 연해에 50여 개 포대를 창설했다(신헌, 김종학 옮김, 『심행일기』, 2010, 29쪽). 1866년 병인양요 때는 총융사로 양화진에 주둔했다.

2월 4일, 일본 함대가 팔미도 정박지를 출발해 오후 1시 20분 항산도와 초지진 아래 닻을 내렸다. 조선 대표단은 2월 5일 강화부에 도착했다. 조일 양측은 협상 장소는 강화부의 연무당練武堂, 협상 개시 일자는 2월 11일로 합의했다.

2월 8일, 기선 만슈마루가 항산도 정박지에 도착해 전권대신 구로다에게 일본 정부의 훈령을 전했다. 훈령에는 육군 2개 대대 증파는 인가하지 않으며, 다만 조선이 무력으로 도전하거나 일본의 정당한 요구를 수용하지 않을 경우 이를 응징하기 위해 출병할 것이고, 야마가타 아리토모 육군경이 시모노세키에서 출병 준비를 지휘하고 있다는 사실을 전했다(다보하시 기요시, 김종학 옮김, 『근대 일선관계의 연구 (상)』, 2013, 434쪽).

2월 10일, 일본 측 전권대표 구로다 기요타카가 일본군 400명을 인솔해 강화도 남문 앞에 상륙했다. 모리야마는 "전권대신이 인솔하는 병력은 4,000명이지만 숙사의 어려움을 고려해 400명만 인솔해서 상륙했다"라고 통보했다.

2월 11일은 일본의 건국신으로 추앙받는 진무神武 천황의 즉위 기념일인 기원절紀元節이었다. 일본 군함들은 배를 아름답게 꾸미고 봉축과 시위를 겸해 정오에 예포 21발을 발사했다.

이날 오후 1시, 양국 전권대표와 수행원이 강화도 연무당에서 최초로 회동했다. 조선 측 참석자는 협상 대표 신헌과 윤자승, 홍대중 등이었다. 일본 측에서는 구로다 기요타카, 이노우에 가오루를 비롯해 미야모토 오카즈宮本小一, 모리야마 시게루 등이 참석했다.

흥미롭게도 일본 대표단에 김인승이란 조선 사람이 포함되어 있었다. 함경도에서 태어난 김인승은 1869년 두만강 건너 러시아로 이주해 블라디보스토크에서 학교를 열고 생도들을 가르쳤다. 러시아가 부동항을 찾기 위해 남하하자 일본 정부는 1875년 4월 외무성 직원 겸 첩보원 세와키 히사토瀨脇壽人를 블라디보스토크에 파견해 러시아와 무역사무소 개설을 위한 교섭을 했다.

세와키는 김인승을 일본으로 데려가 외국인 고문에 임명했다. 그의 역할은 조선 지도 제작, 조선 정세 보고서 작성, 한문 번역 작업이었다. 강화도 회담에서는 일본의 전권대표 구로다에게 조선 문제를 조언했다(신헌, 김종학 옮김, 『심행일기』, 2010, 72쪽).

조약이 무엇인지도 몰랐던 조선 대표

첫날 회담에서 일본 대표 구로다는 "메이지 정부가 왕정복고 후 수차례 국서를 보내 양국 간 국교를 조정하려 했으나 조선이 거절한 이유가 무엇인가? 최근에는 운요호에 불법 포격까지 가했으니 이것이 교린의 도리인가?"라며 사과를 요구했다. 이날 회담은 대표단 간의 일종의 상견례였다.

2차 회담은 다음 날인 2월 12일, 강화부 진무영의 집사청執事廳에서 열렸다. 이날 일본 대표는 정한론征韓論을 들먹이며 "해군·육군 등 수만 명이 사가현佐賀縣에 모여 귀국에 무력 행사를 하려 한다"라면서 공갈 협박을 서슴지 않았다. 구로다는 "양국의 우의를 다지고 외교 단절을 막기 위해서는 조선과 일본 간 조약 체결이 최선"이라면서 전문 13조로 된 조약 초안을 내놓았다.

조선 측 전권대표 신헌은 "조약이 무엇을 뜻하는 것인가?" 하고 물었다. 조선 협상 대표는 조약의 개념조차 이해하지 못하고 회담에 임한 것이다. 구로다는 "항구를 열고 양 국민이 무역하는 것을 의미한다"라고 설명했다. 신헌은 "조선과 일본은 이미 300년간 통상을 해왔는데 오늘 갑자기 조약을 논하는 것은 이해하기 어렵다"라면서 완곡하게 거절했다.

구로다는 "오늘날 세계 각국이 조약을 체결하고 통상을 한다. 일본도 다른 나라와 조약을 체결한 후 통상을 하고 있다"라고 설명했다. 신헌은 조정으로부터 일본과 조약 체결이나 통상과 관련해 어떤 훈령도 받지 않았기에 버티는 것이 최선이라고 생각했다. 그는 "우리나라는 갈대만 무성하고 땅이 척박해 토산물이라곤 곡식과 무명뿐이다. 금·은·진주·옥 같은 보물이나 비단 같은 사치품이 전혀 나지 않는다"라고 응수했다. 변변한 생산품이 없으니 통상을 해봐야 득 될 것이 없다고 강조한 것이다. 이날도 팽팽한 기 싸움 끝에 별 성과 없이 끝났다.

2월 13일 제3차 회담은 겉으로는 평온했지만, 날선 공방전이 벌어졌다. 구로다 전권은 "조선 정부가 조약을 체결하면 일본 대표단은 곧바로 귀국할 것이지만, 체결이 안 되면 일본군이 귀국을 침략할 것"이라고 압박했다. 조선 대표 신헌은 "우호 선린 관계를 회복하자고 회담하는 자리에서 침략 운운하는 것은 예의가 아니다"라고 반박하고 "조약 초안을 서울에 보냈으니 수락 여부를 10일 내에 회답하겠다"라고 응수했다.

3차 회담이 끝난 후 신헌은 회담 전개 과정이 답답했는지 용하다는 역술인을 불러 점을 쳤다. 역술인은 "저들이 손님으로 왔으니 전쟁은 없을 것이다. 2월 28일에서 3월 1일 사이에 성과가 나와 조정에 돌아갈 수 있을 것"이라는 점괘를 내놓았다(신헌, 김종학 옮김, 『심행일기』, 2010, 143쪽). 회담은 점괘와 비슷하게 진행되어 2월 27일 조인되었다.

협상 과정을 복기해 보면 일본은 모든 사안을 치밀하게 준비해 온 반면, 조선은 수세에 몰려 방어에 급급한 모습이었다. 일본은 협상의 주도권을 쥐고 자기들 유리한 방향으로 회담을 이끌었다. 회담이 진행되는 동안 일본 군함들은 강화와 인천 앞바다를 왕래하며 시위와 측량, 함포 발사로 위협을 가했다. 협상이 진행되는 중간에 일본 전권대표가 신헌에게 전령을 보내 "일본군이 주둔하고 있는 거처 안에서 훈련을 하겠다"라고 요청했다. 신헌은 "백성들이 놀랄 우려가 있다"라면서 거절했다. 일본 측은 "백성들이 보지 못하도록 문을 닫고 하면 아무 문제 없다"라면서 훈련을 강행했다.

일방적으로 끌려다닌 조선

조선 병사들은 일본군 훈련 장면을 몰래 구경했는데, 박력 넘치고 절도 있는 일본군의 총검술 동작에 경탄을 금치 못했다. 일본군은 사격 훈련도 실시했는데, 150보 밖에 작은 표적을 세워두고 한 번에 40여 발을 발사했다. 한 발도 빗나가지 않고 모두 표적에 명중하자 조선 병사들은 낯빛이 흑색으로 변해 "우리가 까마귀 밥 신세를 면한 것은 조정의 은택이며 사신의 힘"이라고 두려워했다(신헌, 김종학 옮김, 『심행일기』, 2010, 321~322쪽).

일본은 운요호 사건을 추궁하면서 배상과 책임자 처벌을 요구했다. 신헌은 강화도 포격이 일본 측의 선제 도발이란 사실을 반박하지 못하고 일방적으로 끌려다녔다. 서계書契 문제도 상황은 동일했다. 구로다는 조선 정부의 사과·해명·배상을 요구했고, 신헌은 계속 물러서다 마지못해 일본 측 요구를 수락했다.

회담이 자신들에게 유리하게 전개되자 구로다는 신헌에게 "조약을 체결해 우호 관계를 회복하자"라고 유도했다. 신헌은 이 발언 내용을 "초량 왜관을 통한 우호 관계 회복"으로 해석했다. 조선 조정은 에도 막부 시절의 외교 관계 회복을 염두에 두었을 뿐, 근대적 개념의 수호 조약 체결을 작심하고 온 일본의 본심을 전혀 예상하지 못했다.

2월 14일, 강화도의 조선 대표단으로부터 협상 내용과 일본 측이 제출한 조약 초안이 서울 조정에 도착했다. 대신들이 대책 마련을 위해 어전 회의를 열었다. 머리를 맞대고 앉았지만 대신들 중 일본이 이 시기에 무엇 때문에 통상 조약을 요구했는지 이해하는 사람이 없었다. 영돈녕부사(종친과 외척을 위해 설치되었던 돈녕부의 정1품 관리) 김병학은 "저들이 말로는 선린 관계를 맺으러 왔다고 하지만, 행동을 보면 불화를 일으키러 온 것이 분명하다"라고 발언했다.

묘당 멤버 중에서 수교 불가피론을 주장한 인물은 박규수였다. 그는 서계 사건이 발생했을 때도 대국적 차원에서 일본과의 국교 재개를 주장했다. 박규수의 주장 덕에 조정에서는 강화도의 전권대신에게 "조약 초안을 계속 심의 중이며, 일본과의 수교와 통상에 원칙적으로 동의한다"라는 훈령을 보냈다.

일본 측의 서계 접수마저 한사코 거부해 왔던 조선 정부가 일본과 수교하기로 방향을 정한 이면에는 두 사건이 잠복되어 있었다. 서계 문제와 관련해 조선 정부 입장에 변화가 없음을 확인한 일본은 조선을 겁박해 개항시키기로 결정했다. 그에 앞서 조선의 종주국인 청나라 상황을 탐지할 필요가 있었다.

1875년 11월 10일, 일본 정부는 초대 주미 공사를 역임한 모리 아리노리森有禮를 베이징 주재 공사에 임명했다. 모리는 18세 때 영국에 유학해 수학과 물리학, 해양 측량을 전공했다. 그리고 그의 친구 이토 히로부미伊藤博文는 모리를 "일본에서 태어난 서양인"이라 표현할 정도로 서구적 사고방식과 국제관을 가진 인물이었다.

1876년 1월 베이징에 부임한 모리는 조선 외교를 전담하고 있는 북양대신北洋大臣 리훙장을 예방했다. 이날 모리는 리훙장에게 "일본은 조선에 군함과 군대를 보낼 것이다. 조선을 공격하기 위해서가 아니라, 일본 외교관 호위 목적"이라고 통보했다. 내우외환을 겪고 있던 청나라가 조선 문제에 개입할 여력이 없음을 간파한 일본은 조선 개국 작전에 돌입했다.

"일본과 수교하라" 압력 넣은 중국

조선마저 일본에게 빼앗길 위기에 처한 리훙장은 총리아문에 편지를 보내 "청은 일본의 조선 침략을 막을 수 없다. 일본이 조선을 점령하면 중국 둥베이東北(만주) 지역도 심각한 위협에 노출될 것"이라고 우려했다. 그는 총리아문이 조선에 서한을 보내 "더 이상 마찰이 일어나지 않도록 조심해서 일본을 대하라"라고 충고해 줄 것을 요청했다(함재봉, 『한국사람 만들기 II』, 아산서원, 2017, 251쪽).

청의 조선 외교 전담 부서인 예부는 리훙장의 제안을 받아들여 조선에 공한을 보냈다. 일본이 무력을 동원해 조선을 개항시키려 하고 있으며, 청은 조-일 양국 간에 무력 충돌이 일어나지 않기를 바란다, 조선이 개항을 거부해 일본과 전쟁이 벌어지면 청은 조선을 지원하기 어렵다는 내용이었다. 이 공한은 일본 전권대표단이 강화도 해역에 접근한 2월 5일 조선 조정에 도착했다. 청의 공한을 확인한 조선 정부는 일본과의 수교를 어쩔 수 없는 현실로 받아들였다.

두 번째는 강화도에서 신헌과 구로다 사이에 협상이 진행되고 있던 2월 16일, 중국 황제의 칙사가 고종의 아들 이척을 왕세자로 책봉하는 칙서를 가지고 서울에 도착한 일이다. 고종은 모화관으로 나가 청의 칙사를 정중히 맞았다. 이 자리에서 칙사는 "일본과 분쟁을 키우지 말 것"을 강력하게 당부했다.

이틀 후 청의 칙사가 귀환하자 고종은 강화도 접견대신에게 "앞으로 사소한 문제는 일일이 청훈할 필요 없이 적절히 처리하라"라고 훈령했다(김기혁, 『근대 한·중·일 관계사』, 연세대학교 출판부, 2010, 118쪽). 접견대관이 현장에서 독자적으로 결정할 수 있는 권한을 부여한 것이다. 이런 사실로 미루어 보면 조일수호조규(강화도조약)는 조선 정부의 필요에 의한 결정이 아니라 군사력을 동원한 일본의 압박과 청의 회유에 굴복한 비자발적 결과물이다.

일본과의 수교 조약 체결 소식이 도성에 전해지자 위정척사파들이 강력 반발했다. 대표적 인물이 대원군을 내치고 고종의 친정親政 공작에 앞장섰던 최익현이었다. 최익현은 조정에서 대책 회의가 열리고 있던 2월 15일, 동지 50여 명과 함께 "조약 체결 결사 반대"를 주장하는 상소丙子斥和疏와 도끼를 들고 궁궐 정문 앞에 엎드렸다. 일본과 조약을 체결하려면 도끼로 자기 목을 친 다음 시행하라는 뜻이었다.

상소 말미에 최익현은 "조정 신하 중 일본과의 화의를 주장해 매국하는 자는 극형으로 다스려야 한다"라고 썼다. 과격한 언사로 수교를 비난한 최익현의 상소에 분노한 고종은 "최익현은 가늠할 수 없는 행동과 음흉하고 간사한 속셈을 품은 것으로 볼 때 사형이 마땅하나 특별히 용

서해 흑산도에 위리안치하라"라는 어명을 내렸다.

위정척사파들은 믿었던 고종이 일본과의 수교를 결정하자 자기들이 앞장서서 실각시켰던 대원군과 접촉했다. 그들은 우유부단한 고종보다는 매사 단호한 결단력을 보여준 대원군이 그리웠다. 실각 이후 우울한 나날을 보내고 있던 대원군은 "조정이 일본의 기만술을 받아들이면 멸망을 자초하는 일이니 내가 순국殉國하겠다"라고 선동했다.

근대적 조약 체제로 이행

광화문 앞에서 50여 명의 유생이 철야 항의하고 반대 상소가 쏟아지는 와중에도 회담은 계속됐다. 2월 19일 양측 대표단이 조약문 내용을 정리하는 과정에서 일본 국명 표기, 양국 군주의 호칭, 조약 문서의 국왕 이름 표기 등 세 가지가 논란이 되었다.

첫째, 국호와 관련해 일본은 '대일본大日本'을, 조선은 '일본'을 고집했다. 일본 외무대승(부이사관급) 미야모토 오카즈는 "대일본제국의 '대'는 국호다. 각국에 통용되는 국호가 귀국에 무슨 방해가 된다는 말인가? 귀국도 '대조선'으로 쓰면 될 것 아닌가?" 하고 반박했다.

둘째, 양국 군주의 호칭으로 일본은 '황제 폐하陛下'를, 조선은 '국왕 전하'를 주장했다. 일본 측이 "귀국도 '폐하'라는 호칭을 쓰면 될 것 아닌가?" 하고 주장하자 신헌은 "우리나라는 단군과 기자 이래 '폐하'를 칭한 적이 없다. 우리는 사대교린으로 낮추고 겸양할 뿐이니 그 용어는 결코 입에 올릴 수 없다"(신헌, 김종학 옮김, 『심행일기』, 2010, 193쪽)라고 반박했다. 중국에 사대하는 신하 국가이니 황제를 참칭하는 '폐하'는 금기어였다.

셋째, 일본은 조약문에 국왕 이름이 새겨진 옥새 날인을 요구했다. 이것이 세계 각국에서 통용되는 국제법적 원칙이었기 때문이다. 조선은 신하들에게 선포하는 문서에 국왕 이름이 들어간 전례가 없다면서 강력 반대했다. 논란 끝에 고종의 칭호는 '조선 국왕'이 아니라 '대조선국주상'으로, 연호는 중국식 연호 대신 개국 연호를 사용키로 타협했다. 그 결과 조약문에는 '대조선국주상지보大朝鮮國主上之寶' 인장을 날인하고, 연호는 '개국 485년'으로 표기했다. 이후 외국과 조약을 맺을 때는 강화도 조약에서 사용한 인장과 개국 연호를 사용하게 된다.

1876년 2월 27일 강화부 연무당에서 총 12개 조항으로 이루어진 조일수호조규, 일명 강화도조약이라 불리는 조약문에 양국 대표가 서명했다. 조선은 일본과 정식으로 수교하게 되었고, 전근대적인 책봉-조공 체제에서 벗어나 근대적인 조약 체제로 이행했다.

일본 입장에서 볼 때 조선과의 수교는 대륙으로 향하는 제1보를 내딛은 일대 사건이었다. 『일본외교사』의 저자 시노부 세이자부로信夫淸三郞는 23년 전 미국이 페리 함대의 압력으로 강제 개국한 수법을 똑같이 사용해 조선에 개국을 강제하고 불평등 조약을 부과했다고 지적했다.

일본 대표단은 2월 28일 오전 10시, 호위 군함에 탑승해 돌아갔다. 의정부는 3월 1일 양화진과 행주 일대의 경계 태세를 해제했다.

중인 역관들의 개화사상

강화도조약 협상 과정에서 개화 역관 오경석은 문정관·통역으로 참여하게 되었다. 그는 2월 13일 제3차 회담이 종료된 직후 비밀리에 모리야마를 만나 필담으로 조선의 내부 정세를 알렸다(김종학, 『개화당의 기원과 비밀외교』, 2017, 43쪽). 오경석은 이날 이외에도 수차례 일본 대표단과 극비 접촉해 비밀 정보를 흘려주었다.

그 증거는 "2월 25일, 이날 밤 오경석을 불러서 이노우에와 터놓고 대화하다. 오 씨의 마음 씀씀이에는 감사한 것이 많다. 특히 조선국은 어찌할 도리가 없음을 한탄하고, 불행히도 이번 화약和約이 탄환彈丸으로 성사되지 않은 것을 한탄하는 데 이르렀으니, 그 심정은 가엾기 짝이 없다"(김종학, 『개화당의 기원과 비밀외교』, 2017, 51쪽)라는 일본 측 기록으로 확인된다.

오경석은 일본 군함이 무력을 과시해 조선 사회에 근본적인 충격을 주기를 기대했다. 그의 바람과는 달리 양국은 평화적인 방법으로 수교 조약을 체결했다. 대체 왜 오경석은 자발적으로 일본에 협력한 것일까? 그 비밀은 조선의 강고한 신분제에서 찾을 수 있다.

조선에서 해외 문물 체험은 극히 제한된 사람에게만 주어지는 특권이었다. 그는 역관으로서 공무로 중국을 13차례나 여행하는 과정에서 개화의 필요성을 절감했다. 오경석은 출중한 외국어 실력을 갖추고 사행 때마다 역관 무역으로 재력을 축적했으며 근대화 지식을 습득했음에도 불구하고 양반이 될 수 없는 중인中人 신분이었다.

그들은 고질화된 반상의 신분 제도를 무너뜨리고 능력과 실력에 따라 신분 상승을 이룰 수 있는 세상을 꿈꾸었다. 조선은 자생적 힘으로 기존 체제를 무너뜨릴 개화 세력이 존재하지 않으니, 외세의 충격을 통한 개화·개혁·혁명의 길을 추구한 것이다. 조선 해안에 출몰하는 이양선은 기득권자인 양반 지배 계층에게는 위기이자 두려움이었지만, 오경석 같이 열린 사고를 가진 중인 역관들에게는 메시아로 인식되었다. 신앙의 자유를 얻기 위해 서양 군함을 불러들여 조선 조정에 압력을 행사하려 했던 천주교 신자 황사영과 일맥상통하는 점이 발견된다.

조일수호조규는 조선이 역사상 최초로 근대 국제법에 의거해 체결한 국제적 합의였다. 그런데 조약문 해석 과정에서 조선과 일본, 조선의 종주국 청은 근대와 전前근대의 견해차를 적나라하게 노출했다.

먼저 제1조 "조선국은 자주국自主之邦으로서 일본국과 평등한 주권平等之權

을 보유한다"라는 조항을 자국 입맛에 맞게 제멋대로 해석해 논쟁을 야기했다. 일본이 이 조항을 명문화한 이유는 조선이 중국과의 책봉-조공 체계에서 이탈해 주권국가가 되었음을 선언하기 위해서였다. 일본은 조선과 일본의 지위가 동등하다는 점을 국제법적으로 선언함으로써 조선에 대한 청의 종주권을 부인하고, 일본이 조선을 지도하는 입장에 선다는 전략이었다.

반면에 조선은 일본과 근대적 조약을 체결했음에도 불구하고 청과의 책봉-조공 관계에는 아무런 변화도 없다고 믿었다. 조약의 의미를 전혀 인식하지 못한 것이다. 그 상징적 사건이 1878년 초 발생했다. 1866년 병인박해 때 베이징으로 탈출한 리델(Felix-Clair Ridel) 주교가 11년 후인 1877년 두세(EugAne Camille Doucet) 신부, 로베르(Achille Paul Robert) 신부와 함께 조선에 밀입국했다가 체포되었다.

'자주 평등'을 제각각 다른 뜻으로 해석

프랑스는 리델 주교의 구명을 위해 청나라와 일본에 도움을 요청했다. 청은 1878년 5월, 조선 조정에 "리델 주교를 석방해 청에 인도해 달라"라는 공한을 보냈고, 조선은 리델 주교 일행을 베이징으로 송환했다. 그로부터 한 달 후 일본 외무경 데라시마 무네노리寺島宗則도 리델 주교를 석방해 일본에 인도해 달라는 공문을 보내왔다. 조선 조정은 이미 리델 주교를 석방해 청으로 보낸 사실을 일본에 통보하는 외교 공문에 "상국上國의 지도에 따라 리델을 청의 관리들에게 넘겼다"라고 표기했다.

일본은 조선이 청을 상국이라고 표기한 공문 접수를 거부하고 "강화도조약 제1조에서 자주국을 천명한 조선이 청을 상국이라 표기하고 그 지도를 받는다니, 이는 강화도조약 정신에 어긋나는 일이다. 조선은 자주국의 자격이 없다"라는 항의 서한을 보냈다(함재봉, 『한국사람 만들기 II』,

2017, 265~267쪽).

일본은 강화도조약 제1조의 '자주'는 독립을 의미한다고 해서, 국제법에서 말하는 주권국가로 해석했다.

반면에 조선의 예조는 "청이 조선의 상국인 것은 천하가 다 아는 일"이라면서 일본의 항의를 무시했다. 조선은 내치와 외교 모두 자주로서 독립국의 실질을 갖추고 있지만, 청의 번속이었다. 조선 국왕은 자국의 통치에 관해 청 황제에게 하등의 책임을 지지 않지만, 청 황제는 종주국의 원수로서 조선의 영토 보전에 대해 중대한 도덕적 의무를 지고 있었다.

이런 이유 때문에 1876년 1월 24일 리훙장과 모리 아리노리 주청 일본 공사의 회담에서, 청이 중개 역할을 수락하지 않을 경우 일본은 조선과의 개전이 불가피하다고 모리가 시사하자 리훙장은 "일본이 조선을 침략하면 청은 묵인하지 않을 것이며, 러시아도 헤이룽장黑龍江 지역의 병력을 증강해 저지할 것"이라고 맞섰다.

조선의 '자주'는 지극히 미묘한 여러 가지 의미가 있었기 때문에 두 세계관의 충돌이 조-일 양국 간 분쟁으로 표출되었다(김용구, 『세계관 충돌과 한말 외교사 1866~1882』, 문학과지성사, 2001, 201쪽). 조선의 자주독립과 관련한 해석이 국제 정세에 따라 좌우되어 이후 20년간 여러 차례 분쟁을 야기했고, 결국 청일전쟁의 한 원인을 제공하게 된다.

조약문 제2조는 "일본 정부는 15개월 후에 수시로 사신을 파견해 조선국 경성(서울)에 가서 직접 예조판서를 만나 교제 사무를 토의하며, 해당 사신이 주재하는 기간은 그때의 형편에 맞게 정한다"라고 되어있었다. 외교 사절이 상대국 수도에 상주하는 것은 근대 국제법의 기본적인 제도다.

반면에 중국의 조공 질서하에서는 조공 횟수와 조공 사절의 베이징 체류 기간이 중국에 의해 엄격하게 통제되었다. 조공 질서 바깥쪽에 위치한 서양 세력은 청의 수도 베이징에는 발도 들여놓지 못하고 광둥에서만 교역을 하는 캔턴廣東(Canton) 무역 체제가 허용되었을 뿐이다. 청이 캔턴 무역 체제를 폐지하고 베이징에 외교 사절의 상주를 허용한 것은 제2차 아편전쟁을 끝내기 위해 청이 1858년 6월 서양 열강과 체결한 톈진조약을 통해서였다(김용구, 『세계관 충돌과 한말 외교사 1866~1882』, 2001, 226쪽).

주권국 권리도 제대로 행사 못해

한문으로 번역된 『만국공법』이 조선에 전해진 것은 1877년 일본 외교관 하나부사 요시모토를 통해서였다. 조선은 이때부터 근대적인 국제법에 눈을 뜨기 시작했다. 하지만 조선은 만국공법 조항을 자기들 편한 대로 해석했다. 제2조도 필요할 때마다 상대국 수도에 사신을 파견하고 임무가 끝나면 돌아오는 통신사 제도의 연장으로 해석했다. 반면에 일본은 만국공법에 규정된 상주 외교 사절 파견으로 해석했다.

강화도조약 제4조와 제5조는 "부산항을 개방하고 경기·충청·경상·전라·함경도 중 편리한 항구 2곳을 선택해 20개월 이내에 일본 상인들에게 개방한다"라고 규정했다. 조약 체결 전에도 조선 조정은 부산을 일본에 개방하고 있었다. 남은 개항장 두 곳은 논란 끝에 원산(1880)과 제물포(1883)로 정해 차례로 개항했다.

여기서 중대한 하자가 발생했다. 만국공법 체제에 무지했던 조선은 제4, 제5조를 부산의 왜관처럼 원산·제물포에도 왜관을 추가 설치하는 것으로 이해했다. 부산 왜관에는 세관도 없고 대일 무역에 대해 관세도 부과하지 않았다. 이러한 왜관 무역 정신에 입각해 조선은 세 곳의 개항장에 세관을 설치하지 않았고, 수출입품에 대한 관세도 부과하지 않았다.

일본은 세 곳의 개항장에 세관이 설치되고 일본 상품을 조선에 수출하려면 당연히 관세를 지불해야 하니, 관세를 몇 퍼센트로 정할 것인지를 심사숙고했다. 조선 정부가 세 곳의 개항장도 왜관의 사례를 적용한 무관세 정책을 선언하자 일본은 조용히 웃었다. 만국공법에 대한 조선 정부의 무지 덕분에 일본 상품은 관세 한 푼 안 내고 조선 시장에 쏟아져 들어와 순식간에 상권을 장악했다.

일본 공사의 수도 서울 상주와 제물포 개항도 조선 정부의 자의적 판단에 의해서가 아니라 청나라의 외교적 압력 덕분이었다. 1881년 1월, 리훙장은 청에 파견된 조선 관리에게, 서울에 일본 외교관의 상주를 허락할 것, 제물포를 개항할 것, 외국과의 교역을 활성화할 것, 일본이 자국 군주를 '황제'로 칭하도록 허용할 것 등 네 가지를 시급히 시행하라고 종용했다(함재봉, 『한국사람 만들기 II』, 2017, 342쪽).

조선 정부는 리훙장에게 등 떠밀리다시피 해서 이 조항을 모두 수용했다. 제물포 개항을 부추긴 또 하나의 인물은 초대 주한 일본 공사 하나부사다.

개항 전의 제물포는 안개 자욱하고 습기 많으며, 밀물이 10미터 정도 차오르는 쓸모없는 어촌이었다. 『조선팔역지朝鮮八域誌』에 의하면 1870년대 월미도에는 인가가 40~50채, 제물포 입구에 인가 30호가 산재해 있었다. 1881년 하나부사 공사는 조선 조정에 제물포 개항을 요구했고, 그의 조언에 의해 2년 후 제물포를 개방해 조선은 긴 잠에서 깨어나기 시작했다. 제물포와 조선을 근대 문명 세계로 이끈 것은 청과 일본이었다.

서구 각국이 제물포에 와서 조약을 맺으면서 항구 시설이 정비되기 시작했고, 선박이 왕래하면서 해외에 제물포 이름이 널리 알려졌다. 1890년 무렵 제물포에는 푸른 기와와 하얗게 꾸민 벽을 갖춘 집들이 늘어서 그 모습이 황홀하고 신기루 같았다고 한다(김성현, 「19세기 말 조선에 대한 일본 외교관의 이미지와 인식-곤도 마스키의 『놀헌유고』를 중심으로」, 『정신문화연구』 제41권 제4호(통권 153호), 한국정신문화연구원, 159~182쪽).

강화도조약은 불평등 조약이었나

제7조는 "조선국 연해의 도서와 암초는 자세히 조사한 것이 없어 극히 위험하므로 일본국 항해자들이 수시로 해안을 측량해 위치와 깊이를 재고 해도를 제작해 양국의 배와 사람들이 위험한 곳을 피하고 안전한 데로 다닐 수 있도록 한다"라는 내용이었다. 이 조항을 근거로 일본 선박들은 조선 영해를 제집 드나들듯 했다.

조일 양국은 1883년 7월 25일 '조일통상장정'을 체결했다. 이 조약에 의거해 일본 어민들은 전라·경상·강원·함경도 등 4도의 바닷가에서 합법적인 어업 활동이 가능해졌다. 러일전쟁 중인 1904년 7월 16일, 대한제국과 일본 정부는 '한일양국인민어채조례韓日兩國人民漁採條例'를 체결해 일본 어민들이 서해상의 충청·황해·평안도 바다에서도 합법적인 어업 활동을 하도록 허용했다(신명호, 『고종과 메이지의 시대-무엇이 조선과 일본의 운명을 결정했나』, 역사의아침, 2016, 208쪽). 강화도조약 제7조는 조선의 동·서·남해 모든 해역의 빗장을 열고 일본 어민에게 내주는 계기를 제공한 셈이다.

제10조는 "일본 인민이 조선이 지정한 각 항구에서 죄를 범했을 경우 조선과 교섭해 인민은 모두 일본에 돌려보내 심리 판결하고, 조선국 인민이 죄를 범했을 경우 일본과 교섭해 조선 관청에 넘겨 조사 판결한다"라는 치외법권 조항이다. 치외법권(extraterritoriality)이란 외국인이 체류하고 있는 국가의 국내법 적용을 면제받고 자국의 주권을 행사할 수 있는 권리를 뜻한다. 18세기 후반 마르텐스(Georg F. von Martens)에 의해

국제 법률 용어로 통용되기 시작했다.

치외법권 원리는 한 나라의 군주가 다른 나라를 방문했을 경우 그 나라의 어떤 민사·형사적 재판권도 적용할 수 없도록 하면서 생겨났다. 이 원리는 유럽 열강이 비유럽 지역으로 팽창하는 과정에서 해당 국가의 법률에 의해 재판받지 않고 체포당하지 않으며 세금을 내지 않는 개념으로 악용되었다. 서양인들에게는 행동의 자유를 허용하는 '날개'인 반면, 비서양 국가들은 주권 행사를 제약당하는 '악법'이었다.

학자들은 서양 열강과 동양 국가들이 조약 체결 과정에서 (1) 무관세 규정에 의한 관세자주권 상실, (2) 개항장 설치로 인한 영토주권 침해, (3) 치외법권 규정에 의한 사법주권 침해 등 불평등 요소가 있었다고 지적한다. 일본은 서양 열강과 통상 조약 체결 과정에서 치외법권을 허용한 결과 일본 내에서 비판이 크게 일어나 철폐를 요구하고 있었다. 그랬던 일본이 조선과의 수교 과정에서, 서양이 일본에 요구한 것과 동일한 내용을 조선에 강요했다.

연구자들은 강화도조약이 부산 개항장에 일본인 거류지와 관리 관청을 설치하고, 범죄를 저지른 일본인을 조선 관리가 처벌하지 못하고 일본 영사가 재판하도록 허가했으며, 일본인이 거류지 밖 4킬로미터 이내의 내지를 자유롭게 여행할 수 있는 권리를 부여하고, 개항장에서 일본 화폐를 사용하며, 수출입 무역을 무관세로 한다는 조항이 있음을 들어 전형적인 불평등 조약이라고 비판해 왔다.

강화도조약에서 명문화한 제반 권리는 1609년 임진왜란으로 끊겼던 조-일 간의 국교 재개 과정에서 체결한 기유약조己酉約條에서 조선 왕조가 부산에 설치한 왜관과 그곳에 체류하는 일본인들에게 부여한 것들이었다. 기유약조에 의하면 왜관에서는 민·형사를 불문하고 범죄를 저지른 왜인은 왜관의 관수館守에게 인도했다. 관수는 범죄를 저지른 왜인들을 신분에 따라 직접 심리해 처벌하거나 쓰시마로 송환해 번주의 재판에 회부했다. 초량 왜관에서 치외법권이 실행되고 있었기에 강화도 조약은 이를 성문화한 정도에 지나지 않았다(다보하시 기요시, 김종학 옮김, 『근대 일선관계의 연구 (상)』, 2013, 464~465쪽).

무관세 관련 조항도 상황은 비슷했다. 국제법에 무지했던 조선 왕조는 대외 무역에서 관세 부과는 주권국가의 당연한 권리란 사실을 몰랐다. 조선은 관세를 왜관 무역의 연장 형태로 이해했기 때문에 조약 체결 과정에서 어떤 이의도 제기하지 않았다. 이런 배경에서 이루어진 관세 조항의 결여를 강요된 불평등이라고 주장하기는 곤란하다(이영훈, 『한국경제사 I』, 일조각, 2016, 572쪽).

일본의 충고

강화도조약 체결 후 일본 대표단의 미야모토 오카즈는 조선 전권대표 신헌에게 "귀국이 개혁·개방을 하지 않으면 귀국 인민들은 안전하지 못할 것이며, 외부의 도적도 막을 수 없다. 우리도 20년 전에는 귀국과 마찬가지였으나 개혁·개방을 통해 부국강병에 나선 결과 지금은 외부 도적의 침입과 업신여김을 막을 수 있게 되었다"라고 충고했다.

그는 또 "귀국은 마치 깊은 산속에 앉아 있는 것과 같아 자기의 소박한 법규만을 지키고 해외의 일을 돌아보지 않으면 곧 후회하게 될 것"(신헌, 김종학 옮김, 『심행일기』, 2010, 340~341쪽)이라고 했다. 조선의 전권대신이 일본의 하급 관리에게 이런 충고를 들어야 하는 신세가 된 것이 당시 조선의 현실이었다.

조약 체결 후 양국은 예물을 교환했다. 조선 측에서는 견직물, 호랑이 가죽, 표범 가죽, 붓, 인삼과 녹용, 종이 등 전통 문물을 선물했다. 일본 측은 분당 600발이 발사되는 최신형 개틀링 기관포 1문과 탄약

2,000발, 소총, 연발 권총과 탄약 등을 선물했다.

철륜화포鐵輪火砲, 회선포回旋砲라 불린 개틀링 기관포는 1861년 미국의 발명가 리처드 개틀링(Richard J. Gatling)이 발명한 다총신 기관총이다. 미국 내전(남북전쟁)에서 처음 사용되었고, 막부 말 일본에 수입되었다. 1868년 막부 지지파와 메이지 신정부 지지파가 격돌한 무진전쟁에서 강력한 위력을 발휘했다. 이때 일본이 제공한 병기는 모두 일본의 포병 공창에서 제조한 것이었다(다보하시 기요시, 김종학 옮김, 『근대 일선관계의 연구 (상)』, 2013, 682쪽). 외국에서 수입한 첨단 무기를 단시간 내에 국산화해 조선에 선물한 것이다.

당시 조선의 전권대신은 병인양요 당시 강화도 수비를 지휘했던 신헌이었다. 신무기에 관심이 많았던 그는 3월 1일, 국왕 고종에게 일본과의 협상 과정을 설명할 때 일본이 예물로 준 개틀링 기관포에 대해 상세히 보고했다(신헌, 김종학 옮김, 『심행일기』, 2010, 309~310쪽).

신헌은 신병기의 유효사거리가 길고 명중률이 높으며 조작법이 쉽다면서 고종에게 "오랑캐들이 우리 병력의 허약함을 간파하고 있을 것이니 우환을 막을 수 있도록 이 병기를 신속히 도입해 달라"라고 건의했다. 조선에서 개틀링 기관총이 실전에 등장한 것은 1894년 봄이었다. 동학 농민군을 진압하기 위해 출동한 관군이 이를 운용했다는 기록이 발견된다.

신헌은 구로다 대표와의 회견에서 샴페인 등 양주 맛을 보고 매우 훌륭하다고 소감을 밝혔다. 그는 구로다·이노우에 두 전권과 수행원들로부터 청취한 내용과 자신이 회담 진행 과정에서 직접 겪은 내용을 정리해 고종에게 일본의 문명개화를 설명하고, 조선도 부국강병의 길로 나아가야 한다고 보고했다. 이러한 신헌의 의견이 고종과 민씨 척족 세력에게 깊은 인상을 주었다.

제3장

근대 문물 수용에 나선 조선

일본이 타이완을 침략하고 조선과 강화도조약을 체결한 결과를 보면 일본의 메이지유신은 성공의 연속으로 보인다. 하지만 그 내면을 들여다보면 만만치 않은 시행착오의 연속이었다. 메이지유신을 이끈 핵심 세력은 '칼을 찬 사대부' '독서하는 사무라이'로 불린 하급 무사 계급이었다. 하지만 일본이 근대화로 질주하는 과정에서 가장 골치 아프고 무서운 존재가 사무라이 집단이었다.

일본은 조선의 반상班常 계급 구조와 마찬가지로 황족皇族, 화족華族, 사족士族, 평민 네 계급으로 구성된 신분제 사회였다(김정렬, 『항공의 경종』, 도서출판 대희, 2010, 56~60쪽 참조). 황족은 천황과 그 친족 집단으로, 일본 최상류 신분 계급이다. 그 아래가 화족이다. 메이지유신 이후 일본 정부는 영국 황실 제도를 모방해 다이묘大名와 메이지유신 공훈자들에게 공작·후작·백작·자작·남작 등의 작위를 부여했다. 천황으로부터 작위를 받은 귀족 계급이 화족이다.

사족은 다이묘 등 지배 계층과 국가에 등록된 일반 사무라이 계급으로, 평민보다는 월등히 높은 신분이다. 일본은 출신 성분과 가계에 따라 개개인의 신분이 엄격히 구별되었다. 유럽의 기사(knight)에 해당하는 사무라이는 전투를 주업으로 삼는 직군이다. 계급에 따르는 봉급, 즉 질록秩祿을 받았고, 성姓을 가질 수 있었다. 이것을 묘지名字라 한다.

사무라이는 전투에 필요한 일본도와 화려하게 장식된 갑옷, 뿔 장식이 달린 투구를 착용할 권리가 주어졌다. 일본도는 사철을 주원료로 제작했기 때문에 부러지기 쉬워 두 자루를 차는 것이 사무라이의 전통이자 상징이 되었다. 이것을 다이토帶刀라 한다. 항상 칼을 차고 다니면서 평민이 사무라이에게 누를 범했을 경우 그 자리에서 목을 벨 수 있는 즉결처분 권한이 주어졌다. 이를 기리스테고멘切捨御免이라 한다.

근대화 물결에 실업자가 된 사무라이

사무라이들은 전투 도구인 칼이 자신의 목숨이 걸린 신기神器이자 영혼이 들어있다고 생각하는 등 특별한 가치를 부여했다. 전쟁은 전투를 업으로 하는 사무라이의 영역이었고, 군대는 사무라이만의 특권이었다.

메이지 신정부가 1873년 징병령을 선포하고 일반인을 징집해 국민군을 조직하면서 사무라이 집단은 하루아침에 실업자로 전락했다. 1876년 3월 28일에는 사무라이가 칼을 차고 다니는 행위를 금지하는 하이토레이廢刀令를 내렸다. 사무라이가 더 이상 칼을 차지 못함으로써 전투를 생업으로 했던 사무라이 계급의 존재 의미는 상실되었다.

1869년에는 각 번의 영주들이 다스리던 영지領地와 영민領民을 천황에게 반납하는 판적봉환版籍奉還이 단행되었다. 2년 후인 1871년에는 전국의 261개 번이 폐지되고 현이 설치되었다. 각 번의 영주와 가신들이 퇴진하고 중앙 정부에서 임명한 관리들이 파견되어 지방을 통치하기 시작했다. 폐번치현廢藩置縣의 단행이다.

'제2의 유신'이라 불릴 정도로 중대한 정치·행정 개혁인 판적봉환과 폐번치현은 경제적 변혁도 몰고 왔다. 각 번의 절대군주나 다름없던 영주가 통치권을 내놓는 것은 '사회적 자살'이나 다름없었다. 그럼에도 불구하고 영주들이 판적봉환과 폐번치현을 수용한 것은 그들의 인격 수양이 완벽해서가 아니다. 메이지 정부는 영주들이 먹고살 만큼의 재산과 사회적 지위를 인정해 주었다. 또 숱한 내우외환으로 재정난에 처해 각 번이 빌린 차관과 상인들로부터 빌린 돈 등 각 번의 부채를 중앙 정부가 떠안았다.

각 번이 공통적으로 안고 있던 가장 심각한 부담은 '사회적 퇴물'로 전락한 사무라이 계급에게 지급해야 할 월급, 즉 질록이었다. 번이 폐지되고 모든 권리가 중앙 정부에 이양되었으므로 그들에 대한 질록도 메이지 정부가 떠안았다. 게다가 메이지 정부는 무진전쟁 당시 막부 추종 세력을 타도하는 데 큰 공을 세운 사무라이들에게 상전록賞典祿이라는 연금 형태의 쌀이나 현금을 지급했다. 그 결과 사무라이 계급에게 지급되는 연금이 메이지 정부 세출의 3분의 1을 차지했다.

부담을 견디다 못한 메이지 정부는 근대화에 필요한 투자 자금 확보 명목으로 1876년 8월 5일, 사무라이들에게 지급하던 연금을 중단하는 '질록 처분'을 발표했다. 사무라이들의 연금 총액을 공채로 바꿔 증서를 주고, 공채 액수에 따라 이자만 지급하는 연금 개혁이었다. 문제는 공채 이자가 형편없이 낮아 수령액이 그동안 질록으로 받아왔던 액수의 절반 이하로 줄었다는 점이었다. 운 좋은 사무라이들은 장교나 교사, 하급 관리, 순경으로 채용됐지만 사회 변혁에 적응하지 못한 대부분의 사무라이는 극빈층으로 전락했다.

메이지 정부와 가고시마의 갈등

사무라이들은 메이지유신의 선봉에 서서 목숨 걸고 왕정복고 쿠데타를 성공시킨 공신 집단이라는 프라이드가 드높았다. 하지만 토끼 사냥이 끝나면 사냥개를 삶는 법이다. 메이지 정부가 사무라이의 각종 권한을 폐지하자 그들의 불만이 누적되어 통제 불능 상황으로 치달았다.

사무라이들의 불평불만을 해소하려면 막대한 자금이 필요했다. 이러한 자금이 하늘에서 비처럼 내려주지는 않는다. 당시 일본의 산업 구조상 세금을 부담시킬 계층은 농어민밖에 없었는데, 이미 그들도 이런저런 명목의 세금이 부과되면서 한계 상황에 직면해 있었다. 그들에게 세금 부담을 더 늘리면 폭동이 발생한다.

사무라이들의 애국심에 기대어 인내를 요구하는 것도 한계가 있었다. 1876년 10월 25일, 규슈九州의 구마모토에서 게이신토敬神黨 혹은 신푸렌神風連이라 불리는 사무라이들이 반란을 일으켰다. 하이토레이 조치로 프라이드가 손상된 데다가 '질록 처분'으로 생활고가 닥치자 사무라이들은 죽기 살기로 저항했다. 서양식 총포의 일제사격을 두려워하지 않고 칼을 휘두르며 죽음의 돌격을 감행하는 사무라이들의 저항에 메이지 신정부는 큰 충격을 받았다.

사무라이 해체 정책에 불만을 품고 있던 무사 계급 사이에서 절대적인 명성을 얻고 있던 존재가 사이고 다카모리였다. 사이고는 정한론征韓論 논쟁에서 패해 고향 가고시마에 낙향해 은거하고 있었다. 그는 가고시마의 시로야마城山 기슭에 사학私學을 설립하여 무예와 글을 가르쳤다.

사학은 사이고가 낙향할 때 그를 따라온 사쓰마의 사무라이들을 위해 설립한 학교였다. 보병과와 포병과가 개설되었고, 군사 훈련과 유교 경전을 교육했다. 설립 2년 만에 사학의 분교가 사쓰마 각지에 세워졌다. 사이고를 중심으로 자연스럽게 메이지 정부의 정책에 불만을 품은 사무라이 세력이 모여들기 시작했다.

사쓰마번은 폐번치현 후 가고시마현으로 이름이 바뀌었다. 그들은 근대화 영주 시마즈 나리아키라島津齊彬의 개혁 정책 덕분에 강력한 군비를 갖추고 일종의 독립국처럼 행동했다. 1874년 사설 군사 교육 기관인 총대銃隊 학교와 포대砲隊 학교를 비롯한 다수의 군사 교육 기관을 세워 병사를 양성했다. 당시 가고시마현이 동원할 수 있는 병력은 3만 명으로, 메이지 신정부의 중앙군 3만 4,000명과 비슷한 수준이었다(이윤섭, 『일본 100년-문호개방에서 55년 체제까지 일본 제국주의 흥망사』, 아이필드, 2016, 60쪽). 사설 군사 학교에 영국인·네덜란드인 교관이 초빙되어 근대식 군사 훈련을 실시했다.

중앙집권적 통일 국가를 향해 힘겨운 행보를 하고 있는 메이지 정부 입장에서 볼 때 가고시마의 일탈 행위는 큰 걸림돌이었다. 메이지유신 3걸 중 하나인 기도 다카요시木戶孝允는 "내무성은 다른 현에 대해서는 엄격하게 독촉하면서도 가고시마현은 일종의 독립국처럼 예우한다. 왕정을 위해 분개하지 않을 수 없다"라고 개탄했다. 메이지 정부와 가고시마의 충돌, 즉 관군과 사이고 군의 결전은 피할 수 없는 외통수 길이었다.

서남전쟁 발발

메이지 정부의 실력자 오쿠보 도시미치와 사이고 다카모리는 같은 사쓰마 출신에, 한마을에서 동문수학한 죽마고우였다. 하지만 사이고는 정한론을 주장했고, 오쿠보는 "내부의 실력부터 길러야 한다"라면서 반목했다. 정치적 논쟁에서 패배한 사이고는 낙향했고, 오쿠보는 신정부의 권력자가 되었다. 오쿠보는 각종 개혁 조치로 불만을 품은 사무라이 세력이 사이고와 호응해 봉기를 일으킬 경우 전국으로 확대되어 갓 출범한 메이지 정부가 중대한 내란 상태에 처할 수 있음을 우려했다.

이 무렵 가고시마에는 폐번치현 후 근처의 번으로부터 접수한 막대한 양의 무기와 탄약이 보관되어 있었다. 게다가 징집병을 훈련하여 새로 조직한 메이지 육군은 스나이더 소총으로 무장했는데, 탄약은 가고시마의 탄약 공장에서 독점 공급하고 있었다. 메이지 정부는 탄약 공장과 쌓여있는 무기를 다른 지역으로 옮기려 했으나 가고시마현을 자극할 우려가 있어 실시하지 못하고 속만 태웠다.

고향에서 숨죽이고 엎드려 있는 사이고는 언제 폭발할지 모르는 활화산 같은 존재였다. 자신의 죽마고우인 사이고가 메이지 정부의 마지막 두통거리라고 판단한 오쿠보는 가고시마에 대한 일대 개혁에 착수한다. 1877년 1월, 메이지 정부는 가고시마현이 보유하고 있는 병기와 탄약, 그리고 스나이더 소총 탄약 제조 설비를 오사카大阪로 반출키로 결정했다.

이 작업을 위해 1월 29일 가고시마에 군함 세키류마루赤龍丸를 파견했다. 이 배에 화약 적재를 시작하자 가고시마의 군사 교육 기관 재학생들이 봉기했다. 그들은 해군부 관할 무기고를 습격해 소총 탄약 2만 4,000발을 약탈, 정부군과 맞섰다.

2월 11일, 사이고가 정부군을 상대로 봉기를 선언하자 2만여 명의 사무라이가 호응해 전국에서 모여들었다. 사이고는 막상 정부군을 상대로 봉기했지만 확실한 전략이나 비전이 없었다. 우선 급한 대로 구마모토 성을 점령해 규슈를 장악하고, 해상과 육상으로 도쿄東京를 향해 진격한다는 막연한 계획으로 반란을 일으켰다.

2월 13일 보병 5개 대대, 포병 2개 대대 등 7개 대대 1만 5,000명으로 반란군을 편성한 사이고는 구마모토를 향해 북상을 개시했다. 그리고 5,000명은 가고시마 거점을 수비하도록 했다(후지와라 아키라, 서영식 옮김, 『일본군사사 (상)』, 제이앤씨, 2013, 71쪽). 메이지 정부는 2월 19일 천황 명의로 "가고시마 역도들을 토벌하라"라는 칙서를 내리고 황족인 아리스가와노미야 다루히토有栖川宮熾仁 친왕親王을 가고시마현 역도정토총독逆徒征討總督에 임명했다.

사이고 다카모리가 지휘하는 반란군은 정부군 3,000명이 지키고 있는 구마모토 성을 공격했다. 사이고 군은 평민 징집병으로 조직된 정부군을 얕잡아 보았으나, 그들이 지키고 있는 구마모토 성은 난공불락이었다. 공성전이 진행되는 동안 규슈 일대의 사무라이들이 사이고 군을 돕기 위해 구마모토 성으로 모여들어 사이고 휘하 병력은 3만으로 불어났다.

반란군이 구마모토 수비대의 농성전에 휘말려 발이 묶인 사이, 정부군은 가고시마에 상륙해 탄약고를 탈환하고 현 지사인 오야마 쓰나요시大山綱良를 체포했다. 오야마는 정부 예산을 사이고 군에 넘겨준 죄로 참수되었다.

'라스트 사무라이' 사이고 다카모리의 최후

메이지 정부가 위기에 처하자 리훙장은 일본 정부에 10만 정의 탄창을 빌려주는 등 적극 지원했다. 일본 정부는 그에 대한 답례로 산시山西·허베이河北·허난河南·산둥山東 일대를 강타한 대기근 구호에 적극 동참했다. 이때까지만 해도 우호적이었던 일-청 양국 관계는 1879년 일본이 청나라 속방 류큐 왕국을 합병하자 급속 냉각되었다.

한 시절 사쓰마에서 명성을 날리는 사무라이였던 오쿠보는 자신이 직접 정부군을 지휘해 토벌 작전을 전개했다. 가고시마를 점령한 오쿠보는 반군에 포위된 구마모토 성에 원군을 보냈다. 정부군이 구마모토 성으로 접근하자 사이고는 성으로 들어가는 유일한 입구인 다바루자카田原坂에서 정부의 구원군과 격돌했다.

3월 3일, 비가 내리는 가운데 시작된 전투는 양측이 각각 1만 명씩 병력을 동원해 한 달간 사투가 계속되었다. 우세한 지형을 선점한 반란군 주력은 검술로 단련된 사쓰마 사무라이였다. 그들은 주특기인 백병전으로 정부군을 괴롭혔고, 정부군은 암스트롱(Armstrong) 포와 개틀링 기관포 등 신식 무기와 근대 전술로 맞섰다. 천신만고 끝에 정부군이 구마모토 성을 해방시킨 것은 4월 15일이었다. 정부군 6,923명, 사쓰마군 7,186명이 전사하는 격렬한 전투였다.

정부군은 반군을 추격 섬멸하기 시작했다. 반군은 규슈 일대에서 게릴라전으로 맞섰다. 2만 명으로 출발한 반란군은 6개월 동안 전투를 할 때마다 패퇴해 마지막 생존자 372명이 남았다. 사이고는 372명으로 결사대를 편성해 가고시마의 시로야마에 잠입했다. 정부군은 5만 대군으로 가고시마 시가지가 내려다보이는 시로야마 일대에 5중 포위망을 구축했다.

정부군 지휘관 야마가타 아리토모는 "사이고는 자결하고 반란군은 항복하라"라는 최후통첩을 전달했다. 사이고가 이 요구를 거절하자 1877년 9월 24일 새벽 4시, 정부군은 총공격을 개시했다. 시로야마에 고립된 사이고의 결사대는 최후의 결전에 나섰다. 용감하게 싸우던 사이고는 배와 다리에 관통상을 입었다.

스스로 할복할 기운도 없었던 사이고가 도쿄 황궁을 향해 무릎을 꿇고 고개를 숙이자 그를 뒤따르던 대대장 벳푸 신스케別府晉介가 사이고의 목을 쳤다. 마지막 남은 150여 명의 사무라이들은 최후까지 싸우다 전원이 전사했다(신명호, 『고종과 메이지의 시대-무엇이 조선과 일본의 운명을 결정했나』, 2016, 265쪽). 시로야마 전투는 톰 크루즈가 주연한 영화 〈라스트 사무라이〉의 마지막 전투 장면으로 재현되었다.

6개월 동안 규슈 일대에서 벌어진 서남전쟁은 3만 7,000여 명이 사상하는 인명 피해가 났고, 전쟁 비용으로 4,150만 엔을 퍼부었다. 전비는 당시의 일본 정부 1년 치 예산과 비슷한 거액이었다(신명호, 『고종과 메이지의 시대-무엇이 조선과 일본의 운명을 결정했나』, 2016, 268쪽).

사이고를 추종하는 사무라이 군대는 검술과 돌격 정신으로 단련되어 있었지만, 근대식 총포로 무장한 정부군의 집중 사격 전술을 당해 낼 수는 없었다. 정부군은 하루 평균 탄약 32만 2,000발, 포탄 1,000발을 퍼부어 대며 반란군을 몰아붙였다. 농민을 징집해 조직한 근대식 정부군이 일본 제일의 사무라이 군대로 평가받던 사쓰마 육군을 전멸시킴으로써 무사들의 기가 완전히 꺾였다.

메이지유신 3걸 역사 무대 퇴장

서남전쟁을 통해 사쓰마 육군이 전멸하면서 그 후 일본 육군은 조슈 파벌이 장악하게 된다. 사쓰마는 사이고 다카모리의 동생 사이고 쓰구미치西鄕從道를 위시해 해군 쪽으로 전통을 이어가게 된다. 그 결과 조슈의 육군, 사쓰마의 해군 체제가 뿌리를 내리기 시작한다. 후에 러일전쟁에서 대활약을 펼치는 일본 해군 지휘관들은 대부분 사쓰마 출신이었다.

오쿠보는 서남전쟁을 승리로 이끈 덕에 메이지 정부에서 권력 입지가 압도적으로 강화되어 내부 반대 세력을 깨끗이 제거했다. 지역주의에 함몰된 사이고 다카모리는 사쓰마의 독립과 사무라이 계층의 이해를 위해 자신이 세운 메이지 정부에 맞서 반란을 일으켰다. 반면에 오쿠보는 자신의 고향을 배신하면서까지 지역주의를 버리고 국가를 택했다.

오쿠보는 메이지 정부 지도자 중에서도 인기는 바닥이었지만 능력은 출중했다. 철저한 현실주의자였던 그는 때로는 고압적이고 무자비한 방법으로 반대파를 제거하고 자신의 목표를 관철했다. 이로 인해 많은 정적을 만들었지만, 오쿠보가 없는 근대 일본은 상상할 수 없다(함재봉, 『한국사람 만들기 II』, 2017, 286쪽).

그는 정한론을 중단시켜 불필요한 국력 낭비를 막는 등 주도면밀하게 일본의 국익을 키워나갔다. 서남전쟁으로 또 한 번 타격을 받아 몰락한 사무라이들은 반란을 통한 구질서 회복이란 망상을 버리고 자유민권운동으로 방향을 전환하게 된다.

난세에 영웅이 탄생하는 법이다. 흔히 메이지유신 3걸 하면 사이고 다카모리, 기도 다카요시, 오쿠보 도시미치를 꼽는다. 난세는 영웅 탄생의 텃밭이지만, 그들의 목숨을 앗아가는 지뢰밭이기도 했다. 사무라이 신분 철폐에 대한 사족들의 불만을 누군가는 짊어지고 자폭해야만 새로운 사회로의 도약이 가능했다. 그 악역을 담당한 인물이 메이지유신 3걸 중 하나인 사이고 다카모리였다. 그는 자신을 제물로 혼란과 분열의 시대를 마감하고 근대화를 향한 대약진의 길로 나아가도록 유도한 셈이다.

기도 다카요시는 서남전쟁이 한창이던 1877년 5월 26일 지병으로 사망했다. 3걸의 마지막 인물 오쿠보도 편안하게 천수를 누릴 운명은 아니었다.

서남전쟁의 소용돌이가 간신히 진정된 1878년 5월 14일 이른 아침, 오쿠보는 도쿄 가스미가세키 자택에서 후쿠시마현 지사 야마요시 모리스케山吉盛典와 면담했다. 오쿠보는 야마요시에게 메이지 정부의 목표 달성에 30년 세월이 소요될 것이라고 설명했다. 첫 10년은 계획의 초석을 놓는 기간, 다음 10년은 내치를 다지고 부국강병을 완성하는 시기, 마지막 10년은 지혜로운 차세대 지도자들에 의해 그동안의 성과가 계승 발전되는 시기로 설정했다. 일본은 이제 겨우 두 번째 시기로 접어들었으며, "목표 달성을 위해 어떤 장애물이라도 극복할 것"을 다짐했다. 이것이 그의 유언이 되었다.

야마요시와 면담을 마친 오쿠보는 마차를 타고 황궁으로 향하던 중 시미즈다니清水谷 부근에서 자객의 습격을 받았다. 마부를 살해한 여섯 명의 자객은 오쿠보를 마차에서 끌어내려 무참하게 살해했다. 암살범은 사이고 다카모리 추종자들이었다. 그들은 오쿠보의 시신 옆에 칼을 내려놓고 자수했다. '일본의 비스마르크'라 불렸던 풍운아 오쿠보는 그렇게 삶을 마감했다.

오쿠보의 장례식은 5월 17일, 일본 역사상 최초의 국장으로 신도 예법에 따라 엄수되었다. 전국의 관공서와 집집마다 조기弔旗가 걸렸고, 전함들은 일제히 21발의 조포弔砲를 발사했다. 국장 두 달 후인 7월 27일, 오쿠보 암살자들이 처형되었다.

메이지유신을 이끌던 3걸이 혁명의 와중에 차례로 퇴장하면서 오쿠보가 맡았던 내무상 자리는 그와 철학이나 성격이 가장 비슷했던 이토 히로부미가 이어받았다. 이로써 유신 2세대 인물인 이토 히로부미, 이노우에 가오루, 야마가타 아리토모의 시대가 활짝 열린다.

일본, 조선 수신사 초청하다

조일수호조규 조약문에는 조약 체결 후 양국 정부가 위원을 임명해 강화부나 서울에서 통상장정 및 수호조규의 세칙을 논의하도록 규정되어 있었다. 외교 관계의 진전을 위해 처리해야 할 현안이 산적해 있었음에도 불구하고 조선 조정은 위정척사 세력의 저항과 압력에 눌려 허송세월했다.

메이지 정부는 여러 가지 곤란을 제거하고 조선과의 외교 교섭을 원활하게 진행하기 위해서는 특단의 대책이 필요하다고 판단했다. 그 결과 조선의 지도층 관료를 일본에 초청해 일본의 문명개화 현장을 견문할 기회를 제공하면 큰 효과가 있을 것으로 생각했다.

고종을 비롯한 조선 조정도 강화도조약을 통해 개방을 선언했으니 분위기 반전이 필요했고, 일본 현지 상황도 파악할 필요가 있었다. 이때 일본이 대표단 파견을 제안하면서 일체의 비용 및 교통편까지 제공하겠다고 나섰다. 그 결과, 1811년(순조 11) 마지막 조선통신사 파견 이후 65년 만에 김기수를 대표로 한 수신사修信使 사행단이 조직되었다.

수신사란 '신의를 닦는 사신'이란 뜻이다. 그동안 오랜 기간 통신사가 파견되지 않아 일본과 분란이 일어났으니 강화도조약으로 다시 신의를 회복하게 되었음을 알리기 위해 통신사 명칭을 수신사로 바꾼 것이다. 조선 조정이 일본에 파견한 통신사 사절단은 정사正使·부사副使·종사관 이하 총인원이 500여 명에 달해 파견 비용이 엄청났다. 1876년 파견된 수신사는 총 82명으로 통신사 사절단의 6분의 1로 축소되었다. 하지만 성격이 통신사와 동일했기에 기수단과 음악대 등 의장 담당 수행원이 30명을 차지했다.

이 무렵 강화도조약을 반대하는 위정척사 세력은 "왜인은 서양의 앞잡이이며 귀신이고, 적이면서 간첩"이라면서 수신사 일본 파견을 반대했다. 하지만 대세를 돌리기에는 역부족이었다. 개화에 관심이 있는 관료들은 이번 기회에 일본 실정을 파악하고 친교를 맺어 함께 서양을 방어할 계책을 찾아야 한다는 입장이었다. 박규수는 편지를 보내 김기수를 격려했고, 어윤중은 직접 김기수 일행을 환송하기 위해 거동할 정도로 수신사의 일본행은 주목을 받았다.

고종은 정사 김기수에게 "일본 물정을 상세히 살피는 것이 절실하니 반드시 잘 탐지하고, 보고할 만한 모든 일들을 빠뜨리지 말고 기록해 오라"라면서 "신생 일본에 대한 정보 수집과 군사 기술에 대한 견문을 넓히고 올 것"이라는 훈령을 내렸다.

김기수는 전근대적 사대 의식에 푹 절어있는 전형적인 주자성리학자였다. 그는 조선의 소중화 문명이 일본과 비교할 수 없을 정도로 우월하다는 확신을 가진 인물이었다. 당연하게도 서양 근대화는 물론이요 청에서 유행한 북학이나 양무운동, 메이지 정부가 서양을 따라 하고 있는 부국강병이나 신식 문물에 관심을 보이는 것 자체를 수치스러운 일로 간주했다.

그는 신하로서 어명을 받아 어쩔 수 없이 일본을 방문하긴 하지만, 전통적 예법에 따라 새 조약 체결과 일본 측 조약 체결단의 방문에 대한 의례적 답방을 하는 것으로 자신의 입장을 정리했다. 이 중요한 시기에, 이런 수구꼴통 인물을 수신사로 파견한 것은 조선 조정의 실수라고 말하기도 번거롭다. 거의 모든 조선 관리들이 김기수의 세계관과 동일한 수준이었으니 누굴 보냈어도 결과는 마찬가지였을 것이다.

견학 일정 거부한 수신사 김기수

일본 정부는 조선 수신사 일행을 일본까지 운송하기 위해 내무성 전용 기선 고류마루黃龍丸를 조선에 특파했다. 강화도조약이 체결된 지 석 달 후인 1876년 5월 22일, 조선 수신사 일행은 일본 정부가 제공한 기선을 타고 부산을 출발, 시모노세키와 고베를 거쳐 5월 29일 요코하마에 상륙했다. 요코하마에서 도쿄까지는 기차로 이동했다.

김기수는 자신의 일본 체험기를 정리해 『일동기유日東記遊』란 기록을 남겼다. 이 책에서 김기수는 기차를 화륜거火輪車로 표현했는데, 인생 첫 기차를 탔을 때의 소감을 "천둥 번개처럼 달리고 비바람처럼 날뛰어, 한 시간에 300~400리를 달린다고 하는데도 차체는 안온해 조금도 요동하지 않는다. 다만 좌우의 산천·초목·가옥·인물만이 보이기는 하나 앞뒤에서 번쩍번쩍하므로 도저히 걷잡을 수가 없다. 담배 한 대 피울 동안에 벌써 도쿄의 신바시新橋에 도착하니, 곧 90리 길을 달려왔다"라고 밝혔다.

수신사 일행은 메이지 정부의 영빈관인 엔료칸延遼館에 투숙했다. 김기수는 도쿄에 도착한 이틀 후 아카사카의 임시 거처에서 일본 천황을 알현했다. 그리고 일본의 정·관계 실력자 50여 명과 만나 대화를 나누었다. 김기수는 훗날 일본 제국 초대 박물관장과 주미 일본 대사를 역임하는 일본의 엘리트 구키 류이치九鬼隆一와 대담했다.

이날 구키 류이치는 김기수에게 "귀국의 학문은 전적으로 주자만 숭상하는가, 아니면 다른 학문도 숭상하는 것이 있는가?" 하고 물었다. 김기수는 "우리나라 학문은 500년 동안 주자만 숭상했을 뿐이다. 주자를 어기는 사람은 난적亂賊이란 죄목으로 처단했으며, 과거 보는 문자까지도 불가佛家·도가道家의 말을 쓰는 사람은 귀양 보내 용서하지 않았다. 국법이 매우 엄중해 상하귀천이 다만 주자만 숭상했을 뿐"이라고 답했다 (함재봉, 『한국사람 만들기 II』, 2017, 273~274쪽).

조선 수신사 사행단이 근대화된 일본 거리를 고풍스런 의상을 입고 풍악을 울리며 행차할 때마다 구경꾼이 몰려들어 큰 소동이 벌어졌다. 환영을 위한 구경꾼이 아니라, 진기한 조선 풍속을 보고 즐기려는 경멸적 호기심이었다. 사람들은 시대착오적인 행렬을 꾸려 행차하는 수신사 행렬을 가리키면서 비웃었다(조경달, 최덕수 옮김, 『근대조선과 일본-조선의 개항부터 대한제국의 멸망까지』, 열린책들, 2015, 73~74쪽).

김기수는 일본에 머무는 동안 근대 문명에 대해 궁금한 점이 많았을 것이다. 그가 고종에게 받은 훈령도 "신생 일본에 대한 정보 수집과 군사 기술에 대한 견문을 넓히는 것"이었다. 일본 정부는 조선 수신사에게 정해진 기간 내에 폭넓은 경험을 쌓도록 하기 위해 빡빡하게 견학 일정을 짜서 안내하려 했다.

하지만 김기수는 일본 측이 준비한 견학 일정을 모두 거절했다. 이유를 묻자 "날마다 유람하고 구경하더라도 몸만 수고로울 뿐 아무런 이익되는 점이 없기 때문"이라고 답했다. 김기수가 견학을 거부하자 많은 비용을 들여 수신사를 초청한 일본 정부는 허탈감에 빠졌다.

하루는 강화도조약 당시 실무 협상 책임자였던 모리야마 시게루가 김기수를 찾아와 "다른 것은 몰라도 일본의 군사와 산업 시설은 반드시 구경하는 것이 좋겠다"라면서 간곡히 방문을 제안했다. 모리야마의 거듭된 간청에 김기수는 어쩔 수 없이 히비야日比谷 연병장에서 실시된 보병·기병·포병 연합 훈련, 병학교, 근위보병영, 육군 포병 본창本廠, 서적관, 가이세이학교開成學校, 의학교 부속병원, 원로원 의사당을 건성으로 돌아보았다.

수신사 파견은 시대착오적 해프닝

일본의 시설을 시찰하는 과정에서도 김기수는 일절 묻거나 기록하는 일 없이 무성의로 일관했다. 그는 "기이하고 과도한 기교를 부린" 서양 야만인들의 과학기술을 따라 배우고 있는 일본을 경멸했다. 시찰 후 "일본이 추구하는 부국강병은 외국과의 통상이 핵심인데, 외국과 통상을 하면 돈은 천하게 되고 물건은 귀하게 되어 반드시 실패할 것"이라고 기록했다(김기수, 「일동기유」, 국사편찬위원회 편, 『수신사기록』, 1971, 109~110쪽).

부국강병에 대한 부정적인 사고 체계는 주자성리학적 세계관에 젖은 조선 양반 선비들의 한결같은 공통점이다. 이 점에서 김기수도 예외는 아니었다. 그는 일본이 필사적으로 추진 중인 부국강병책을 이해할 수 있는 안목이 완전히 결여되어 있었다.

일본 역사학자 사사키 스구루佐佐木克는 조선이 파견한 수신사는 쇄국 조선의 무지가 빚은 시대착오적 해프닝이라고 비판했다. 일본에 주재하던 영국의 한 신문기자도 전통 복장을 하고 최고 위엄을 부리며 행진하는 조선 수신사 행렬을 '화석과 같은 일행'이라고 묘사했다.

사보타주하듯 일본의 견학·시찰 요구를 거부하던 김기수는 "수신사는 체류 일정 15일을 초과하면 안 된다"라는 핑계를 대고 6월 19일 쫓기듯 귀국했다. 5월 22일 출국했으니 28일간 일본에 체류한 셈이다. 잔뜩 기대하고 김기수를 일본에 파견한 고종은 발 빠르게 근대화를 추진하고 있는 일본에 대해 궁금증이 많았다. 국왕은 김기수에게 국제 정세에서부터 일본의 정치·사회·문화에 이르기까지 세세한 내용을 질문했다.

한 달여 일본에 머물렀지만, 일본 정부가 추천한 대부분의 견학 일정을 거부하는 바람에 보고 듣고 배운 것이 없었던 김기수는 국왕의 질문에 뭐 하나 속 시원히 답변하지 못했다. 고종과 김기수의 대화 내용 일부를 소개한다(김기수, 「일동기유」, 1971, 129~133쪽 참조).

고　종 : 문견별단聞見別單(해외를 다녀온 사행원들이 귀국 후에 해당국에 가서 보고 들은 내용을 기록해 국왕에게 올리는 보고문) 이외에 말할 것이 있으면 자세히 말하라.

김기수 : 별단 이외에는 아뢸 것이 없습니다.

고　종 : 일본이 열국과 통상을 하는데 각국의 인물을 모두 보았는가?

김기수 : 각국 사람들은 대동소이하고, 혹 보더라도 어떤 나라 사람인지 판별할 수 없습니다.

고　종 : 일본에 양학자洋學者가 있는가?

김기수 : 양학이 있는지의 여부를 자세히 모릅니다.

고　종 : 소위 자기황自起磺(성냥)을 보았는가?

김기수 : 보지 못하였습니다. 혹 보더라도 곧 배워 알 수 없어서 처음부터 묻지 않았습니다.

고　종 : 일본 사람들이 우리나라를 본 이후 우리나라를 무엇이라고 하는지 혹시 들은 것이 있는가?

김기수 : 그에 관해서는 들은 것이 없습니다.

고　종 : 총의 길고 짧음은 어떠한가? 육혈총六穴銃만 한가?

김기수 : 육혈총은 보지 못하였습니다.

조선 수신사에게 러시아의 위험성 경고한 일본

일본의 근대화 현장을 체험할 수 있는 절호의 기회를 허송하고 귀국한 김기수에 대해 『근대일선관계의 연구』의 저자 다보하시 기요시는 다음과 같은 평을 남겼다(다보하시 기요시, 김종학 옮김, 『근대 일선관계의 연구 (상)』, 2013, 543~544쪽).

수신사 김기수의 일본 시찰은 걸핏하면 소극적으로 기우는 경향이 있었기 때문에 과연 국왕과 척신의 기대에 부응했는지는 매우 의심스럽다. 수신사가 조정에 들어와서 복명할 때 국왕은 일본의 군병軍兵, 병기, 전신, 기차, 기선에서부터 화폐 주조와 농기구 제조에 이르기까지 호기심에 가득 찬 질문을 거듭했지만, 수신사는 "미처 보지 못했습니다. 설혹 보더라도 갑자기 배울 수는 없었기에 애초에 묻지 않았습니다"라고 하거나, 또는 "이번 사행은 저들의 강청에 따라 부득이하게 간 것이라는 뜻을 보이기 위한 것이었습니다. 그러므로 그러한 기술에 관해서는 한 번도 질문한 적이 없습니다"라고 아뢰는 데 그쳤다. 다만 일행 중 박영선이 이 수신 사행을 계기로 종두법을 조선에 전파한 것은 영원히 기억되어야 할 삽화일 것이다.

제1차 수신사 파견과 관련한 국제정치적 의미는 조선이 전 지구적 차원에서 대치하고 있던 영-러 그레이트게임의 소용돌이에 휘말리게 되었다는 점이다. 1861년 러시아가 부동항을 얻기 위해 쓰시마를 점령했을 때 영국의 강력한 압박으로 러시아가 철수하는 사건이 발생했다. 러시아의 남하는 일본에 직접적인 위협이 되었기에 일본은 다른 어느 나라보다 러시아의 움직임에 민감하게 대처했다. 이런 이유 때문에 일본은 영국과 국제정치적 입장을 공유하게 되었다(김용구, 『세계관 충돌과 한말 외교사 1866~1882』, 2001, 221~222쪽).

영국은 1874년 일본이 타이완을 침략하자 동아시아에 대한 전략적 구상에 돌입했다. 그 결과 타이완을 향한 일본의 관심을 조선으로 돌려 일본이 조선을 개항시키도록 유도했다. 강화도조약은 영국이 일본을 동원해 러시아가 한반도로 남진하는 것을 봉쇄하기로 결정한 데 따른 것이다. 이후 영국은 일본을 통해 조선 지도부 인사들에게 러시아를 경계 대상으로 삼아야 한다는 인식을 주입하도록 공작했다.

수신사 김기수는 일본에 체류할 때 강화도조약 당시 부전권이었던 이노우에 가오루와 여러 차례 만났다. 6월 4일 이노우에는 김기수를 예방한 자리에서 "러시아가 병력을 움직일 조짐이 있다는 것은 내가 강화도에서 이미 말한 바 있다. 우리 나라 사람들이 매번 러시아에 갈 때마다 그들이 병기를 만들고 흑룡도黑龍島에 군량을 많이 저축하고 있는 것을 보는데 그 의도가 장차 무엇을 하려는 것이겠는가? 귀국은 기계를 수선하고 병졸을 연마해 방어 대책을 마련해야 한다"(김기수, 「일동기유」, 1971, 51·122쪽 참조)라고 당부했다.

6월 8일 이노우에는 김기수 일행을 자택으로 초청해 주연을 베풀었다. 취기가 거나하게 오르자 이노우에는 김기수에게 세계지도 한 폭을 선물로 주면서 "지난번에 말한 것을 공公은 마음에 두고 있습니까? 러시아가 귀국에 마음을 두고 있는 것은 내가 이미 누누이 말한 바입니다. 나는 중풍이 들어 정신 나간 사람이 아닙니다. 이제 공이 돌아가시거든 결코 내 말을 쓸데없다고 하지 말고 조정에 힘써 알려 예비하시기 바랍니다"(김기수, 「일동기유」, 1971, 123쪽)라고 러시아에 대한 경각심을 재차 강조했다.

일본 지도부 인사의 신신당부에도 불구하고 김기수는 귀국 후 러시아 관련 내용을 고종에게 언급조차 하지 않았다. 고종과 김기수의 러시아와 관련된 대화 내용이다(김기수, 「일동기유」, 1971, 130~132쪽).

고　종 : 로서아魯西亞는 어떤 땅인가?

김기수 : 아라사俄羅斯입니다.

고　종 : 그렇다면 왜 로서아라고 하는가?

김기수 : 로서아는 아라사의 한 이름입니다.

고　종 : 『영환지략』『해국도지』에도 그 이름이 있는가?

김기수 : 그러하옵니다.

고　종 : 서양 각국 중에 가장 재주가 있는 나라는 어디인가?

김기수 : 영길리英吉利(영국)입니다.

고　종 : 미리견米利堅(미국)은 어느 곳에 있는가?

김기수 : 서양의 서쪽이며 동양의 동쪽에 있습니다.

고　종 : 그 이외의 다른 곳은 어떠한가?

김기수 : 알지 못합니다.

사정이 이쯤 되면 김기수는 일본을 다녀온 것이 맞는지, 일본에 가서 무엇을 보고 배워 온 것인지……. 일본 정부는 거액의 예산을 들여 조선 수신사를 초청해 근대화된 일본의 모습을 보여주어 조선을 개화의 길로 인도하려 했으나 헛돈만 날린 셈이 되었다.

수출입 관세 면제해 준 조선 대표

김기수는 귀국 길에 일본 정부의 외교 문서를 받아 왔다. 강화도조약 제11조에 의거해 일본 외무성이 이사관을 서울에 파견한다는 내용이었다. 강화도조약은 조일 양국 정부가 국교를 재개하기 위해 직접 교섭을 했다는 역사적 의미가 있다. 하지만 조약문에 실질적인 내용은 거의 포함되지 않고 포괄적이며 추상적으로 되어있어 통상 조약 체결과 개항장 선정 등은 수호조규 부록으로 넘겼다.

강화도조약에 조인한 조선 정부 입장은 일본과 정식 국교를 수립한 것도 아니요, 조선을 개혁·개방하겠다는 의지도 없었다. 단순히 서계 문제가 대두하기 이전의 외교 관계를 회복하기 위해 조약을 체결한 것으로 이해했다. 조약 체결의 결과 쓰시마의 중개 역할이 사라졌을 뿐 일본과의 교역은 여전히 부산을 비롯한 삼포로 국한했고, 간헐적으로 수신사를 주고받으면 되는 것으로 받아들였을 뿐이다.

이런 인식이 지배하고 있었기에 고종은 수교 후에도 천황을 칭하는 일본 국서를 접수하지 않았고, 근대 국제법의 기본에 속하는 일본 공사의 서울 상주도 허가하지 않았다. 강화도조약은 일본이나 조선 개화 세력이 기대했던 어떤 변화도 가져오지 못했다.

1876년 7월 30일, 미야모토 오카즈가 이끄는 일본 대표단이 조일수호조규의 구체적인 내용을 규정하는 부속 조항과 통상 조약을 체결하기 위해 서울에 입성했다. 이들이 임진왜란 이후 공식 절차에 의해 서울 땅을 밟은 최초의 일본인이었다. 양국 협상단은 8월 5일부터 실무 협상을 벌였다. 조선은 일본과 무력 충돌을 피하기 위해 부득이하게 강화도조약을 체결했으나, 실질적인 효력을 발효시키기 위한 부속 조항과 통상 조약 체결에 협조할 생각은 없었다.

일본 정부는 조-일 양국 무역 현황을 파악한 결과 조선으로부터 수입

액은 연간 25만 엔, 조선으로의 수출액은 15만 엔 수준에 불과했다. 쌀과 콩 등 곡물 수입을 제외하면 주목할 만한 교역은 없었다. 조선은 자신들이 예상했던 것보다 훨씬 가난한 소국에 지나지 않는다는 사실을 일본은 깨닫게 되었다.

일본 외무성이 조선과 통상장정 체결 과정에서 가장 민감하게 대응한 부분은 수출입 관세였다. 그들은 협상 대표 미야모토 오카즈에게 "조-일 무역 촉진을 위해서는 양국 모두 수출입 관세를 징수하지 않는 것이 좋다. 만약 조선 정부가 끝까지 관세를 요구할 경우 물건 가격의 5퍼센트로 하라"라고 훈령했다.

조선 측 대표 조인희는 수출입 관세가 무엇인지에 대해 초보적 이해조차 결여된 인물이었다. 일본 대표가 "양국 간 교역을 장려하기 위해 처음 몇 년간은 관세를 부과하지 말자"라고 제안하자 조인희는 쌍방이 무관세로 동일한 조건이라면 조선이 손해 볼 것 없다고 판단했다. 그 결과 일본 측 제안을 그대로 수용했다.

겉으로만 보면 그렇게 보일 수도 있다. 그런데 양국의 수출입 주력 상품을 따져보면 결코 동등한 조건이 아니었다. 일본이 조선에 수출하는 주력 상품은 기계를 통해 대량생산한 공산품이었고, 조선의 대일對日 주력 수출품은 농산물인 미곡이었다. 유길준은 『서유견문』에서 "일본이 조선에 수출하는 상품은 기계로 만들어 무제한적으로 생산되지만, 조선이 일본에 수출하는 농산물은 땅에서 나오는 것으로 그 끝이 있다. 양국 간 교역이 증대될수록 조선에는 남아있는 물건이 하나도 없게 된다"라고 경고했다. 수지타산을 깊이 따지면 무관세 수출입 조항은 일본에 결정적으로 유리했다.

국제법에 무지했던 조선 정부

조인희와 미야모토는 세 차례 회담 끝에 전문 11개조로 된 수호조규 부록附錄과 조일무역규칙朝日貿易規則을 체결했다(안승일, 『김홍집과 그 시대』, 연암서가, 2016, 85~86쪽; 김윤희·이욱·홍준화, 『조선의 최후』, 다른세상, 2004, 205~207쪽 참조). 이때 체결된 부록과 무역규칙에는 수출입 관세 조항이 빠져있었다.

게다가 제6조는 쌀과 잡곡의 일본 수출을 허용했으며, 제7조는 일본 선박이 조선 항구에 입항할 때 내도록 되어있는 항세港稅(항만 출입료)도 면제해 주는 통 큰 양보를 했다. 또 일본 상인들이 조선과 교역할 때 일본 화폐를 사용할 수 있도록 허용했다. 조선 조정이 상업과 무역, 화폐의 중요성을 전혀 이해하지 못한 결과였다.

협상 과정에서 일본이 적극적으로 제기한 이슈는 일본 외교관의 서울 상주였다. 주러시아 일본 공사 에노모토 다케아키榎本武揚는 데라시마 외무경에게 "일본이 조선에 대한 영향력을 확대하기 위해서는 서울에 일본 외교관을 상주시키는 것이 필수 과제"라면서 이를 추진할 적임자로 자신의 부하였던 하나부사 요시모토를 추천했다.

데라시마 외무경은 이 건의를 수용해 1877년 9월, 하나부사를 공사로 임명해 조선의 수도 서울에 상주시키려 했다. 하나부사의 조선 주재 공사 임명은 일본이 조선과 근대 조약을 체결하는 차원을 넘어 한반도에서 일본의 전략적 이해를 적극 도모하는 정책으로 전환하기 위한 시도였다(함재봉, 『한국사람 만들기 II』, 2017, 288쪽).

조선이 일본 외교관의 서울 상주 요구를 강력하게 거부하자 양국은 부산에 영사를 주재시키는 것으로 타협했다. 일본은 곤도 마스키近藤眞鋤를 부산 주재 영사로 임명해 부산에 상주시켰다. 조선은 일본과의 외교 실무를 담당하던 왜학훈도 현석운의 직위를 판찰관辦察官으로 승진시켜 곤도를 상대하도록 했다. 일본 공사의 서울 상주는 1882년 조미수호통상조약 체결 후에야 뜻을 이루게 된다.

수출입 관세 면제 조항의 발효와 동시에 개항장 부산을 통해 일본 상품과 일본 상인이 대대적으로 진출하기 시작했다. 일본 상인이 부산에 가져온 주력 제품은 맨체스터 일대에서 생산되고 캘커타나 상하이를 통해 수입한 영국산 면제품이었다. "외국과 무역을 할 때는 반드시 수출입 관세를 징수하는 것이 국제 관례"라는 청나라의 설명을 듣고 나서야 조선 정부는 관세 면제가 치명적 실수였다는 사실을 깨달았다. 하지만 뒤늦게 땅을 치고 후회한들 무슨 소용이 있겠는가.

급기야 2년 후 사건이 벌어졌다. 조선 조정은 18세기 이후 상품 유통이 활발한 포구에 수세소收稅所를 설치해 출입 상품에 포구세를 징수한 전례가 있다는 사실을 발견했다. 두모포에서 일본과의 교역으로 상품 거래가 크게 늘자 1878년(고종 15) 9월 6일 의정부는 "각 품목별 세율을 정하고 이를 동래부에 보내 즉각 시행하라"라고 지시했다. 일본과의 무역에 포구세 관례를 적용해 수세소를 설치하고 포구세 징수에 나선 것이다(김윤희·이욱·홍준화, 『조선의 최후』, 2004, 208쪽).

무력시위로 관세 부과 중지시킨 일본

명을 받은 동래부사 윤치화는 부산 두모진에 해관을 설치했다. 그 즉시 부산 주재 일본 관리관에게 "9월 28일부터 조선에 수입되는 모든 일본 물품에 대해 과세하겠다"라고 통보하고 '징세 책자'를 보냈다. 이미 국제법에 의거해 일본과 수출입 관세를 상호 면제하기로 조약을 체결한 상태에서 느닷없이 수입 상품에 포구세 명목의 관세를 부과하자 난리가 났다. 10월 9일, 일본 상인 105명이 동래부로 몰려가 강력 항의하며 관세 철폐를 요구했다.

동래부사는 "수출입 과세는 각국 관례에 따른 것이니 일본이 시비할 이유가 없다"라면서 항의를 일축했다. 자신들의 요구가 거부되자 일본 상인들은 민가를 습격해 조선 사람들을 폭행했다. 조선 사람들도 기와 조각과 자갈을 집어 던지며 맞서는 바람에 폭력 충돌로 비화했다.

두모포 사태가 심상치 않게 돌아가자 일본 정부는 11월 29일, 자국 상인 보호 명목으로 군함 히에이比叡호와 하나부사 요시모토 공사를 부산에 급파했다. 일본 외무상 데라시마 무네노리는 하나부사 공사에게 "조선 정부에 수출입품에 대한 관세 부과 정지를 요구하라. 이 요구가 거부되면 군함의 지원을 받아 반드시 이행하라"라고 훈령했다.

하나부사 공사는 동래부사에게 "두모진 해관의 과세를 즉각 중지하지 않으면 군사행동에 돌입하겠다"라고 통보했다. 동래부사는 "정부 명령에 따른 과세이므로 부사 권한으로 중지할 수 없다"라고 반박했다. 동래부사가 강경하게 대응하자 일본 군함은 절영도에 함포 사격 표적을 세우고 공포를 발사하는 등 무력시위를 벌였다. 이어 해병대 2개 소대를 두모포에 상륙시켜 공포 분위기를 조성했다. 일본의 거친 압력에 조선 정부는 12월 26일, 두모포에서의 관세 징수를 철회했다.

강화도조약에는 부산 이외에 2개 항구 추가 개항이 명문화되어 있었다. 일본 정부는 1879년 3월 20일, 하나부사 공사를 조선에 파견하면서 "2개 항구 추가 개항을 반드시 관철시키라"라는 훈령을 내렸다. 하나부사 공사는 특무함 다카오마루와 군함 호쇼를 이끌고 4월 23일 부산에 도착했다.

일본 정부는 함경도 영흥만의 문천을 개항지로 주목했다. 러시아의 남하를 견제하기에는 그곳이 적격이었기 때문이다. 영흥은 태조 이성계의 고향으로, 태조의 선조 묘가 있는 곳이어서 조선 정부는 영흥 개항을 거부했다. 일본 정부는 개항지를 물색하기 위해 일본 함정을 동원해 한 달에 걸쳐 조선 해안 곳곳을 정밀 측량했다. 일본 해군은 원산과 제물포를 개항의 적지로 외무성에 보고했다.

일본 외무성은 해군의 조사 결과를 토대로 조선 정부에 두 곳의 개항을 요구했다. 그 결과 1879년 8월 28일 원산 개항 협정이 체결되었고, 1880년 7월 원산이 정식 개항했다. 일본 정부는 원산에 영사관을 설치했다. 이때부터 일본인들이 원산에 몰려와 거주하기 시작했다.

완고했던 조선 정부가 원산 개항에 순순히 응한 이유가 있다. 당시 주청 영국 공사 웨이드는 청의 총리아문에게 "조선이 서구 열강과 조약을 체결하지 못하면 류큐와 동일한 운명에 빠질 것"이라고 경고했다. 경고를 접한 리훙장은 조선 정부에 "미국과 영국은 무역에 관심이 많지만 러시아는 이웃 나라들의 영토를 상습 침탈하는 나라다. 조선이 원산을 개항하고 영국과 조약을 맺어 러시아의 남진에 대비하라"라고 권고했다. 원산항 개항은 일본이 영국 덕을 본 셈이다.

원산은 별 마찰 없이 개항되었으나 제물포 개항은 오랜 줄다리기 끝에 1882년 9월 개항에 합의했다. 실제 개항은 1년이 더 지난 1883년 9월 30일에 이루어졌다. 부산에 이어 원산과 제물포가 개항되고, 개항장이 설치되자 일상日商들이 조선 상권을 잠식하기 시작했다.

곡물 일본 수출로 시중 쌀값 폭등

당시엔 조선 수출품의 50퍼센트가 쌀을 비롯한 곡물이었다. 일본 상인들이 시중에서 쌀을 매집해 일본으로 실어 가면서 조선에서 쌀이 '귀하신 존재'가 되었다. 수도권 쌀값이 두세 배 폭등하는 바람에 하층민 생활이 팍팍해졌다. 이것이 1882년 7월 19일 발생한 임오군란의 한 원인으로 작용하게 된다.

조선에 진출한 일본 상인 중에는 일확천금을 꿈꾸는 한탕주의자들이 많았다. 자본을 앞세운 그들의 행동은 오만무례했고, 조선 상인을 겁박해 폭리를 취하는 사례가 빈발했다. 민·형사상 사건이 벌어져도 치외법권으로 보호받았기 때문에 조선의 관련법으로 통제하거나 제어할 수 없었다. 일본인들은 훈도시 차림으로 허벅지를 노출하고 다니거나 여자 앞에서 소변을 보는 등 비신사적 행위로 조선 사람들의 반감을 샀다.

제4장

주자성리학 유토피아, 조선

위정척사란 성리학적 질서를 수호하고衛正, 성리학 이외의 모든 종교와 사상을 사악한 학문으로 배격하는斥邪 반제反帝 민족주의 운동이다. 그것은 조선 후기 외세의 침투에 대응하는 과정에서 대두했지만, 조선 500년을 관통해 온 주자성리학이 피워 올린 마지막 불꽃이다. 때문에 주자성리학을 알아야 위정척사의 진정한 의미를 이해할 수 있다.

조선은 유교, 즉 주자성리학으로 시작해 그것으로 멸망한 나라였다. 통치 이데올로기도 주자성리학이요, 인간의 삶과 죽음을 관장한 것도 주자성리학이었다. 주자성리학의 뿌리인 유교의 사전적 의미는 '인仁을 근본으로 하는 유학을 받드는 교'다. 제정일치를 종지로 삼고, 삼강오륜을 덕목으로 하며, 사서삼경을 경전으로 하는 학문이다.

유교의 시조인 공자는 춘추시대 노魯나라 사람이다. 연대기적으로 시대 구분을 하면 청동기 시대 말기에 태어나 철기 시대에 왕성한 활동을 했다. 그가 태어나기 전에는 주周나라 아래 고만고만한 제후국들이 황제 질서에 순응하며 평화롭게 살아가는 태평성대였다. 그런데 춘추시대 후반, 철기 문명이 도입되면서 사정이 복잡해졌다.

철기 문명 도입으로 제후국들의 생산성이 급격히 높아졌다. 당시 주력 산업은 농업이다. 농업 생산성 향상에 따른 잉여가치는 군사력 양성의 종잣돈이 된다. 제후들의 군사력이 강해지면서 이웃 제후국을 침략하거나 종주국인 주나라 왕권에 도전하는 일이 잦아진다. 전쟁이 일상화되면서 전국戰國시대가 도래했다. 제후국 간에 배신이 난무하고, 왕을 능멸하며 도덕은 문란해진다. 끝없이 반복되는 전쟁에서 생존하기 위해 백성들을 세금으로 쥐어짜 내면서 도탄에 빠진다.

적자생존·약육강식의 적나라한 생존 법칙이 난무하는 악귀 같은 소용돌이 한복판에서 살아야 했던 공자의 꿈은 '전쟁 없는 평화 시대'였다. 공자의 분석에 의하면 세상이 극도로 혼란해진 이유는 어질고 따뜻한 마음, 즉 '인仁'이 사라졌기 때문이다. 사회 혼란과 문란해진 이웃 국가들과의 질서를 바로잡으려면 인의 가치에 입각해 도덕적·인본주의적·인문주의적으로 '사람이 사람답게, 편안하고 평화롭게 살 수 있는' 세상을 만들자고 외쳤다.

그가 이상향으로 바라보았던 세상은 춘추시대 혹은 태평성대라 불렸던 요순堯舜시대였다. 문명사적으로 보면 공자의 이상향은 석기 시대였다. 철기 문명은 농업 생산성 향상으로 연결되어 인류가 보다 풍족하게 먹고살 수 있는 세상이 될 것으로 기대했으나, 엉뚱하게도 전쟁이 일상화된 생지옥을 연출했다.

공자의 이상향은 석기 시대

현실에 절망한 공자는 석기 시대를 인류의 이상향으로 그리워했다. 문명의 발달을 거부하고 철기 시대에서 석기 시대로 회귀하자고 주장한 사람이 공자이고, 그런 자신의 학설과 논리를 체계적으로 정리한 학문이 유교다. 『논어論語』에 등장하는 자공과 공자의 대화에서 우리는 공자의 정치적 이상향을 쉽게 발견할 수 있다.

자공이 정치에 대해 질문하자 공자는 다음과 같이 말했다.

"식량을 풍족하게 하는 것, 군비를 넉넉히 하는 것, 백성들이 믿도록 하는 것이다."

자공이 말했다. "부득이하게 한 가지를 버려야 한다면 어느 것을 먼저 버려야 합니까?"

공자가 말했다. "군대를 버린다."

자공이 질문했다. "어쩔 수 없이 또 한 가지를 버려야 한다면 어느 것을 먼저 버려야 합니까?"

공자가 말했다. "식량을 버린다. 예로부터 죽음은 모두에게 있지만, 백성들의 믿음이 없으면 나라는 존립하지 못한다."

(『논어』「안연」 7장)

공자는 군대를 버리고 식량을 포기하더라도 '인간다움'을 바탕으로 백성의 신뢰를 얻어야 태평성대가 온다고 주장했다. 유교는 인민이 나라의 근본이라는 민본民本 이념, 세상을 다스리고 백성을 구제하는 경세제민經世濟民을 바탕으로 한 왕도정치 구현에는 훌륭하게 기능했다. 하지만 유교는 그 자체에 결정적인 문제와 한계를 안고 있었다.

공자가 생각하는 유교의 이상향은 백성들이 등 따뜻하고 배부른 사회였다. 개인은 하루 세 끼 먹는 데 필요한 양식이 확보되면 그것으로 족하다. 더 많은 부富를 축적하면 서로 그것을 빼앗기 위해 투쟁하게 되므로 부는 악의 근원이며, 청빈淸貧이야말로 고귀한 가치로 추앙받아야 한다고 주장했다.

이런 가치관 아래 유교는 상업이나 공업 활동을 통해 재물을 축적하는 행위를 금기시하는 도덕경제(moral economy)를 지향했다. 사적 이익의 추구를 억제하고 공동 이익의 추구를 위한 협동과 인의仁義를 고양하고자 했다. 때문에 개인주의보다 공동체의 인간관계에, 산업사회보다 농경사회에 적합한 윤리였다(이헌창, 『한국경제통사』, 2012, 225쪽). 유교 사회에서 공公은 있어도 사私나 개인은 나쁜 것, 척결되어야 할 대상에 지나지 않았다.

형이상학의 끝판왕 성리학

성리학은 중국 송나라 시절 주자朱子 즉 주희朱熹라는 학자가 공자와 맹자의 유교 사상을 바탕으로 성리性理·의리義理·이기理氣 등 형이상학 체계로 우주와 인간의 근본 문제를 탐구한 철학이다. 주희가 집대성했다 해서 주자학, 주자가 세운 성리학이라는 뜻에서 주자성리학이라고도 했다.

조선의 엘리트들은 중국에서 수입한 성리학을 국가의 지도 이념으로 수용했다. 급기야 가족이나 지역 공동체, 국가 윤리를 성리학적 이상에 가까운 형태로 개조하는 데 성공했다. 인류 역사상 주자성리학 이념에 가장 충실한 사회를 실현한 것은 중국이 아니라 조선이었다.

성리학은 자연과 사회의 발생이나 운동을 이理와 기氣의 개념으로 설명한다. 기가 모이고 흩어짐에 의해 우주 만물이 생성된다고 보는 것이다. 만물을 구성하는 기는 맑음과 흐림, 무거움과 가벼움 등에 따라 차이가 있다. 때문에 기에 의해 구성되는 우주 만물은 차별성과 등급성을 갖는다.

주자성리학은 자연·인간·사회가 위계적 질서를 갖는다는 논리로 구성되어 있다. 그 결과 양반·중인·양인·천인 간의 신분 차별이나 남녀·주노主奴(주인과 노비)·노소老少(노장과 소장)·적서嫡庶(적자와 서자) 간의 차별을 당연시했다.

지역적 차별도 왕성했다. 후백제 멸망 이후 호남 세력이 권력에서 소외됐고, 이징옥의 난과 이시애의 난으로 함경도는 '반란의 땅'으로 낙인

찍혀 통제가 심해졌다. 함경도와 평안도 등 서북 출신은 기질이 사납고 반역할 가능성이 높다는 이유로 과거에 합격해도 관직에 임용되지 못했다. 운 좋게 임용됐다 해도 미관말직을 전전하다 관직 생활을 마감하는 것이 보편적인 현상이었다.

서북인에 대한 극심한 차별은 1811년 홍경래의 난을 촉발시키는 기폭제가 되었다. 홍경래는 "조정은 서토西土를 썩은 땅과 다름없이 버렸고, 심지어 권세 있는 집 노비들도 서토의 인사를 보면 '평안도 놈'이라 말한다"라면서 봉기를 일으켰다. 서북인들의 반감은 나라를 잃은 후에도 계속되어 연해주 독립운동 진영, 상하이 임시정부에서도 평안도파·함경도파·기호파 등 출신 지역별로 갈려 심각하게 갈등 반목했다.

조선의 정치 세력 판도는 기호(경기·충청) 세력이 주도하는 가운데 영남 세력이 여기에 대항하는 구조를 이루다가, 인조반정 후에는 기호 세력이 독주했다. 기호 세력 중에서도 송시열을 중심으로 하는 노장파인 노론老論이, 세도정치 시기에는 노론 중에서도 안동 김씨, 풍양 조씨, 여흥 민씨 등 서울 양반들이 권력을 독점했다.

주자성리학의 세계에서는 살아서뿐만 아니라 죽어서까지 차별이 존재했다. 신분에 따라 제사 지내는 혼魂의 범위가 3품 이상은 4대(고조)까지, 일반 백성은 부모까지였다. 갑오개혁의 신분 차별 철폐령에 의해 1895년부터는 모든 사람이 4대까지 제사를 지낼 수 있게 되었다. 신분에 따라 묘지의 크기도 정해져 있었다(오구라 기조, 조성환 옮김, 『한국은 하나의 철학이다』, 모시는사람들, 2017, 149쪽).

조선은 인류 역사에서 예외의 나라

이처럼 차별을 정당화하면서도 한편에선 "누구나 노력하면 성인聖人이 될 수 있다"라고 주장했다. 유교 경전을 공부하고 수양을 통해 덕을 쌓으면 누구나 성인이 될 수 있으므로 교육을 대단히 중시했다. 국사편찬위원장을 지낸 이성무는 요즈음 한국인들의 교육열이 높은 까닭은 유교의 영향 덕분이라고 지적한다(이성무, 「서울신문」 2010년 5월 7일).

일본에서는 우동을 만들든 만두를 빚든 그 맛이 최고이면 일본 최고가 된다. 일본 최고는 일본 전역에 무수히 많다. 새로운 분야를 개척해 성과를 쌓으면 그것으로 일본 최고가 된다. 이것이 일본 자본주의 발달의 비밀 중 하나였다.

반면에 조선에선 신분 상승의 사다리는 과거 급제가 유일했다. 조선에서는 과거제의 종주국 중국에 비해 특정 지역이나 족벌이 과거 합격자를 독점하는 현상이 현저했다. 조선 시대 전체를 통틀어 문과 급제자는 1만 5,547명에 불과했다. 그중에서 수석 합격자인 장원은 가장 빛나는 '가문의 영광'이었다(오구라 기조, 조성환 옮김, 『한국은 하나의 철학이다』, 2017, 48쪽).

주자는 『대학』 『논어』 『맹자』 『중용』을 경전으로 삼아 사회 윤리인 예禮를 강조했다. 이와 동시에 우주 본체와 인간의 심성 같은 형이상학적 주제에 대한 탐구를 심화시켰다. 형이상학을 극단적으로 강조하는 성리학이 대세로 자리 잡은 조선에서는 과학이나 제도, 실용적 기술은 사회의 최하층 계급이 담당하는 분야로 하찮게 여기는 풍토가 만연했다.

인류의 보편적 역사는 군인이나 정복자들이 권력을 장악하고 통치하는 무인武人 통치가 정상이다. 서기 1270년 고려 무인 정권의 몰락 이후 한민족 700년 역사는 글 읽는 문과文科적 지식인을 가장 우대했다. 농민이 그 뒤를 잇고 기술자와 상공인은 천시하는 사농공상士農工商의 계급 이념 및 지배 구조로 일관해 왔다. 조선은 형이상학을 전공하는 선비(즉 먹물)들이 칼을 든 무인들을 찍어 누르고 통치하는, 지구상에서도 예외 중의 예외에 속하는 문민통치文治 시대였다.

일본의 언론인 겸 정치학자 다나카 아키라田中明는 1992년 출간한 저서 『한국 정치를 투시한다』에서 박정희 시대를 '예외의 시대'라고 명명했다. 1961년 박정희 장군의 쿠데타 이전까지는 한국 사회에서 군인 따위의 '저열한 인종'이 권력을 장악한다는 것은 상상조차 할 수 없는 일이었다. 조선 500년에 이어 1948년 대한민국의 탄생, 그리고 제1, 제2공화국까지도 양반 지배 계층이 권력의 핵심을 장악한, 완벽한 문치의 나라였기 때문이다(다나카 아키라, 윤학준 옮김, 『한국정치를 투시한다』, 길안사, 1995, 10쪽).

문치의 치마폭에 싸인 붓잡이 문신들은 싸우지 않고 안보를 달성하기 위해 사대교린으로 이루어진 중국 중심의 동북아 질서에 순응했다. 농업 생산성이 형편없어 경제가 궁핍한 상황에서 군대를 양성하면 이들을 먹여 살릴 길이 막연하고, 또 쿠데타가 자주 일어나 문치주의를 유지할 수 없다고 생각했다(이성무, 『한국역사의 이해 (1)』, 집문당, 1998, 30쪽).

총론만 있고 각론은 없는 나라

조선은 성리학으로 무장한 학자들이 국가 행정을 담당하는 중앙집권적 왕조였다. 양반 관료들은 형이상학, 철학, 관념, 예의범절에는 도가 텄으나 국가 행정에 필요한 제도 및 실무적 내용이나 사례, 운영 방법에 미숙했고, 그런 문제에 관심도 없었다. 그 결과 조선은 총론만 있고 각론은 존재하지 않는 상황에서 국가를 주먹구구식으로 운영할 수밖에 없었다. 조세 제도를 예로 들어보자.

조선의 조세 제도는 총론은 비교적 잘 구비되어 있었다. 하지만 각론으로 들어가면 심각한 하자가 발견된다. 중앙 정부는 지방 행정 책임자인 수령에게 그 지방에서 거둬야 할 세금(혹은 공물)의 총할당량을 배정한다. 백성 개개인이나 가구마다 어떤 기준에 의해 얼마를 부과하느냐에 대한 명확한 규정이나 근거는 존재하지 않았다. 이 문제는 전적으로 지방 수령에게 위임했다.

조선의 경우 중앙 정부가 임명해 각 고을로 부임하는 지방 수령 임기는 관찰사는 1년, 수령은 5년으로 되어있었으나 전후기를 통해 빈번하게 교체되어 막대한 재정적 손실과 함께 허다한 폐단을 낳았다(이희권, 「조선후기 지방통치행정연구」, 전남대 박사학위 논문, 1989, 86~88쪽). 특히 고종 시절 수령 임기는 평균 6~8개월에 불과했다.

자고 일어나면 지방 수령이 바뀌다시피 하므로 그들은 해당 고을의 세세한 사정을 알 수가 없다. 따라서 고을 통치는 그 지역에서 뿌리를 내리고 살며 속사정을 손금 들여다보듯 파악하고 있는 향리나 아전들에게 맡겨졌다. 이들은 가구나 마을 단위로 세금(공물) 할당량을 제멋대로 정해 징수했다. 이 과정에서 숱한 부정부패와 불공정 행위가 자행될 수밖에 없는 구조적 한계를 안고 있었다.

조선 후기 매관매직이 성행하면서 사태는 심각한 양상으로 비화했다. 고액의 뇌물을 바치고 관직을 얻은 관리들은 그 대가를 농민에게서 염출해야 했기 때문에 명목상 정부 기구는 계속되었지만 무정부 상태와 별로 다를 것이 없었다(이기백, 『한국사신론』, 신수판, 일조각, 1996, 324~325쪽).

이러한 제도적 모순이 조선 초기에 정해진 이래 바뀌지 않은 채 조선 말기까지 이어졌다. 인간이나 조직이 어떤 방법에 의존하기 시작하면, 그 방법이 비효율적이란 사실이 밝혀져도 그 방법에서 쉽게 벗어나지 못한다. 미국 스탠퍼드대학의 폴 데이비드 교수와 브라이언 아서 교수는 이런 현상을 '경로의존성(path dependency)'이라고 명명했다.

조선 초기에는 왕실 종친이나 현직 관리, 서울에 거주하는 전직 관리들에게 관직이나 품계에 따라 18등급으로 차등을 두어 토지를 분배했다. 이것이 과전科田이다. 토지는 한정되어 있는데 전직 관리들에게까지 토지를 나눠주다 보니 땅이 모자라게 되었다. 얼마 후 과전을 폐지하고 현직 관리에게만 토지를 나눠주는 직전職田 제도로 변경했다.

이때 조정에서 관리들에게 분배한 과전·직전은 토지 소유권이 아니라 백성들이 소유한 논밭에서 수확하는 곡식을 조세로 거두는 권리, 즉 수조권收租權이었다. 직전마저 한계에 이르자 16세기 중반 이후에는 월급에 해당하는 봉록俸祿을 지급했다. 봉록이란 매달 지급하는 봉俸과 3개월에 한 번씩 지급하는 녹祿을 합친 것이다.

왕도정치 OK, 패도정치 No!

조선 시대 고위 관직인 참판參判, 대사헌大司憲, 동지사同知事, 관찰사觀察使 등은 종2품으로, 현재 정부 각 부처의 차관급에 해당한다. 종2품 관리들의 봉록을 연봉으로 환산해보면 쌀 49석, 보리 2석, 대두 17석, 밀 8석, 명주 5필, 면포 14필, 저화 8장이었다. 저화는 종이돈(지폐)으로, 저화 1장이 쌀 2석에 해당했다(기시모토 미오·미야지마 히로시, 김현영·문순실 옮김, 『조선과 명청』, 너머북스, 2014, 162쪽).

봉록 이외의 공식 수입으로는 국왕이나 중앙 정부 기관에 올라오는 진상품 중 일부를 나눠 받았으며, 고급 관료들에게는 재임 중 일정한 숫자의 공노비가 제공됐다. 비공식 수입으로는 각종 뇌물성 증답품이 있었다.

규정은 나무랄 데 없이 만들어졌지만 시행이 문제였다. 조선조 500년을 통틀어 봉록이 규정대로 지급된 사례는 한 번도 없었다. 흉년이 들거나, 국가의 중요 행사가 있거나, 중국 사신의 왕래가 잦을 경우 비용 충당을 위해 규정보다 훨씬 적은 봉록이 지급됐다.

더 심각한 문제는 지방 관아의 하급 공무원인 아전들은 아예 봉록 자체가 존재하지 않았다는 사실이다. 근무는 하는데 월급은 없으니 아전들은 '각자 알아서' 호구지책을 마련해야 했다. 백성들을 뜯어먹고 살라고 방치한 것이다.

조선은 과거 제도를 통해 강력한 관료 지배 체제를 구축했다. 양반들은 자신들의 기득권 보호를 위해 양반 숫자가 늘어나는 것을 막기 위한 고도의 장치를 곳곳에 마련했다. 양반과 천민의 혼인을 인정하지 않았고, 정실正室이 아닌 첩과의 사이에서 출생한 서자는 양반으로 인정하지 않았다. 양반 계층만 고급 교육을 시켜 지식을 세습했고, 법적인 근거도 없이 면세 혜택, 병역 면제, 신분상의 우위 등 특권을 확대했다(정병석, 『조선은 왜 무너졌는가』, 시공사, 2016, 63쪽). 양반 지배 계급은 당쟁을 통해 권력을 잃어도 조만간 다시 복귀할 수 있었다. 때문에 자신들의 특권을 약화시키거나 기득권을 침해하는 제도 개혁에는 강력하게 저항했다.

조선을 지배한 주자성리학은 도덕적 자기완성과 실천을 통해 국가를 통치하고 사회를 안정시키는 덕치德治를 중시했다. 그 결과 덕치를 바탕으로 하는 왕도정치를 이상향으로 설정했다. 나라를 다스리는 국왕이 하늘의 명을 받아 덕을 베푸는 정치를 통해 백성을 보살피는 것을 왕도라 했다.

반면에 법을 앞세워 백성을 힘으로 굴복시키고 전쟁이나 건설 등 부국강병을 위해 백성을 고단하게 만드는 정치는 도둑의 무리나 지향하는 패도정치霸道政治가 된다. 유교에서는 법法을 패도의 수단으로 바라볼 뿐, 왕도의 수단으로 인정하지 않았다. 양반 관료들은 예의와 염치를 중시하는 도덕정치를 지향했다. 법보다 도덕을 우위에 두는 통치 질서가 수백 년을 이어온 결과 서구식 법치는 정착되기 힘든 상황이 되었다. 이런 사회 분위기가 현재까지 이어져 "법대로 하자"라는 말은 관계의 회복이 아니라 관계의 종말을 의미한다(오항녕, 『조선의 힘』, 역사비평사,

2010, 107쪽).

유교의 원조 중 한 사람인 맹자는 인의仁義의 실현을 왕도로, 그 밖의 것은 패도로 정의했다. 맹자의 왕도정치란 나라를 다스리는 제후가 도덕적으로 완성되면 주변 사람들을 교화해 선정善政으로 나타난다는 것이다. 나아가 모든 백성이 안정된 생활과 풍부한 교양을 지니고 도덕적 질서를 지켜 왕도정치가 실현된다고 보았다.

먹물들의 천국

공맹孔孟 사상의 핵심은 나 자신의 수양과 백성을 다스리는 수기치인修己治人이다. 개인 수양부터 먼저 한 다음 집안을 다스리고, 그 후에 백성을 다스리는 정치를 하는 것이 올바른 방법이라는 이론이다. 그리고 이것을 구현한 정치 이념이 왕도정치이고, 왕도정치를 성리학의 핵심 원리로 집대성한 인물이 송나라의 주자다(정병석, 『조선은 왜 무너졌는가』, 2016, 134쪽).

주희가 활동했던 남송南宋(1127~1276) 시대는 여진족이 세운 금金나라의 군사력 위협으로부터 생존하기 위해 오랑캐에게 조공을 바치고 평화를 구걸했다. 비굴한 상황에 처한 남송 지도부는 군사력으로는 오랑캐에게 억눌려 있지만 문명적으로는 자신들이 월등히 앞서 있다는 정신 승리법에 도취되었다. 그 결과 성리학은 대의명분과 의리가 절대적으로 강조되었다.

조선 건국 초기만 해도 성리학이 사회 곳곳에 뿌리내리지 못했기 때문에 지도부는 식량을 풍족하게, 군비를 넉넉하게 하는 부국강병을 시행할 수 있었다. 과학기술의 중요성이 강조되면서 한글이 창제되고 해시계·측우기·금속활자 등 실생활에 필요한 문명의 이기들이 발명되었다. 선진 문물에 대한 학습 열기 덕분에 조선 초에 중국과 대등한 수준으로 국가 체제를 정비했고, 15세기에 과학은 세계적 수준이었으며, 16세기에는 유학이 중국과 대등한 수준에 올랐다(이헌창, 『한국경제통사』, 2012, 241쪽).

이런 실사구시적 풍토는 16세기 들어 주자성리학 이념을 국가 통치 차원에서 실현하려는 재야 운동권 사림士林 세력이 권력을 장악하면서 크게 뒤틀렸다. 사림은 부국강병은 왕도정치에 반하는 것이라고 비판했다. 성리학이 추구하는 요순의 이상 사회로 회귀하기 위해 학문을 숭상하고 개인의 인격을 수양하면 부국강병은 저절로 이루어지는 것이라고 보았다. 그들은 인위적으로 부국강병을 추구하는 것은 패도정치적 술수라고 비판했다(연갑수, 『고종대 정치변동 연구』, 일지사, 2008, 256쪽).

임진왜란이 발발하기 10년 전인 1582년, 선조는 율곡 이이에게 성균관 학칙 정비를 명했다. 이때 『소학』 『대학』 『논어』 『맹자』 『중용』 등이 필독서로 지정되었고, 학문 내용도 형이상학적인 주자성리학과 중국 역사로 짜여졌다. 성인聖人이 짓지 않은 글은 읽거나 보지 못하도록 통제했다. 경제 성장의 핵심인 공학이나 테크놀로지, 상업·유통·무역은 철저히 배제되었다. 요즘 용어로 설명하면 문사철(문학·역사학·철학)을 국시國是로 채택한 셈이다. 이때부터 상공업은 퇴화하고 나라 전체가 공리공론으로 흘러 조선은 말과 글의 나라, 먹물들의 천국으로 돌변했다.

국가 대사를 논하는 관료는 전원이 먹물 묻은 학자들로 구성되었다. 기술자와 과학자 등 얼굴에 기름 묻힌 테크노크라트 직군은 요직에 참여할 수 없도록 구조가 짜여졌다. 국왕의 일과 중 가장 신성하고 중요한 행사는 고위직 대신들과 주자성리학 경전을 공부하고 현안을 토론하는 하루 세 번의 경연經筵이었다. 경연 교재는 사서四書와 오경五經, 『자치통감』 『소학』 『정관정요』 등 유교 경전과 중국 역사책이었다.

장인, 기술자들의 지옥

사림은 나라를 부강하게 만드는 과제보다는 중국의 요순시대를 이상향으로 설정하고 개인 수양을 통해 이상주의적 철학 국가를 완성하려 했다. 그런 가치관하에서는 도덕이 근본이요 재물은 말업末業이 된다. 농업은 장려된 반면 영리를 추구하는 상업은 억제되어 근검과 청빈淸貧의 세상으로 회귀했다. 이런 정치 세력이 수백 년 권력을 독점해 왔으니 패도를 상징하는 부국강병은 금기어가 되어버렸다.

조선은 건국 초부터 시장 개설을 금하고 상인에게 통행증을 발급해 제한을 가하는 등 상업·유통을 강력하게 억제했다. 도로 정비나 수레에 관심이 없었고, 항만과 교량 등 경제 활동의 기반이 되는 사회간접자본을 건설하지 않아 지역 간 생산물 유통은 불가능했다. 오랜 기간 이런 상태로 방치되면서 상업 활동은 크게 위축되었다.

수공업 기술자들은 전원 관청의 장인匠人 명부인 '공장안工匠案'에 등록되었다. 장인들은 순번에 따라 1년에 몇 달간 관청에 의무 복무하면서 관수품을 제작하고 그 대가로 약간의 보수를 지급받았다. 장인들은 서울에서는 무기와 의복, 음식과 그릇 제조, 인쇄·출판, 종이 제조, 토목 공사 등을 담당했고 지방에서는 농기구, 목공품, 가죽과 칠기, 화살 등을 생산했다. 15세기 중엽 한양에 소속된 경京공장은 129개 직종에 2,841명, 지방 관청에 소속된 외外공장은 27개 직종에 3,652명에 불과했다(정병석, 『조선은 왜 무너졌는가』, 2016, 365쪽).

장인들은 하층민으로 분류되어 과거 시험을 통한 관직 진출이 불가능했다. 공장제 상품 생산과 생산 기술의 발달이 극히 제한된 결과 재능을 보유한 장인들은 뜻을 제대로 펴지 못한 채 시들어갔다. 경북 청도 출신의 명검 장인인 저재抯才가 대표적 사례다. 귀신같은 솜씨로 철을 다루어 명검 제조의 달인으로 꼽힌 저재는 아들에게 가업을 물려주었다. 하지만 저재의 아들에게 돌아온 것은 사회적 존경이나 부귀영화가 아니라 권리는 없고 의무만 산처럼 쌓인 부조리한 현실이었다. 그는 관청의 가혹한 상납 재촉을 견디다 못해 스스로 오른손을 잘라 명검 제조 기술은 대가 끊겼다.

상공업 발달을 통제하는 시스템하에서 우수한 역량을 가진 기업가나 기술자, 장인이 등장하는 것은 돌연변이나 기적 아니면 불가능하다. 조선 사회는 시장을 억제하는 바람에 상공업자를 중심으로 하는 시민층이 뚜렷한 사회 세력으로 성장하지 못했다. 그 결과 19세기 후반 개항기에도 시장 규모가 너무 작아 근대적 기업가 탄생은 불가능했다.

게다가 사농공상이라는 차별적 직업관과 반상제로 인해 양반 관료나 유학자가 되지 않고서는 사회적 엘리트가 될 수 없었다. 성리학 이데올로기가 경제적 동기를 중시하고 경제적 합리화를 추구하는 정신의 발현을 제약한 결과 기업가들에게 적대적인 사회로 전락했다.

조선의 권력자 집단인 사림이 왜 그토록 집요하게 부국강병을 기피하고 상업과 공업을 통제하며 억압했을까? 다 이유가 있다. 부국강병책을 시행할 경우 무력을 보유한 칼잡이 세력이나 부富를 축적한 상공업자들이 사회 중심 세력으로 자리 잡게 될 가능성이 높아진다. 상공업이 발달해 사회 질서가 변동하면 붓잡이가 중심이 된 문신들의 권력 기반과 통치력이 약화된다. 이런 위험을 사전에 차단하기 위해 사림들은 상공업 발달을 극력 통제한 것이다.

왕권은 약화, 신권은 강화

중국·조선·일본 등 동아시아 삼국은 모두 유교의 세례를 받았고, 쇄국을 정책적으로 시행했다. 하지만 사회·문화적 양태는 크게 달랐다. 유학의 원조인 중국은 유학을 통치 원리에 반영해 유교 정치를 펼쳤지만 경제가 성장했고 세계와 다양한 교역을 했다.

쇄국 정책의 원조인 중국은 국토 면적이 넓고 국경선도 지형이 복잡해 통제가 불가능했다. 엄격한 쇄국 정책은 현실적으로 불가능한 구조였다는 뜻이다. 중앙 정부가 쇄국을 강제해도 곳곳에서 바람구멍이 뚫려 북방·남방·해상 실크로드를 통해 문물이 교류되었고, 민간 차원의 교역도 유지되었다.

일본도 공식적으로는 쇄국 정책을 강제했지만 나가사키·쓰시마·사쓰마·마쓰마에松前 등 외부로 뚫린 '네 개의 바람구멍'을 통해 국제 교역이 진행되었다. 그 결과 부국강병을 지향하는 제도 개혁과 각 번 사이의 경쟁을 토대로 상공업이 발달해 자생적 근대화에 성공했다.

유독 조선만 원산지인 중국보다 더 교조화·원리주의화해서 상공업을 철저하게 억압하고 극단적인 폐쇄·고립·쇄국·위정척사의 나라로 전락했다. 기독교가 서양 문명의 핵심이라면, 조선 문명의 핵심은 주자성리학이었다. 조선 500년을 지배해 온 주자성리학은 도덕주의, 성실성, 교육열, 근면 정신, 가족주의, 중앙집권화, 상하 관계 등 긍정적 측면이 많다. 또 지식 축적과 인적자원 개발 면에서 강점이 있는 학문이다. 성리학 덕분에 경제 성장에 필요한 지식과 인적자원에서 조선은 매우 유리한 여건을 확보하고 있었다.

막스 베버(Max Weber)는 『프로테스탄티즘의 윤리와 자본주의 정신』에서 근면·절약·성실성을 강조하고, 영리 추구 행위를 조장하는 프로테스탄티즘의 윤리가 자본주의와 산업혁명을 초래한 근본 원인이라고 설파했다. 성리학도 근면·절약·성실성을 강조한다는 점에서 프로테스탄티즘과 유사한 면이 발견된다. 하지만 영리 추구 행위를 극단적으로 억압함으로써, 자본주의와 산업혁명을 가져온 프로테스탄티즘과는 정반대 길을 걷게 된다.

"사촌이 땅을 사면 배가 아프다"라는 속담이 있다. 남이 잘되는 것을 기뻐하지 않고 시기 질투하는 속담이 존재하는 이유는 무엇일까? 어느 사회에 지대 추구 행위나 착취 제도가 만연해 자신의 노력으로 부를 축적하거나 신분 상승이 불가능한 상황이 되었다고 치자. 이 상태에서 특정인의 부가 증가했다면 그것은 땀 흘려 노력한 대가가 아니라 남의 것을 착취하고 도둑질한 결과가 된다. 이런 사회에서 부자는 존경의 대상이 아니라 비난·질시·모멸·주의의 대상이 될 뿐이다.

상공업을 천시하고 청빈을 강조하는 사회에서는 부를 축적할 방법이 없으니 분배에만 관심을 갖게 된다. 아무리 노력해도 인센티브가 없는 사회, 자신의 노력으로 신분 상승할 기회가 주어지지 않는 사회에서는 정해진 '파이'에 집착하기 때문에 공평성 여부가 가장 중요한 가치 판단의 기준이 된다(정병석, 『조선은 왜 무너졌는가』, 2016, 138~139쪽).

조선에서는 성리학 경전을 공부하는 분야를 제외하면 능력과 역량이 아무리 뛰어나도 그에 합당한 예우를 받지 못했다. 열심히 일하면 그에 따르는 인센티브가 제공되는 법제와 문화는 조선에는 존재하지 않았다. 불가능의 벽을 뚫고 부단한 노력을 통해 부를 쌓으면, 그런 인간승리의 교훈을 본받기 위해 노력하는 것이 아니라 권력을 동원해 빼앗고 착취하고 끌어내리는 쪽으로 나아갔다.

당쟁은 왜 일어날까

조선의 제도적 비극으로 꼽히는 또 하나의 요인은 당쟁과 지역 및 신분에 따른 차별이다. 중앙집권 체제의 강화가 권력 집중을 초래했고, 당쟁과 세도정치, 지역 차별을 격화시켰다는 것이다. 그렇다면 당쟁이 격화된 이유를 추적해 볼 필요가 있다.

문치주의 세상에서 권력 투쟁의 도구는 칼이나 창, 소총과 대포가 아니라 말과 글이다. 외세의 침략으로 국란이 자주 일어났다면 국가 지도부가 나라 지키느라 상무 정신을 적극 강화했을지도 모른다. 조선은 500년 역사 기간 동안 임진왜란과 정묘·병자호란을 제외하고는 외침이 거의 없어 평화가 난만했다. 그 결과 권력 투쟁의 칼날이 내부로 향하면서 싸움 양상이 한층 더 격렬해졌다.

무인 통치하에서는 군사력을 쥔 리더를 중심으로 정치 세력이 이합집산한다. 붓잡이 학자들이 정권을 장악한 문인 통치하에서는 말과 글로 논쟁하므로 절대 우위를 가진 권력자가 등장하기 어렵다. 이럴 때 국왕이 절대권력자 역할을 해야 하는데, 실상은 그렇지 못했다. 혈통에 의해 세습되는 국왕은 개인 능력 편차에 따라 대신들에게 휘둘려 왕권을 제대로 행사하지 못하는 경우가 많았다. 양반 관료들은 과거 시험을 통해 능력 위주로 선발된다. 그 결과 국왕보다 현명하고 똑똑한 관료들의 발언권이 강해질 수밖에 없었다.

조선은 말이 왕정 국가였을 뿐 국왕 개인에게 절대권력이 귀속된 것이 아니라 군신공치君臣共治로 설계되었다. 국왕은 신하들과 다양한 채널을 통해 정책을 협의하고 의견을 구해 통치하는 개방적이고 포용적인 정치 제도를 추구했다. 또 국왕이 전·현직 관료나 지방 수령, 일반 백성 등에게 정책을 제안하도록 촉구하는 제도도 운영되었다. 국왕의 지시에 의해 상소하는 것을 응지상소應旨上疏라고 했다(정병석, 『조선은 왜 무너졌는가』, 2016, 112쪽).

통치 시스템은 군신공치였지만, 양반 관료들은 왕권을 제약하고 신권臣權을 강화한 결과 군약신강君弱臣强의 권력 구조가 뿌리내리게 되었다. 왕권은 있으나 마나 한 상태이니 지연·학연·혈연을 중심으로 패거리朋黨를 조성해 국가 요직을 놓고 치열한 권력 투쟁을 전개했다. 이것이 당쟁이다(이성무, 『한국역사의 이해 (1)』, 1998, 25~27쪽 참조).

붕당은 붕朋과 당黨의 합성어다. 한 스승 아래 동문수학한 무리가 '붕'이요, 이해관계를 중심으로 모인 무리를 '당'이라 칭했다. 붓잡이들이 통치한 조선은 학문과 정치가 결합되면서 스승과 출신 지역, 가문을 등에 업고 붕당이 결성되었다. 총칼과 병력을 동원해 전투로 승패를 판가름하는 무인 정권과는 다르게 문인들은 이론적 논쟁으로 권력 투쟁을 벌였다. 무력이 아니라 이론적인 논쟁을 통해 수행한 것은 한편에서 보면 수준 높은 정치문화로 평가할 수도 있다(이성무, 『한국역사의 이해 (1)』, 1998, 97~98쪽).

당쟁의 단골 주제는 국왕 정통성

이것은 당쟁을 긍정적 측면에서 바라본 것이고, 당쟁의 부정적 측면도 무시할 수 없다. 붕당을 형성한 세력들이 권력 투쟁을 벌이는 주제가 민생이나 국부國富 증진이라면 생산적인 논쟁이라고 박수를 받았을 것인데, 조선 시대 당쟁의 최대 주제는 집권의 정당성, 국왕의 정통성이었다.

군약신강의 나라 조선은 특정 가문과 왕실 간의 결탁에 의해 국왕이 되기 어려운 인물, 국왕이 되어서는 안 될 인물이 왕위에 오르는 일이 잦았다. 그 결과 국왕의 정통성을 둘러싸고 당쟁이 일상사가 되다시피 했다. 게다가 주자성리학 명분론은 피아를 명확히 가를 뿐만 아니라 고도의 선명성을 요구했다. '대쪽'으로 상징되는 선비 정신은 화합과 상생, 타협과 양보를 통한 공존을 정의롭지 못한 야합으로 매도했다.

효종 시절 권력의 정점에 오른 송시열은 주자를 종교적 숭배의 경지에 올려놓은 극단적 펀더멘털리스트(원리주의자)였다. 그는 주자의 이론과 학설만을 '올바른 진리'라고 확신했다. 그 결과 "주자의 해석은 한 글자도 바꿔서는 안 된다"라면서 주자와 다른 해석을 내놓는 상대를 사문난적斯文亂賊으로 몰아 죽이거나 탄압했다. 사문난적의 원뜻은 '아름다운 글을 어지럽히는 도적'으로, 유교를 반대하는 사람을 지칭하는 용어였다. 송시열은 이를 '경전을 주자와 달리 해석하는 자'로 돌연변이시켜 정적 처단 무기로 사용했다.

당쟁에서 승리하면 자기 소속 당파는 부귀영화가 보장되지만, 패하면 하루아침에 역적으로 몰려 패가망신했다. 300여 년 당쟁이 일상화되어 유능한 인재들이 멸문지화를 당하면서 민생이 피폐해지고 국력이 소진됐다. 참화를 면하기 위해서는 말과 글로 상대를 제압하든지, 속세를 등지고 초야에 묻혀 살아야 했다.

주자성리학은 장점도 많았지만 그 자체에 적지 않은 문제점도 안고 있었다. 견제 세력이 없어 유아독존적 상황에 처하다 보니 지나치게 교조화·원리주의화해서 여러 가지 병폐를 낳았다. 학자들은 주자성리학의 폐단으로 (1) 문무의 불균형, 즉 문존무비文尊武卑 풍조, (2) 사농공상의 신분 질서, (3) 선공후사先公後私와 정반대의 개념인 선사후공先私後公 사고방식, (4) 폐쇄 고립주의를 꼽는다. 이 네 가지 요인이 조선 사회의 역동성을 발목 잡아 망국에 이르게 했다는 것이다.

무인을 천대하면 아무도 그 나라를 지키기 위해 목숨을 바치지 않는다. 사람과 물자와 정보의 왕래가 막힌 사회는 쇠퇴한다. 조선은 세계 정세 변화에 무지했고 발전에서 소외된 '은둔의 왕국'으로 전락했다.

완전무결한 도덕만이 대접받는 사회

1980년대 말 한국으로 유학을 와서 서울대 철학과에서 8년간 공부한 오구라 기조小倉紀藏 교토대 교수는 조선 왕조의 폐망 100년이 훨씬 지난 지금도 한국인의 정신 세계와 도덕을 지배하는 것은 "주자성리학이라는 단 하나의 철학"이라고 단언한다.

조선에서 선비士란 학문을 하는 사람, 특히 벼슬을 살지 않은 사람을 뜻한다. 권력과 부를 멀리하고 오로지 학문의 세계에 침잠해 이상을 추구하는 재야의 반골反骨이 선비 정신의 표상이다. 정권을 담당하거나 정계에 진출할 마음은 전혀 없고, 현실에 대한 비판에만 주력하는 야당 내지 재야 지식인 이미지이다(오구라 기조, 조성환 옮김, 『한국은 하나의 철학이다』, 모시는사람들, 2017, 135쪽).

오구라 기조가 관찰한 한국은 오직 완전무결한 도덕만이 대접받는 사회다. 때문에 자신의 삶이 얼마나 도덕적인지를 끊임없이 소리 높여 다른 사람에게 표현하지 않으면 안 된다. 이런 풍토에서 권력 투쟁이란 도덕을 앞세워 권력을 쟁취한 세력이 얼마나 도덕적이지 않은가를 폭로하는 싸움이다. 상대의 도덕을 싸잡아 비난할수록 '훌륭한 선비'가 된다(오구라 기조, 조성환 옮김, 『한국은 하나의 철학이다』, 2017, 136쪽).

노론·소론·남인·북인의 4색 당파가 벌인 당쟁은 아직 완전히 주자학화하지 않은 조선을 어떻게 하면 급진적으로 주자학화시킬 것인가를 둘러싼 철학적 경쟁이었다고 오구라 교수는 분석한다. 같은 의미에서 그는 1960년대 이래의 민주화 운동, 반독재 운동은 지식인과 학생들의 사대부 지향과 선비 지향이라는 두 측면의 산물이라고 말한다. 전자는 군인 정권武에 대항하는 문文의 정치 권력 지향이요, 후자는 독재 부패 정권에 대한 도덕적 결벽 지향이다(오구라 기조, 조성환 옮김, 『한국은 하나의 철학이다』, 2017, 145쪽).

한국인들이 강력한 '도덕 지향성 즉 이理 지향성'을 갖게 된 이유 중의 하나는 지정학적 위치를 들 수 있다. 주위가 대국으로 둘러싸여 위태로운 상황에 처하게 될지 모른다는 강렬한 자각을 하고 있는 한국은 '힘'에 대항하기보다는 도덕으로 무장하는 길을 택할 수밖에 없었다(오구라 기조, 조성환 옮김, 『한국은 하나의 철학이다』, 2017, 25쪽).

개항기에 극단적인 위정척사의 선봉에 섰던 화서학파의 기원은 병자호란 이후 이理(도덕)=선善=중화, 기氣(물질)=악惡=청으로 이분법적으로 차별하는 김상헌의 척화론斥和論과 송시열의 소중화론小中華論이다. 화서학파는 철저히 주리론主理論적이고 중국 중심적인 유교 문화 시각에서 중화 문화의 전통 가치와 사회 구조를 파괴하는 서양적인 모든 수단을 배척하려 했다. 주리론은 필연적으로 물질을 낮춰 보고 순수한 이념의 세계를 높이 평가하는 이존기비理尊氣卑의 경향을 갖게 된다(이황직, 『군자들의 행진』, 아카넷, 2019, 147쪽).

일제 식민지 시절 정치의 자유를 박탈당했던 조선인들은 해방과 함께 정치 참여의 길이 활짝 열렸다. 부활한 정치 세력들은 민주주의라는 환경 속에서 새로운 명분과 방법으로 권력 투쟁을 벌였다. 혈연·지연·학연으로 형성된 파벌이 기존의 정치 질서를 부당한 것이라고 공격하면서 비정상적인 방법으로 정권을 획득 또는 유지하는 과정은 조선 시대와 거의 비슷하다(최봉서, 『한국인의 사회적 성격 (2)』 도서출판 느티나무, 1994, 152~153쪽).

정변을 통해 권력을 차지하면 그 후엔 정통성(즉 집권의 정당성) 문제가 발목을 잡는다. 왕조적 정통성이 해방 후에는 민주적 정통성으로 달라졌을 뿐, 그 형태는 변화가 없다. 해방 후 권력을 향한 정통성 논쟁은 조선 시대와 달리 지배층에 국한된 문제가 아니라 전 국민과 관련된 것이기 때문에 심각성이 더 커졌다(이성무, 『조선시대 당쟁사 (1)』, 동방미디어, 2000, 83쪽).

명분론이 압도하는 주자학적 민족주의론은 이理와 기氣를 이분법적으로 구분해 이理를 그 무엇과도 바꿀 수 없는 절대가치로 추앙하는 화서학파로 전승되어 의병 운동가, 일제 시기 독립 운동가, 해방 이후 민주화 운동권, NL(민족해방)계와 PD(민중민주)계 등 586 운동권으로 전승되었다.

제5장

서양 열강 끌어들여 러시아를 막아라

청나라는 제2차 아편전쟁 과정에서 러시아와 아이훈愛琿조약(1858) 및 베이징조약(1860)을 체결해 독일과 프랑스를 합친 정도의 영토를 넘겨주었다. 이로써 러시아는 역사상 최초로 두만강을 경계로 조선과 국경을 접하게 된 것이다. 조선은 베이징조약으로 러시아와 국경이 성립된 사실을 전혀 모르고 있었다. 1861년 9월 5일 러시아와 청나라가 국경표지를 세우는 것을 보고 그때서야 봉금 지대로 출입이 금지된 우수리가 러시아 영토가 되어 조-러 국경이 성립되었다는 사실을 알게 되었다(박종효, 『러시아 연방의 고려인 역사』, 도서출판 선인, 2018, 16~17쪽).

러시아는 바다로 나가는 출해구出海口를 찾기 위해 지중해와 페르시아만으로 남진을 시도했다가 영국에게 브레이크가 걸렸다. 영국과 러시아의 대결은 발칸반도·아프가니스탄·티베트 등 세 지역을 무대로 전개되었다. 러시아는 어느 한 방면으로 진출하는 것이 영국에게 좌절되면 재빨리 다른 방향으로 진로를 돌리는 방법을 택했다(최문형, 『제국주의 시대의 열강과 한국』, 민음사, 1990, 15쪽).

이 무렵 영국은 인도를 자신들의 영향력 아래 두기 위해 지대한 공을 들이고 있었다. 아프가니스탄을 향한 러시아의 침투 기도는 인도의 영국 이권을 위협하는 중대한 도전이었다. 영국은 '인도 방위'라는 전략적 차원에서 아프가니스탄에서 러시아와 뜨겁게 대결했다.

베이징조약으로 극동에서 조선과 국경을 접하게 된 러시아는 자신들이 원하는 부동항이 한반도 곳곳에 존재한다는 사실을 알게 되었다. 조선에 대한 종주권을 포기할 수 없었던 청나라 입장에서 볼 때 조선에 대한 러시아의 관심은 자신들의 종주권에 대한 중대한 도전이었다. 러시아의 진출을 곳곳에서 봉쇄하고 있던 영국도 동아시아에서 러시아의 남진 움직임을 좌시할 수 없었다.

일본이 조선과 강화도조약 체결 과정에서 가장 강력하게 주장한 사안은 "이제부터 조선은 독립국이며, 청나라는 조선에 대한 종주국 권한이 없다"라고 선언한 것이다. 조선은 중국으로부터 탯줄을 끊고 독립해야 하며, 중국은 조선에 간섭하지 말라는 경고가 강화도조약 제1조 "조선은 자주독립국"에 담긴 진정한 의미였다.

러시아·일본의 위협에 노출된 조선

청-러 베이징조약 체결 이후 러시아는 마음만 먹으면 자신들의 힘을 한반도에 투사할 수 있는 유리한 위치를 점하게 되었다. 하지만 넘어야 할 산이 많았다. 유럽 쪽 러시아와 극동 러시아는 9,000킬로미터나 떨어져 있었다. 그 한가운데를 시베리아가 가로막고 있어, 수로를 제외하면 인간의 이동이 거의 불가능했다.

러시아가 청나라로부터 취득한 연해주 일대는 교통상의 제약, 극소수의 거주 인구, 한정된 병력 등으로 인해 당장 한반도로 남진하기에는 명백한 한계가 있었다. 러시아는 당분간 조선에 대해 '관망 정책'을 유지하기로 방침을 정했다.

청나라가 두 차례의 아편전쟁과 태평천국의 난으로 혼란에 빠져 서북 변경 지역에 대한 통제력이 약화되자 1864년 신장新疆 일대에 거주하던 위구르족回族이 반란을 일으켜 청나라 관리를 내쫓고 독립 정권을 수립했다. 지금 신장위구르자치구로 불리는 이 지역은 당나라 시절 잠시 지배했다가 8세기에 티베트가 점령하면서 중국 세력권에서 떨어져 나갔다. 1680~90년대에 '최후의 유목 제국' 중가르(Jungar)가 청을 위협하자 강희제康熙帝(재위 1661~1722)가 정벌에 나섰고, 건륭제 때인 1759년 중가르를 완전히 멸망시켰다.

인류 문명사적 관점에서 볼 때 중가르 제국의 멸망은 세계 각지로 뻗어나가 수많은 제국과 왕조, 문명을 건설했던 북방 유목 세력의 힘과 영향력이 소멸했음을 뜻했다. 유목·이동·기마·교역이라는 키워드가 사라짐으로써 북방 유라시아 역사의 일대 전환점이 되었다.

건륭제는 동투르키스탄 지역을 정복한 후 '새로 여는 강역'라는 뜻에서 지명을 '신장'으로 명명하고 이리伊犁(러시아어로는 쿨자Kuldja)에 2만 명의 만주팔기 군사를 주둔시켜 위구르 무슬림을 통치했다. 신장을 통치하기 위해서는 이리강 유역을 반드시 차지해야 했다. 이리는 서구 군사 전략가들이 '중국령 투르키스탄의 요새'라 부를 정도로 전략적 요충지였다.

1870년 중앙아시아의 코칸드 칸국(현재의 우즈베키스탄)에서 온 무슬림 지도자 무함마드 야쿱 벡(Muhammad Yaqub Bek)阿古柏이 정권을 잡았다. 야쿱은 야곱을 뜻하며, 벡은 투르크어로 두목을 뜻한다. 야쿱 벡은 카슈가르 일대를 점령해 톈산남로와 톈산북로 일대를 영토로 하는 회교 독립국 예티샤르(카슈가리아 왕국)를 세웠다.

그는 투루판과 톈산산맥을 넘어 우루무치를 공략했으며, 1871년 청령 투르키스탄 지역인 이리를 침공해 청나라 세력을 축출했다. 당시 러시아와 '그레이트게임'을 벌이던 영국은 러시아가 야쿱 벡을 이용해 중앙아시아로 침투하는 것을 막기 위해 그에게 무기를 제공하고 사절단을 보내는 등 적극 지원했다.

야쿱 벡은 영국과 폴란드의 군사 교관을 초빙해 군대를 훈련시키는 등 친영親英 정책을 추진했다. 그는 1872년 러시아, 1874년에는 영국으로부터 국가 승인을 받았고, 수도인 카슈가르에 영국 영사관을 설치했다. 야쿱 벡의 군대는 영국인 교관의 훈련을 받는 등 사실상 영국의 괴뢰 정권이었다(왕소방, 한인희 옮김, 『중국외교사』, 도서출판 지영사, 1997, 211쪽).

야쿱 벡은 1873년 이슬람 세계의 종주국이던 오스만투르크에 사절을 보내 술탄 압둘 아지즈에게 속국이 되겠다고 자청했다. 술탄은 야쿱 벡을 신하로 받아들이고 그에게 '아미르(amir)'라는 칭호를 수여했으며 무기와 자금을 제공했다.

러시아의 이리 침공 후폭풍

러시아는 1861년 농노제를 폐지한 후 자본주의가 진일보해 날이 갈수록 성장하기 시작했다. 러시아 부르주아들은 중앙아시아 지역 시장을 장악하고 중국 서부 변경을 통해 중국과 육로 무역을 확대하기 위해 애를 썼다. 러시아 정부는 위구르족 봉기가 중앙아시아의 러시아 영토까지 파급되지 않도록 막고, 야쿱 벡의 친영 세력이 북쪽으로 확장되는 것도 차단해야 하는 숙제를 안고 있었다. 또 인도에서 북쪽으로 올라오는 영국과 경쟁하기 위해 중앙아시아 지역에서 판도 확장이 시급했다.

러시아 입장에서 볼 때 야쿱 벡은 자국 세력의 중앙아시아 진출을 가로막는 일대 장애물이었다. 러시아령 투르키스탄 총독 카우프만(Konstantin P. von Kaufman)은 1871년 7월 군대를 파견해 야쿱 벡이 장악하고 있는 청령 투르키스탄 지역인 이리의 전략적 요충을 점령했다. 러시아는 청의 반발을 무마하기 위해 "혼란이 수습되는 대로 즉각 철수하겠다"라고 약속했다. 하지만 러시아는 야쿱 벡을 격파한 후에도 철수하지 않으면서 청과 분쟁이 발생했는데, 이것이 이리 사건이다.

중앙아시아에서 발생한 이리 사건은 동아시아와 조선의 운명을 바꿔 놓는 결정적 계기가 되었다. 일본이 조선을 침략할 때의 장애물은 러시아와 청나라였다. 러시아가 이리를 침공하면서 청나라의 모든 관심이 서북 지역으로 쏠리자 일본은 이 기회를 이용해 1874년 타이완을 침공했다.

청나라는 서북 변경에서 러시아의 침략을 당한 데 이어 남쪽에서 일본의 해상 침략이라는 양면 협공을 당했다. 청 조정에서는 서북 변경을 먼저 지킬 것이냐 타이완을 먼저 지킬 것이냐를 두고 일대 논쟁이 벌어졌다. 그것은 새방론塞防論(육상 방어 우선론)과 해방론海防論(해양 방어 우선론)으로 발전했다.

만주에서 발원한 청조는 전통적으로 내륙 중시 정책을 취해 왔다. 게다가 신장 일대는 건륭제가 친정親征을 통해 확보한 영토라는 상징적 의미가 있어 쉽게 포기할 수 없었다. 일본군이 타이완에서 철수한 직후인 1874년 12월 12일, 리훙장은 해양 안보의 긴급성을 역설하는 장문의 상소를 올렸다.

그는 육군을 대폭 정비해 서양식 군대로 재편하고, 해양을 통해 도전해 오는 일본의 위협에 대처하기 위해 근대식 철갑 증기선 함대를 보유해야 한다고 주장했다. 함대 건설 예산은 신장 지역을 잠시 포기하고 그로 인해 절약되는 군비와 해방세海防稅(해안 방어세) 신설로 충당할 수 있다고 건의했다. 또 해양 안보 담당 부서 신설도 제안했다. 청나라의 현실적 위협은 일본이며, 이를 막기 위해 해방론이 필요하다는 논리였다.

일본은 타이완 침공, 조선 개항

리훙장의 상소에 대해 서북 변경 방어를 담당하고 있던 후난湖南 계열 군벌 쭤쭝탕이 강력 반대했다. 그는 신장 지역 회복이 급선무이고 신장을 포기해 군비를 절감해도 해양 안보에 도움이 될 수 있을지 확실하지 않으며, 따라서 내륙 변방 방어 강화가 급선무라는 건의를 올렸다.

청 조정은 리훙장을 지지하는 해양 방어파海防派와 쭤쭝탕을 지지하는 내륙 방어파塞防派로 대립했다. 청 황제는 쭤쭝탕의 손을 들어주고, 그를 신장 일대를 방어하는 흠차대신으로 임명했다. 4년 동안 2,560만 냥이라는 막대한 군비를 투입해 신장 정벌에 나선 쭤쭝탕은 1876년 야쿱 벡 군대를 거세게 몰아붙였다. 1877년 패배한 야쿱 벡이 독약을 먹고 자살하면서 예티샤르가 멸망했다.

1871년 러시아가 이리를 침공해 분쟁을 일으킨 이유가 있다. 극동 지역에서 부동항을 얻기 위해 러시아 해군이 1861년 쓰시마를 점령했다. 하지만 영국의 압력으로 쓰시마에서 철수하면서 자존심에 큰 상처를 입었다. 러시아는 쓰시마 점령 기도가 영국에 의해 좌절되자 서쪽으로 방향을 돌려 이리를 침공한 것이다. 이 사건은 청나라 지도부에 뿌리 깊은 러시아 공포증恐露症을 심어주는 계기가 되었다.

이리 침공 사건을 둘러싸고 러시아와 청나라는 전쟁 위기로 치달았다. 주러시아 청국 공사 쩡지쩌曾紀澤가 상트페테르부르크에서 벌인 외교 노력으로 가까스로 위기를 넘긴 러-청 양국은 1879년 10월 2일 크림 반도의 얄타에 위치한 차르의 여름 별장 리바디아 궁에서 리바디아조약을 체결했다. 1881년 2월 24일 청과 러시아는 상트페테르부르크조약을 체결했다. 러시아는 이리를 청나라에 반환하고, 그 대가로 900만 루블(약 500만 냥)을 받기로 했다. 청조는 1884년까지 러시아와 7개 국경 조약을 체결해 중앙아시아 지역에서 오늘날과 같은 중-러 국경을 확정했다(최희재, 「중화제국질서의 동요」, 서울대학교 동양사학연구실 편, 『강좌 중국사 V: 중화제국의 동요』, 지식산업사, 1989, 214~217쪽).

리훙장은 함대를 건설해 해양을 방어함으로써 중화 제국을 수호한다는 해방론 구상이 좌절되면서 잠시 실의에 빠졌다. 하지만 러시아·일본의 파상 공세에 노출된 조선의 사정이 다급했다. 중국 입장에서 볼 때 조선은 청조의 발상지인 만주와 맞닿아 있어, 조선이 일본 수중에 넘어가면 만주가 당장 위협받게 된다. 만주를 지키지 못하면 청조의 수도 베이징 방어에 심각한 위기가 발생한다. 게다가 자국 동해의 해상 방어에 결정적 영향을 미치는 곳이 조선이다. 때문에 오래 전부터 중국은 조선을 이와 입술의 관계, 만주 지역 보호를 위한 범퍼로 이해했다.

일본, 류큐를 합병하다

리훙장은 러시아·일본의 압력에서 조선을 보호하기 위한 대책 마련에 나섰다. 우선 서양 열강을 끌어들여 조선과 조약을 체결토록 한 다음, 열강 간 상호 견제(balance of power)를 이용해 러시아와 일본의 조선 침투를 견제한다는 마스터플랜이었다. 리훙장의 이 전략은 황쭌셴黃遵憲이 제2차 수신사 김홍집에게 써준 『조선책략朝鮮策略』으로 현실화한다.

리훙장은 조선 지도부 인사들에게 세계 정세를 비롯해 일본·러시아의 야심을 설명하고 문호를 개방해 서양 열강, 특히 미국과 우호 관계를 맺을 것을 권했다. 청나라 입장에서는 러시아의 남진을 저지하기 위해 일본이 필요했고, 일본의 북진을 막기 위해 러시아가 필요했다. 하지만 조선이 무너지면 청나라 발상지 만주와 청의 수도 베이징이 위험해진다. 리훙장은 조선을 지키기 위해 미국이 필요했다.

리훙장은 처음엔 일본이 자신들과 손잡고 서양 세력과 맞서는 파트너로서의 가치가 있다고 판단해 연일제서론聯日制西論을 제안했다. 이는 일본의 야심을 이해하지 못한 순진한 발상이었음이 드러났다. 러시아가 이리를 점령해 청-러 분쟁이 발생하자 일본은 재빨리 류큐 왕국을 자국 영토로 편입했고, 타이완 침공에 이어 운요호 사건을 도발해 조선을 개국시켰다. 일본은 이리 분쟁을 이용해 자국의 한반도 진출을 가로막고 있던 청나라를 별다른 수고 없이 간단하게 극복한 것이다(최문형, 『한국을 둘러싼 제국주의 열강의 각축』, 지식산업사, 2006, 33쪽).

일본이 류큐 왕국에 손을 대기 시작한 것은 1609년이다. 이해 3월, 사쓰마 번주 시마즈 이에히사島津家久가 류큐 왕국을 침략했다. 사쓰마 군軍은 수도 나하를 점령하고 류큐 왕국을 속국으로 삼았다. 이때부터 류큐 왕국은 도쿠가와 막부의 쇼군이 바뀔 때마다 사쓰마번의 감독하에 에도에 경하사慶賀使(축하 사절)를 보내고 사쓰마번에는 매년 진공선進貢船을 파견하는 등 일본과 청 양쪽에 조공을 바치는 양속 관계를 유지했다.

오키나와는 14세기에는 북산국北山國·중산국中山國·남산국南山國 등 세 왕국으로 분열되어 있었다. 경제적으로 번성했던 중산국은 1416년 북산국을 정복했고 1429년에는 남산국마저 정복해 통일 왕국을 세웠다. 메이지 정부는 1872년 류큐 왕국을 폐지하고 번藩으로 강등시킨 후 일본의 속령이라고 선언했다. 제1차 류큐 처분이다.

류큐 왕국의 중산 왕 상태尙泰는 일본의 류큐 처분에 반발해 청나라에 조공을 바치고 사대 관계를 유지했다. 이 와중에 타이완에 상륙한 류큐인들이 타이완 원주민에게 피살되었다. 일본은 자신의 속령 백성을 살해한 행위를 응징한다는 명분으로 타이완을 침공했다. 청은 타이완이 침공당했음에도 불구하고 의례적이고 소극적인 반발만 했다.

자신들의 속국인 류큐와 타이완 문제로 일본과 충돌하고 싶지 않다는 청나라 입장을 확인한 일본은 류큐 왕국 합병 작업에 돌입했다. 1875년 일본은 류큐에 군대를 주둔시켜 상태의 청조 입공入貢을 금하고 청과의 종속 관계를 단절시켰다.

1879년 4월 4일, 이리 문제로 청나라가 러시아와 분쟁이 발생하자 일본은 재빨리 류큐에 군대와 경찰을 파견했다. 그 즉시 왕국 전체를 일본 영토로 편입한 다음 류큐번을 폐지하고 오키나와현沖繩縣을 설치했다. 류큐 왕국의 마지막 왕 상태와 세자는 도쿄로 압송한 후 지위를 강등시켜 후작에 봉했다. 제2차 류큐 처분이다. 이로써 450년 역사를 가진 류큐 왕국은 멸망했다.

류큐 합병은 종주국 청의 동의가 없는 상태에서 일본의 독단에 의해 추진된 일방적인 침략 행위였다. 이후 류큐인들이 독립 운동을 벌였지만 산발적인 저항은 즉시 진압되었다. 이 무렵 미국 대통령에서 퇴임해 가족들과 세계일주 여행 중이던 그랜트(Ulysses S. Grant)는 "일본의 류큐 병탄은 아시아에서 힘의 균형이 중국에서 일본으로 옮겨가는 상징적 사건"이라고 평했다(이윤섭, 『일본 100년-문호개방에서 55년 체제까지 일본 제국주의 흥망사』, 2016, 61쪽).

조선과 수교 결정한 영국

그랜트가 이런 발언을 한 이유는 자신의 대통령 재임 중(재임 기간 1869~1877)에 미·일 양국이 류큐를 둘러싸고 비밀 협상을 진행했기 때문이다. 이 협상에서 미국은 일본 정부에, 1855년 자국이 류큐와 맺은 조약으로 획득한 이익을 침해하지 않는다는 보증을 요구했다. 일본 정부는 류큐에 대한 미국의 권익을 존중한다고 밝혔다.

그랜트는 일본에 도착해 류큐를 세 부분으로 분할해 북부는 일본, 중부는 류큐 왕국, 남부의 군소 도서들은 중국에 귀속시키자고 제안했다. 이것은 류큐 병탄에 대한 중국의 반대를 잠재우기 위한 속임수였다(왕소방, 한인희 옮김, 『중국외교사』, 1997, 221~224쪽 참조).

자신들의 속방 류큐를 일본이 합병하자 격분한 청 조정은 일본과 전쟁을 벌여야 한다는 동정론東征論이 들끓었다. 동정론 세력은 청류당淸流黨이라 불렸는데, 리훙짜오李鴻藻를 중심으로 장페이룬張佩綸·천바오천陳寶琛·우다청吳大澂·바오팅寶廷·덩청슈鄧承修가 대표적 인물이었다.

도쿄로 압송된 류큐 왕국 세자는 주일 청국 공사 허루장何如璋에게 비밀 서한을 보내 류큐의 독립을 도와달라고 호소했다. 보고를 받은 청의 외교 책임자 리훙장은 류큐 때문에 일본과 전쟁을 할 수는 없다고 판단했다. 리훙장은 북양해군 증강과, 국제 관계를 이용해 일본을 견제한다는 카드를 준비했다(신명호, 『고종과 메이지의 시대-무엇이 조선과 일본의 운명을 결정했나』, 2016, 271~272쪽).

러시아의 이리 침공은 일본에 류큐 합병의 기회를 제공했다. 짜고 치듯 움직인 일-러 양국의 행보에 충격을 받은 청나라는 연일제서론을 폐기하고, 서양 세력을 끌어들여 양국의 침략에 제동을 거는 연서제일론聯西制日論으로 선회했다.

청의 외교 전략 변화는 영국의 정책 변경과 톱니처럼 맞물려 움직인 결과다. 1880년 4월 28일, 영국에서 자유당의 제2차 글래드스턴(William E. Gladstone) 내각이 출범하면서 그랜빌 루슨가워(Granville G. Leweson-Gower)가 외상에 취임했다. 그랜빌은 러시아가 한반도의 영흥만이나 부산에 발판을 구축해 동아시아 바다를 누빌 경우 이 지역에서 자국의 활동이 크게 제약받을 가능성을 우려했다.

이를 사전 봉쇄하기 위해 영국은 그전까지 유지해 왔던 신중과 자제를 바탕으로 한 '한반도 현상 유지' 정책을 폐기하고 조선을 개국시키기로 결정했다. 1878년 9월 영국 범선 바바라테일러(Barbara Taylor)호가 제주도 근해에서 난파했다. 조선 정부는 선원들을 구출해 보냈는데, 파크스 공사는 이에 대한 감사를 표시하기 위해 나가사키 주재 영사관원

파울을 제주도에 파견했다. 11월 19일에는 서기관 어니스트 사토를 태운 군함을 파견해 조선 정부와 접촉을 시도했다. 조선 조정은 영국 측의 접촉 제의를 거절, 양국 간의 공식 대화는 실패했다(최문형, 『제국주의 시대의 열강과 한국』, 1990, 67쪽).

영국 정부는 1881년 5월 군함 페가서스(Pegasus)호를 조선 해역에 파견해 조선 지방 관리와의 접촉을 시도했다. 조선 조정은 3년 전과 마찬가지로 영국 함정과의 접촉 및 대화를 거부했다. 조선에 대한 직접 수교 시도가 벽에 부딪치자 일본의 중재를 통해 조선과 접촉하기 위해 일본에 도움을 요청했다.

운요호 사건을 통해 조선에 대한 침투 기반을 다지고 있던 일본은 영국이 조선과의 관계에 끼어드는 것을 원치 않았다. 영국이 한반도에 진출할 경우 자기들과 경쟁 관계가 될 것을 우려한 것이다. 사정이 복잡하게 꼬여가자 그랜빌 외상은 파크스 주일 영국 공사에게 "조선과의 수교를 위한 묘책을 제출하라"라는 지시를 내렸다.

파크스 공사는 리훙장과 접촉해 청나라가 영국과 조선의 수교를 중재해 줄 것을 요청하자는 제안을 했다. 영국 정부가 이 안을 수락해 청나라와 접촉했다. 영국이 리훙장을 움직인 무기는 '러시아에 대한 공포감'이었다. 주청 영국 공사 웨이드는 "중국 입장에서 볼 때 조선은 워낙 가난해 교역 면에서는 기대할 것이 없는 나라가 분명하지만, 이 나라를 상실하면 중국은 중대한 타격을 입을 것"이고 "조선이 서양 각국과 외교·통상 관계를 맺지 않으면 류큐의 전철을 밟게 될 것"이라면서 러시아 공포증을 자극했다.

청, 조선의 내외정에 간섭 시작

일본이 류큐를 병탄한 직후인 1879년 6월, 푸젠 순무福建巡撫 딩르창丁日昌

이 "조선은 일본과 조약을 체결했으니 서양 각국과도 조약을 체결해 일본의 침략적 야심을 막아야 한다"라고 건의했다. 딩르창은 리훙장의 막료였기에 그의 건의는 리훙장의 건의나 다름없었다.

그동안 중국은 책봉-조공 관계를 맺은 속방의 내·외정에는 일절 간섭하지 않고 자율에 맡기는 것을 원칙으로 삼아왔다. 그런데 일본의 팽창 정책이 노골화해 타이완이 침략당하고 류큐가 일본에 합병되었다. 긴급 상황이 발생하자 청은 전통적인 동아시아 외교에서 지극히 예외이긴 하지만, 조선을 자국의 직접 통제하에 두고 내·외정에 개입하기로 결정했다. 즉, 조선을 식민지처럼 직접 다스리기로 정책을 변경한 것이다.

당시 청나라는 속방 외교는 예부禮部가, 근대적 조약을 체결한 나라들과의 외교는 아편전쟁 종료 후인 1861년 설치한 총리아문總理衙門이 담당했다. 이 와중에 조선을 직접 통제해야 하는 긴급 외교 현안이 발생하자 이 업무를 어디에서 관장해야 하는지를 놓고 혼란에 빠졌다.

고민 끝에 청 조정은 비정상적이긴 하지만 외교와는 관련 없는 북양대신인 즈리直隸 총독 리훙장에게 조선의 정치·군사·외교·통상을 총괄하는 권한을 부여했다. 이로써 예부 소관이었던 조선 외교 업무는 북양대신에게 이관되었다.

북양대신 리훙장에게 조선 외교의 전권을 맡긴 청 조정의 조치는 전통적인 조-중 관계의 원칙과 관행에서 벗어나는 중대한 전략상의 변화였다. 그동안은 의례상의 절차를 이행하는 한 중국이 조공국의 내정과 외교에 관섭하는 일이 없었다. 청은 1880년을 기점으로 조선을 전통적인 사대 질서하의 속방이 아니라, 서양 공법상의 식민지로 전환하기 위해 새로운 사대질서론을 선전했다. 김용구는 이것을 '변형된 사대질서'라고 명명했다(김용구, 『거문도와 블라디보스토크』, 2009, 70쪽).

조선 외교 업무를 총괄하게 된 리훙장은 고종의 측근 이유원에게 장문의 서한을 보내 류큐를 병합한 일본의 침략성을 지적하고, "조선은 서구 열강과 수호 조약을 맺어 일본과 러시아를 막아야 한다"라면서 다음과 같이 조언했다.

"류큐 왕국은 수백 년이나 된 나라이고 일본에 잘못한 것도 없는데 올봄에 갑자기 군함을 출동시켜 류큐 왕을 폐위하고 강토를 병탄했다. 중국과 귀국에 대해서도 제멋대로 행동하지 않으리라고 보장하기 어렵다. 지금부터 은밀히 국방을 강화하고 군량도 마련하며 군사도 훈련시키는 동시에 방어를 튼튼히 하면서 그들을 잘 다루어야 한다. 만약 귀국에서 먼저 영국·독일·프랑스·미국과 수호 조약을 맺는다면 일본은 물론 러시아인들이 엿보는 것까지도 막아낼 수 있을 것이다." (『고종실록』 16년 7월 9일)

리훙장의 서한을 받은 이유원은 "조선에 위정척사 운동이 일어나 서양 열강과의 수교에 나설 수 없으며, 조선은 나라가 빈약하고 국토가 척박해 많은 외국 선박을 받아들일 능력도 없다"라는 답서를 보냈다. 서양 열강과의 수교를 권한 리훙장의 권유를 완곡히 거절한 것이다.

리훙장은 조선이 사안의 중요성을 전혀 이해하지 못하자 두 가지 대책을 준비했다. 우선 톈진에 설립한 병기 공장에 조선 기술자들을 유학시켜 무기 제조 기술을 습득하도록 했다. 그리고 자신이 직접 조선과 서양 열강의 수호통상 조약 협상을 추진했다.

때마침 주일 청국 공사 허루장으로부터 미국 해군제독 슈펠트(Robert W. Shufeldt)가 일본 외무성 주선하에 조선과 수교를 위한 접촉을 시도하고 있다는 보고가 들어왔다. 슈펠트는 제너럴셔먼호 격침 사건 진상 조사를 위해 조선 해역에 파견되면서 조선과 인연을 맺게 된 인물이다.

미국 정부, 조선과 수교 위해 슈펠트 제독 파견

역사적으로 조선과 미국의 최초 접촉은 1853년 1월 부산 용당포龍塘浦 앞바다에 표류해 온 미국 포경선 사건이었다. 2년 후인 1855년 6월에는 미국 포경선 투브라더스(Two Brothers)호가 강원도 통천에 표류해 왔다. 조선 조정은 난파한 미국 선원 4명을 구출해 중국으로 호송했다. 조-미 관계에서 청이 중재 역할을 수행한 전례가 있음을 확인한 리훙장은 적극적으로 움직였다.

미국 해군준장 슈펠트는 58세로서 조만간 퇴역해야 할 상황이었다. 만약 조선과 미국의 수교를 성사시킬 경우 승진해 아시아함대 사령관 자리도 노릴 수 있었다. '조선과의 수교'라는 슈펠트의 야망에 불을 지핀 사람은 사전트(Aaron A. Sargent) 미국 상원의원이었다. 사전트 의원은 1878년 4월 '조선 개항 결의안'을 제안하면서 미국이 조선을 개항시켜야 할 필요성을 다음과 같이 주장했다(김원모, 『개화기 한미교섭관계사』, 단국대학교 출판부, 2003, 86~87쪽 참조).

> (1) 경제적 이유 : 미국의 대對아시아 무역 팽창주의 정책을 구현하려면 조선 개항이 실현되어야 한다. 한반도까지 통상무역 범위를 확대해 미국의 잉여 농산물 및 공산품 판매 시장을 확보해 조선인을 미국 상품의 고객으로 끌어들인다.
>
> (2) 정치적 이유 : 러시아가 한반도를 점령하면 일본에게 항구적인 위협이 된다. 일본을 도와주고 동아시아에서 미국의 영향력을 증대함으로써 러시아의 남진 정책을 저지할 수 있다.
>
> (3) 조난 선원 보호 위한 협정 체결 : 셔먼호 사건 같은 비극적 사건의 재발을 방지하려면 조선과 조난 선원 구휼 및 보호를 위한 협정 체결이 시급하다.

(4) 채광권 : 미국은 매장량이 풍부한 것으로 알려진 조선의 금광 개발에 비상한 관심을 가져야 한다.

(5) 문화적 이상주의 구현 : 조선과 조약이 체결되면 미국의 우수한 청년들이 한반도로 진출해 조선의 개화를 도울 수 있다.

사전트 의원의 제안은 미국 정부의 동아시아 정책으로 채택되었다. 그 결과 1878년 10월 29일 미국 국무장관 윌리엄 에버츠(William M. Evarts)는 슈펠트 제독에게 "세계를 일주하면서 무역 확장 방법을 강구하라"라고 명령했다. 슈펠트는 1878년 12월 초 타이콘데로가(Ticonderoga)호를 타고 노포크 항을 출항했다. 그는 대서양을 건너 나폴레옹이 유배되었던 세인트헬레나섬(남대서양에 위치한 영국 식민지), 케이프타운, 마다가스카르, 아라비아 남부 연안과 필리핀을 거쳐 1880년 4월 15일 나가사키에 도착했다.

주일 미국 공사 존 빙엄(John A. Bingham)은 일본 외상 이노우에 가오루에게 슈펠트 제독의 임무를 설명하고, 미국과 조선의 수교를 위한 일본 정부의 협력을 요청했다, 이노우에는 "조선은 외교에 익숙하지 못한 나라라서 곤란하다"라면서 거절하고, 다만 부산 주재 일본 영사 곤도 마스키에게 소개장을 전달하겠다고 회신했다.

5월 14일 부산항에 입항한 슈펠트 제독은 곤도 영사의 소개로 조선 조정에 수교 요청서를 제출하기 위해 동래부사 심동신과 만났다. 동래부사는 1871년 미군의 강화도 공격(신미양요)을 규탄하면서 수교 요청서 접수를 거부했다. 슈펠트는 아무 성과 없이 빈손으로 나가사키로 돌아갔다.

조선이 무너지면 청나라가 위험해져

리훙장은 미국이 조선과 수교하기 위해 일본과 접촉했다는 정보를 입수하자 즉각 슈펠트를 톈진으로 초청했다. 1880년 8월 26일 톈진에서 리훙장과 회담한 슈펠트 제독은 동아시아의 정치·외교 질서를 지배하고 있는 것은 청나라임을 깨달았다. 슈펠트는 조선 외교의 목줄을 쥐고 있는 리훙장에게 미국이 조선과 수교할 수 있도록 협조를 요청했다. 리훙장은 이 요청을 수락했다.

리훙장의 복안을 압축하면 '친청연미론親淸聯美論'이었다. 조선에 미국을 끌어들여 미국의 영향력을 이용해 조선에 대한 청의 종주권을 유지하며, 아울러 남쪽의 적인 일본의 한반도 진출을 억지하고 북쪽의 적 러시아의 남진을 막는다는 이이제이以夷制夷 전략이었다.

그전까지 청 조정은 프랑스·미국·일본·러시아가 조선과 수교통상 주선을 요청해 올 때마다 "조선은 청조의 속방이나 조선의 내·외정은 속방국 관할이기 때문에 우리가 도울 방법이 없다"라면서 거절해 왔는데, 그동안의 입장과는 180도 달라진 유연한 정책으로 전환했다. 하필 이 시기에 왜 청은 조선에 대한 입장을 바꾼 것일까?

청나라는 일본의 적극 공세로 1874년 타이완을 침공당한 데 이어 류큐를 잃었다. 일본의 다음 먹이는 조선이 분명했다. 청조의 속방 중에서 조선의 지정학적 중요성은 류큐와는 차원이 달랐다.

청조의 관료들은 마지막 남은 조공국 조선을 지켜내지 못하면 만주는 포기할 수밖에 없다는 입장이었다. 조선의 안위는 자신들의 안전과 직결된 문제였다. 리훙장은 1879년 "조선의 내·외정에 적극 개입해 조선을 청의 영향권 아래 둠으로써 청의 안보를 유지해야 한다"라는 정책을 건의했다.

광서제는 "중국이 조선의 내·외정에 간섭하는 것은 역사적으로 전례가 없는 일이므로 완곡하고 신중하게 처리하라"라고 지시했다. 이후 청은 한쪽에서는 조선과 서양 열강과의 수교 조약을 주선하고, 다른 쪽에서는 "내치와 외교는 자주"라면서 전통적 사대 관계를 유지하는 모습으로 위장했다. 청은 조선과 서양 열강이 평등한 조약 관계를 맺도록 주선했지만, 조선을 국제법 질서하의 '속국'으로 만든다는 목적은 철저히 숨겼다(김용구, 『세계관 충돌과 한말 외교사 1866~1882』, 문학과지성사, 2001, 336쪽 참조).

슈펠트는 리훙장과의 회담을 마친 후 본국 정부로부터 새 훈령을 받기 위해 미국으로 돌아갔다. 리훙장은 주일 청국 공사 허루장과 참찬관 황쭌셴에게 조선을 서양 여러 나라와 수교시킨다는 계획을 통보하고 "조선의 수교를 적극 지원하라"라고 훈령했다.

영국이 중국을 상대로 제1차 아편전쟁을 일으켜 난징조약南京條約을 체결하자 미국도 재빨리 움직였다. 그 결과 1844년 영국에 이어 두 번째로 청나라와 왕사조약望廈條約을 체결해 중국 시장에 본격 진출했다. 당시의 증기선 선박들은 주기적으로 석탄과 물을 공급받아야 항해가 가능했다. 연료 공급 문제로 인해 미국에서 중국으로 항해하기 위해서는 캐나다-알래스카-알류샨열도를 따라 석탄 보급 기지를 건설해야 했다. 이 과정에서 중간 보급 거점으로 일본이 반드시 필요해 페리 함대가 일본을 개국시켰다.

일본에서 중국으로 항해하려면 한반도 남해를 거쳐 남쪽의 상하이와 북쪽의 톈진으로 항로가 갈라진다. 이때 톈진 방향으로 항해하기 위해 조선이라는 중간 기착지가 필요했다. 미국이 조선과 수교에 나선 이유는 중국으로 향한 항로의 필요성 때문이었다.

영국, '미국 뒤따라가기' 전략

주목해야 할 점은 미국의 대對아시아 정책이 유럽의 중국 분할 정책과는 크게 달랐다는 사실이다. 유럽 열강은 아시아 진출 과정에서 아시아 국가들을 약화시키고, 무력 침략을 통해 영토 분할이나 이권 탈취를 위한 식민지화를 추구했다. 아편전쟁을 통한 중국 분할이 대표적인 사례다.

반면에 미국은 아메리카 대륙에 광대한 영토를 보유하고 있었다. 해외에서 무리를 해가면서 영토를 확보해야 할 필요성이나 절박성이 적은 나라였다. 미국은 식민지 획득보다는 아시아 국가들과 통상무역 확대를 추진했다. 아시아 국가들의 자치와 독립을 도와주고 통상 관계를 열기 위해 토착 정부의 주권 독립을 강조하는 '강력한 아시아' 정책을 일관되게 추구했다(김원모, 『개화기 한미교섭관계사』, 2003, 88쪽). 미국이 조선을 주권 독립국으로 인정하고 조미수호통상조약을 체결한 것은 미국이 아시아에서 추구한 '강력한 아시아' 정책의 구현이었다.

조선은 1860년부터 러시아와 국경을 접하게 되었지만, 러시아로부터 직접 피해를 당한 사실은 없었다. 흉년이 들면 조선 농민들이 두만강을 건너 러시아 영토로 이주해 갔고, 연해주 일대의 인구가 적어 고심하던 러시아는 비공식으로 조선 농민의 이주를 환영했다. 청나라나 일본에서 제기하는 러시아 공포증은 조선 지도층에게는 현실감이 결여된 메아리 정도로 해석되었다.

반면에 일본은 19세기 들어 러시아 공포증이 50여 년 계속됐다. 55년 전인 1806~07년에는 일본과의 통상을 거부당한 러시아가 사할린樺太과 에토로후擇捉(이투루프) 등을 습격하는 사건이 연속으로 일어났다. 에토로후 사건이 발발했을 때는 난부南部와 쓰가루津輕의 번병들과 러시아 측이 교전에 돌입해 일본 측이 퇴각한 사건이 발생했다(가토 요코, 박영준 옮김, 『근대 일본의 전쟁논리』, 태학사, 2003, 32쪽). 1861년에는 러시아에게 쓰시마를 점령당할 뻔했으나 영국의 도움을 받아 간신히 위기에서 벗어난 일도 있었다.

청나라는 아편전쟁을 계기로 러시아에게 연해주 일대를 통째로 강탈당한 데다가 중앙아시아의 요충지인 이리를 침략당해 러시아에 대한 공포감이 극에 달했다. 청나라는 어떻게든 미·영·독 등 서구 열강을 조선에 끌어들여 수교를 맺도록 함으로써 러시아의 남진을 막아야 하는 절박한 상황이었다.

여기서 흥미로운 관전 포인트가 나타난다. 영국은 조선과 수교를 시도했다가 두 번이나 실패한다. 특히 일본이 비협조적으로 나오자 영국은 청나라를 앞세워 조선과 수교하기로 방침을 바꾸었다. 이 과정에서 외교의 달인다운 모습을 보인다. 영국은 조선과 수교를 추진할 경우 러시아를 자극할 가능성을 우려했다. 그 결과 영국은 2선으로 빠지고 미국을 앞세워 조선과 수교하게 한 다음 미국의 뒤를 따라가는 전략을 세웠다. 미국이 서양 열강 중에서 최초로 조선과 수호 조약을 체결한 이유는 영국의 작전에서 비롯된 것이다(최문형, 『한국을 둘러싼 제국주의 열강의 각축』, 2006, 41쪽).

제6장

1880년대 조선의 참모습

아편전쟁은 동아시아의 역사를 뿌리째 뒤흔들었다. 중국을 대상으로 한 아편 무역은 영국만 재미를 본 것이 아니다. 영국에서 미국으로 이주한 뉴잉글랜드 상인들도 대거 아편 무역에 참여해 알토란 같은 부를 챙겼다.

1820~30년대부터 아편 무역량이 폭증하자 1834년 영국 정부는 동인도회사에 부여했던 중국 무역 독점권을 회수하고 무역 자유화를 선언했다. 이렇게 되자 수많은 영국 상인들이 앞을 다퉈 아편 무역에 뛰어들었다. 영국 동인도회사는 자딘매시슨상회(Jardine Matheson Holdings Limited)와 에스파냐계 유대인 데이비드 서순(David Sassoon)이 설립한 서순회사(Sassoon Company)에 중국 아편 무역 프랜차이즈권을 주었다.

자딘매시슨상회는 1832년 스코틀랜드 출신의 무역상인 윌리엄 자딘과 제임스 매시슨이 중국 광저우에 설립한 회사다. 중국 명칭은 이허양행怡和洋行이었다. 이 회사는 아편 밀수와 차의 영국 수출로 막대한 부를 쌓았다. 그들은 중국에서 벌어들인 자금을 본국으로 송금하기 위해 홍콩상하이은행(HSBC)을 설립했다. 또 일본과의 무역을 위해 토머스 글로버(Thomas B. Glover)를 나가사키에 파견해 글로버상회를 열었다.

영국 동인도회사로부터 프랜차이즈권을 받은 두 회사는 중국 전역에 아편을 퍼뜨린 결과 1830년부터 1831년까지 불과 1년 사이에 2만 상자의 아편을 팔아 요즘 화폐 가치로 환산하면 수백억 달러의 수익을 챙겼다. 수익금의 일부는 영국 여왕과 영국 정부에 상납했다. 이런 부도덕한 행위를 참다못한 린쩌쉬林則徐가 서순회사의 아편을 압수해 불태웠고, 그로 인해 아편전쟁이 발발했다.

서순회사는 아편 무역이 급팽창하자 신대륙으로 이주한 최초의 이주자 중 하나였던 윌리엄 러셀(William H. Russell) 가문이 세운 러셀회사(Russell & Company)에 하청을 주었다. 러셀회사는 미국을 대표하는 아편 무역 회사로 성장했다. 이 회사의 파트너가 워런 델라노(Warren Delano) 2세였다. 델라노 2세는 중국 아편 무역으로 막대한 부를 축적했는데, 그의 외손자가 미국의 32대 대통령 프랭클린 델라노 루스벨트(Franklin Delano Roosevelt)다.

보스턴의 캐벗 가문도 중국 아편 무역으로 거부巨富를 축적했다. 신대륙으로 이주한 캐벗 가문은 해운업으로 돈을 벌었다. 당시 해운업이란 사략선을 이용해 대양을 항해하는 선박을 약탈하는 일종의 해적이었다. 존 캐벗(John Cabot)과 아들 조세프 캐벗은 해적질, 술장사(럼주 판매), 노예 매매, 중국 아편 무역으로 벌어들인 지저분한 돈을 매사추세츠 종합병원, 보스턴 교향악단, 하버드대학 등에 기부했다.

아편 무역으로 번 돈이 산업혁명의 종잣돈

중국 아편 무역에 참여했던 미국 기업가 중에서 빼놓을 수 없는 인물이 존 포브스(John M. Forbes)다. 그는 청 조정이 외국 무역을 허가한 공식 독점 상인, 즉 '광동 13행'의 우두머리였던 우빙젠伍秉鑑이 아들처럼 아꼈던 사업가였다. 우빙젠은 아편전쟁 이전까지 영국과 차·비단·자기·아편 등을 무역해 떼돈을 번 세계 최고의 갑부였다. 그는 영국 동인도회사의 최대 채권자였으며 미국 철도 회사, 유럽 보험 회사에 투자한 글로벌 기업가였다.

포브스는 우빙젠을 도우면서 사업 감각을 익혔고, 러셀회사의 사장으로 중국 아편 무역에 참여했다. 중국에 아편을 팔아 번 돈을 미국 철도 회사에 투자해 산업자본으로 전환했다. 그의 방계 후손이 미국 국무장관을 지낸 존 케리(John Forbes Kerry)다.

영국이 중국에 수출한 아편은 인도에서 제조한 것이고, 미국은 터키산 아편을 중국에 판매했다. 인도 아편은 모르핀 함유량이 4~6퍼센트, 터키산 아편은 10~13퍼센트 정도였다. 미국 상인들은 아편 무역으로 축적한 자본을 미국 기업에 투자해 산업혁명의 기폭제 역할을 했다.

미국에서는 1830년 8,000개의 기업이 등록했는데, 아편 무역 활성화에 힘입어 자금이 계속 유입되면서 1860년에는 2만 5,000여 개로 늘었다. 철도는 현대 산업의 산파였고, 그 자체가 거대한 성장산업이었다. 1862년 7월 1일 링컨 대통령이 '태평양 철도법'에 서명했다. 이 법에 의해 정부 위탁을 받은 두 회사가 대륙 횡단 철도를 건설했다.

철도 회사들은 거대한 대륙 미국에 통일된 시장경제를 탄생시켰으며, 다른 기업들에게 더 큰 부의 창출 기회를 제공했다. 우후죽순 격으로 탄생한 중소기업들이 철도라는 문명의 이기利器를 만나면서 거대 기업으로 발전하게 된다. 해운업으로 성공한 밴더빌트(Cornelius Vanderbilt)는 1862년 해운 회사를 정리하고 철도 사업에 뛰어들었다. 그는 허드슨리버철도, 뉴욕센트럴철도, 레이크쇼어-미시간서던철도 등 여러 개의 단거리 철도 회사를 사들여 노선을 하나로 연결했다.

밴더빌트는 미국 산업의 핵심 지역인 동북부와 5대호 연안에 철도를 깔고 뉴욕센트럴철도를 운영하면서 산업 이동 수단을 독점했다. 요금도 독점적으로 결정했고, 정치인과 결탁해 세금도 떼어먹었다. 하지만 단거리 철도 회사들이 인수 합병을 통해 거대 철도망으로 연결되면서 운송비가 크게 낮아졌다. 밴더빌트는 저렴한 비용으로 수많은 고객을 유치해 거금을 벌어들였다. 그 결과 석유왕 록펠러, 철강왕 카네기에 이어 19세기 미국 3대 재벌로 꼽히고 '철도왕'이라는 명예도 얻었다.

밴더빌트가 철도를 통해 미국에 엄청난 사업 기회를 제공할 무렵 조선의 이동 수단은 도보, 나귀와 노새, 가마였다. 1888년 말 미국으로 건너간 개화 선각자 윤치호는 남부 테네시주 내시빌에 위치한 밴더빌트 대학에서 유학하게 되는데, 밴더빌트가 100만 달러를 기부해 성장시킨 대학이다.

미국은 국토 면적이 워낙 넓어 단일 국가라기보다는 거대한 대륙이라는 표현이 어울린다. 이처럼 거대한 대륙에서 철도의 안전 운행을 위해서는 표준시 도입이 시급한 과제였다. 1883년 11월 18일 정오, 미국 동부의 시계가 똑같은 시각에 맞춰짐으로써 미국 최초로 전국의 열차 시각표가 통합되었다. 미국의 표준시는 철도 산업의 부산물이다.

철도는 미국 그 자체였다. 미국 철도 회사들은 열차들이 사고 없이 화물을 목적지까지 안전하게 수송하기 위해 관리 업무를 고도화했고, 선진 경영 기법을 개발했다. 철도 회사 임원 다니엘 매컬럼(Daniel McCallum)과 앨버트 핑크(Albert Fink)는 사업 분야별 손익을 계산하고 열차 운행을 효율적으로 통제하기 위해 회계 이론과 정보 시스템을 고안해 냈다. 1891년 미군 총병력이 4만 명일 때 펜실베이니아철도주식회사 고용원은 11만 명이었다.

천재적 기업가의 탄생

철도 산업이 승승장구하자 철도 회사에 필요한 레일과 철도차량을 비롯한 원자재 공급 회사들이 호황을 맞았다. 스코틀랜드에서 미국으로 이민해 어린 나이에 방직 공장 노동자, 전보 배달원으로 일하던 앤드류 카네기(Andrew Carnegie)는 펜실베이니아철도 관리직으로 근무하던 중 사표를 내고 영국으로 건너갔다.

그는 런던에서 베서머가 발명한 베서머 용광로를 견학하면서 철도 시대에 가장 중요한 제품은 철강이라는 사실을 깨닫는다. 그동안 모은 돈을 모두 투자해 제철 설비를 구입하고 철강 기술자를 영입했다. 유니온제철을 설립한 카네기는 철도 회사에 공급할 레일을 비롯한 철강 제품을 생산하기 시작했다. 최신 기계를 도입해 원가 절감을 이루었고, 세계 최초로 일관된 생산 라인 방식을 확립해 철강왕에 올랐다.

철강 회사가 값싸게 공급하는 철강재를 이용해 인류 문명사에 한 획을 그은 인물이 헨리 포드(Henry Ford)다. 그는 자동차의 대량생산을 위해 제품 표준화, 부품 단순화, 작업 전문화를 추구했다. 이 원칙을 달성하기 위해 컨베이어시스템에 의한 이동 조립 방법을 도입해 생산성을 혁신했다. '포드시스템'의 탄생으로 자동차 가격은 획기적으로 낮아졌다.

자동차 사업이 폭발하자 석유 사업자들에게 기회가 왔다. 고래 기름을 대신해 등잔불 원료로 사용되던 석유가 내연기관 연료로 사용되면서 석유왕 록펠러(John D. Rockefeller)가 탄생했다. 록펠러는 석유 산업 독점을 위해 소규모 석유 회사를 무차별로 매입했다. 인수·합병을 통해 미국 전역의 정유 회사 95퍼센트를 소유했고, 원유 채굴에서 운송·정제·판매에 이르는 전 과정의 수직적 통합을 이루어 석유 산업의 새로운 질서를 수립했다.

록펠러는 인수·합병 과정에서 경쟁사를 무너뜨리기 위해 온갖 악행을 자행했다. 그는 "회사를 나에게 팔고 가족의 생계를 지키든지, 아니면 나와 경쟁하다가 파산해서 거지가 되든지"라는 협박으로 단 4개월 만에 클리블랜드의 경쟁사 26개 중 22개를 합병했고 나머지는 파산하도록 만들었다. 그가 사용한 수법은 무자비한 '가격 후려치기'로 경쟁기업을 고사시키는 작전이었다. "싸게, 더 싸게"를 외치며 무차별 인수·합병하거나 망하도록 만듦으로써 경쟁자들에겐 저승사자가 되었다.

산업자본가들이 철도·제철·정유에 필요한 대규모 투자를 하는 과정에서 원활한 자금 공급이 필요했다. 이 과정에서 금융 산업이 팽창해 J. P. 모건(John Pierpont Morgan)이 금융 황제에 올랐다.

천재적인 경영 수완을 가진 인물들이 거대 기업을 키워내고 인류 문명사를 뒤바꾸는 제품들을 대량생산해 저렴한 가격으로 공급하면서 미국은 그 누구도 넘볼 수 없는 강국으로 성장했다. 독일 사회학자 베르너 좀바르트(Werner Sombart)는 그의 저서 『왜 미국에는 사회주의가 존재하지 않을까』에서 "커다란 로스트비프와 사과파이를 먹는 자리에서 사회주의자들이 주장하는 유토피아는 설 자리가 없다"라고 설파했다.

강도 귀족, 악한 천사

석유왕 록펠러, 철도왕 밴더빌트, 자동차왕 포드, 금융 제국 창업자 J. P. 모건 등은 부의 축적 과정에서 수단 방법을 가리지 않았다. 하지만 산업화·문명화·근대화는 아이러니하게도 헨리 포드, 록펠러 같은 경영자들의 무자비한 악행의 결과물이다. 덕분에 그들에게는 '강도 귀족(robber barons)'이라는 아름답지 못한 수식어가 붙었다.

미국에서 횡행했던 '강도 귀족'은 다른 말로 표현하면 '악한 천사'였다. 그들에게 회사를 빼앗기고 노동 운동을 탄압당한 사람들에겐 미안한 이야기지만, '악한 천사'들의 무자비한 악행 덕분에 석유 가격은 10년 동안 80퍼센트나 떨어졌고, 철강 가격은 톤당 100달러에서 12달러로 낮아졌다. 그 결과 귀족들만 타던 자동차를 서민들도 탈 수 있게 되어 인류는 마차 시대에서 자동차 시대로 이행하게 되었다.

친구인 록펠러와 함께 스탠더드석유회사를 세운 세브란스(Louis H. Severance)는 억만장자가 되었다. 그는 주체할 수 없을 만큼 돈을 벌었는데, 그 돈을 선한 곳에 아낌없이 쓰기로 작정했다. 1900년 4월, 뉴욕의 카네기홀에서 해외 선교 회의가 열렸다. 조선에 파송되어 의료선교 활동을 하던 에비슨(Oliver R. Avison) 선교사는 이날 회의에서 "아시아의 구석에 위치한 조선이란 나라에는 병원이 없다. 병원은 물론 의사도 간호사도 없다. 병원이 없어 수많은 사람들이 치료도 받지 못하고 죽어가고 있다"라고 호소했다.

연설이 끝난 후 한 신사가 에비슨을 찾아왔다. 록펠러의 친구 세브란스였다. 그는 병원 건축비로 써달라며 거금 1만 달러를 내놓았다. 에비슨은 그 돈으로 1904년 남산 기슭의 복숭아골에 한국 최초의 근대식 종합병원을 지었다. 병원을 짓는 과정에서 자금이 모자란다는 소식을 접한 세브란스는 추가 비용까지 다 부담했다. 지체 높은 고관대작부터 천민 백성에 이르기까지 누구나 진료받을 수 있는 세브란스병원은 그렇게 탄생했다.

병원은 있으나 의사가 없다는 말을 들은 세브란스는 1913년 한국 최초의 의과대학을 지어주었다. 그리고 자신의 주치의 러들로(Alfred I. Ludlow)에게 "나를 대신해서 조선을 돌봐 달라"라고 부탁했다. 그길로 짐 싸 들고 조선으로 온 러들로는 26년 동안 외과 전문의로 활동하며 후진을 양성해 조선의 의학 발전에 결정적으로 기여했다.

세브란스는 강도 귀족 짓으로 번 돈을 한 번도 가본 적이 없고 이름조차 들어보지 못한 나라의 백성들을 위해 병원과 의과대학을 지어주었다. 그 후 50년 동안 세브란스병원에는 매년 미국 북장로교회(PCUSA) 명의로 후원금이 입금됐다. 세브란스가 사망한 후 그의 아들

존 세브란스(John L. Severance)가 설립한 기금에서 보내온 후원금이었다.

독일은 1871년까지 수백 개의 제후국으로 분할되어 있던 제후 연합이었다. 그들이 도약의 기회를 잡은 것은 제2차 산업혁명으로 화학공업과 전기 산업이 등장하면서부터다. 1880~90년대 독일은 화학·전기 산업을 중심으로 급속 성장했다.

독일의 전기 분야를 대표하는 기업가는 베를린 포병학교를 졸업한 프로이센 출신 장교 지멘스(Ernst W. von Siemens)였다. 그는 1847년 자신의 이름을 딴 회사를 설립하고 기계에너지를 전기에너지로 전환하는 기술을 개발해 전기에너지 시대를 개막했다. 1879년 지멘스는 세계 최초로 증기나 디젤기관이 아닌, 전기의 힘으로 움직이는 전기철도를 발명했다. 1889년 독일 황제는 그 공로를 인정해 지멘스에게 귀족 작위를 하사했다.

독일·일본의 후발 산업화

산업혁명 후발 주자 독일은 50여 년에 걸친 독일 기업인들의 피눈물 나는 노력 끝에 지멘슈타트의 전기공단, 레버쿠젠·루트비히스하펜·프랑크푸르트 일대의 대규모 화학공단, 루르 지역과 라인 강변에 제철소와 기계산업을 건설하는 데 성공했다. 당시 탄생한 독일 상위 200개 기업 중 3분의 2가 화학·기계·금속·전기 관련 회사였다. 이들 기업의 맹활약 덕분에 독일은 19세기 말 영국을 누르고 유럽 최강의 산업국으로 도약했다.

19세기 들어 선발 산업혁명국 영국이 독일에 추월당한 이유는 영국의 기업가 계층이 귀족화해 일에 대한 열정이나 발명과 부의 창출 의지가 식었기 때문이다. 독일이 영국을 추월한 원동력은 혁신 정신을 소유한 독일 기업가들의 장인匠人정신이었다. 피터 드러커(Peter Drucker)는 독일 제조업에 장인정신이 뿌리를 내린 근원은 1840년대 기업 도제 제도를 고안한 아우구스트 보르지히(August Borsig)라고 주장한다.

일본은 전국시대를 종식시키고 탄생한 도쿠가와 막부 시절부터 상업이 번성하면서 상인들이 부를 축적하기 시작했다. 메이지유신을 단행한 일본은 '부강한 나라, 강력한 군대'를 위해 서양에서 기계와 장비를 도입해 국영으로 섬유 산업을 일으켰다. 1886년 국내 소비용 면직물의 3분의 2를 수입에 의존했던 일본은 국내 섬유 산업의 발달로 1902년 전체 수요를 국산 면직물로 대체하는 데 성공했다. 제1차 세계대전 무렵에는 세계 면직물 수출의 4분의 1을 일본이 차지할 정도로 면방직 공업이 급성장했다.

근대화 초기, 일본은 정부 부문의 투자를 통해 국영 기업을 양성했다. 국가 주도하에 탄생한 기업들이 부실 경영과 적자 누적으로 위기에 처하자 메이지 정부는 1880년부터 국영 기업을 민간에 매각했다. 국영 나가사키 조선소는 미쓰비시三菱에, 미키 광산은 미쓰이三井에 넘어갔다(김인영, 『한국의 경제성장-국가주도론과 기업주도론』, 자유기업센터, 1998, 216~217쪽 참조).

정부는 발전소 건설을 꿈꾸던 대학 교수에게 외국 자본가를 알선해 도시바東芝의 전신인 도쿄시바우라東京芝浦전기회사가 탄생했다. 도시바는 '히젠肥前의 요괴'라 불린 나베시마 나오마사鍋島直正가 서양 무기를 국산화하기 위해 설립한 화술방火術方·정련방精錬方이란 연구소가 모태다. 화술방과 정련방에는 발명가·과학자·물리학자들이 총집결했다. 기술자 중에 '동양의 에디슨'이라 불린 다나카 히사시게田中久重가 있었는데, 그가 도시바의 창업자가 된다.

대장성에 근무하다가 나와서 다이이치은행第一銀行을 설립한 시부사와 에이이치澁澤榮一는 유럽에서 탄생한 기업 제도를 일본에 도입했다. 그는 평생 금융·철도·해운·광산·방직·철강 등 다양한 분야에서 500여 개의 회사를 설립했다. 그는 또 유학과 서구의 경제윤리를 결합시켜 일본 경영사상의 기초를 다져 '일본 근대 기업의 아버지'라는 호칭을 얻었다.

아널드 토인비(Arnold Toynbee)는 한 나라가 대내외 도전에 제대로 대응하지 못하는 내적 취약성이 국가 패망의 원인이라고 지적한다. 그는 "외부의 적이 할 수 있는 최대의 역할은 한 사회가 자살을 시도하면서 숨소리가 멎지 않을 때 최후의 숨통을 누르는 것뿐"이라고 역설했다.

국가의 붕괴는 자체의 힘으로 도저히 지탱할 수 없는 상태로 쇠잔해졌을 때 자연스럽게 나타나는 현상이다. 토인비의 주장에 의하면 조선은 쇠약할 대로 쇠약해져 숨이 끊어지기 일보 직전에 일본이라는 외적이 최후의 숨통을 조름으로써 나라가 망한 것이다.

다론 아제모을루(Daron Acemoğlu) 교수와 제임스 로빈슨(James A. Robinson) 교수는 『국가는 왜 실패하는가』에서 가난한 나라가 가난한 이유는 권력을 가진 자들이 빈곤을 조장하는 선택을 하기 때문이며, 지도자가 실수와 무지 때문에 잘못된 선택을 하는 것이 아니라 의도적인 결과라고 설파했다.

조선은 가난했기에 나라를 지킬 군대를 양성하지 못했고, 정부는 허약했으며, 산업 발전에 필수적인 인프라 건설에 실패한 결과 멸망했다. 그렇다면 조선은 왜 다른 선진국이나 이웃 나라 일본처럼 경제 성장을 통해 부국강병과 근대화를 실현하지 못했을까?

양반은 상업에 종사할 수 없는 나라

영조 재위기였던 1760년은 서양에서는 상업혁명을 거쳐 산업혁명의 불꽃이 점화되는 시기였다. 이 해에 한 고을 관리가 국왕 영조에게 "조선에서 가장 가난한 계층은 양반"이라는 상소를 올렸다. 이 상소에 의하면, 1760년 조선 인구의 절반 이상이 양반이었다. 조선의 양반은 과거에 급제해 관직을 얻지 못하면 먹고살 방법이 막막해진다.

양반이 기술자(장인)로 일하거나 상업에 종사하는 사실이 밝혀질 경우 당장 상놈 신분으로 격하된다. 이들이 양반 신분을 유지하면서 할 수 있는 일이라곤 농사밖에 없다. 하지만 양반이 직접 농사를 지으면 한정閑丁이나 권농勸農 직첩이 바로 나오니 양반이 마음 편하게 농사일에 종사할 수도 없었다.

중국에서는 오래전부터 "농업이 공업만 못하고 공업은 상업만 못하다" 해서 상업을 중시하는 전통이 있었다. 기원전 3세기 전국시대의 유학자로서 성악설性惡說을 주장한 순자荀子는 북방의 날랜 말, 남방의 상아와 물소 가죽, 안료, 동방의 어염魚鹽, 서방의 모직물 등을 모두 중국 시장에서 구입할 수 있다면서 "나라 간의 교역 장애물을 제거하고 상업 활성화를 위해 중국을 통일해야 한다"라고 주장했다.

유학의 고향이었던 중국에서 사대부들은 벼슬에 오르지 못하면 농장을 경영하거나 상공업에 종사하는 것을 당연하게 생각했다. 반면에 조선은 19세기 말까지 전국 단위로 통용되는 화폐가 존재하지 않는 나라였다. 재정 수요도 일부만 동전으로 받았을 뿐, 왕조가 멸망할 때까지 세금을 현물(쌀과 면포)로 받아 그것을 배로 운반해 사용했다. 세금으로 거둔 현물을 보관하기 위해 전국 곳곳에 양곡 저장 창고를 지어 운영한 '창고 국가'였다.

18세기 후반, 서울로 운송되어 오는 세곡의 양은 영남에서 조선漕船 60척에 의한 6만여 섬, 충청·전라도의 조선 81척에 의한 8만여 섬, 민간 선박에 의한 충청도 곡물 6만여 섬과 전라도 곡물 8만여 섬이었다. 18세기, 세금으로 거둔 쌀을 경상도에서 서울까지 운반하는 데 드는 비용은 수송량의 20~30퍼센트 정도로 정해져 있었다. 평안도와 함경도에서 거두는 조세는 서울로 운반하지 않고 그곳 창고에 보관해 두었다가 칙사 왕래 비용이나 변방 군사비로 지출했다(이헌창, 『한국경제통사』, 2012, 151쪽).

18세기 조선의 화폐는 동전이었다. 동전은 너무 무거워 운반이 곤란했기 때문에 지역 간 결제 통화 역할을 하지 못했다. 예를 들어 말 한 필에 실을 수 있는 동전은 200냥이 한계였다. 1냥은 375그램이니, 말 한 필에 실을 수 있는 동전의 무게는 75킬로그램이다. 이것은 같은 무게로 말 한 필에 실을 수 있는 면포 100필의 가치와 같았다. 따라서 면포 100필을 지역 간에 운반할 때 굳이 그것을 동전으로 바꿀 필요가 없었다(이영훈·박이택, 「18세기 조선왕조의 경제체제」, 나카무라 사토루·박섭 엮고 지음, 『근대 동아시아 경제의 역사적 구조』, 일조각, 2007, 69쪽).

조선이 중국이나 일본처럼 지역 간 결제 통화로 은화를 사용하지 못한 이유는 일본처럼 은을 생산하지 않았고 국제무역을 통해 은화를 벌어들이지 못했기 때문이다. 그럼에도 불구하고 17세기 후반부터 18세기 초까지 조선에서 은이 대량 유통되었다. 조선에서 한 시절 은이 유통될 수 있었던 이유는 일본과 중국 간 백사白絲라고 불린 명주실 무역을 조선 상인들이 중계해 막대한 은을 벌어들였기 때문이다. 중계무역은 일본이 백사를 국내에서 자급하면서 쇠퇴했고, 조선에서 은의 유통도 자취를 감추었다(이영훈·박이택, 「18세기 조선왕조의 경제체제」, 2007, 69쪽).

1680년대에 들어서야 조선 왕조는 오랜 숙원이었던 동전의 전국 유통에 성공했다. 이 시대에 동전 유통에 성공한 것은 당시 국왕이나 조정이 유능해서가 아니다. 일본-중국 간 중계무역으로 은을 벌어들였고, 그렇게 벌어들인 은으로 동전 주조에 필요한 원료인 구리銅를 일본으로부터 충분히 수입할 수 있었기 때문이다.

신분 구조의 동요

국제 무역을 통해 은을 벌어들인 경험에도 불구하고 조선은 상업과 공업을 여러 직업군 중 최하급으로 취급했다. 상업 종사자는 장돌뱅이, 가죽 장인은 갖바치, 제철 기술자는 대장장이로 천시하는 풍조가 사회 전반으로 확산되어 문화적 양태로 정착했다. 또 국가가 주도하는 중국과의 조공무역을 제외하고 일반인들의 해외 무역을 원천 봉쇄했다.

증기나 전기의 힘, 내연기관을 이용한 산업혁명의 굉음이 울리는 시대에 조선의 주자성리학자들은 굶어 죽는 한이 있어도 상공업이나 농업에 종사하지 않았다. 양반이 상공업을 직업으로 삼는 행위는 '양반'이라는 조선 최고의 기득권을 포기하는 행위였다. 양반이 상공업에 종사하는 순간, 그 사람은 양반 족보에서 배제되었기 때문이다.

열강국들은 혁신적 기업가들이 쏟아져 나와 인류 문명사를 바꾸고 있을 때 조선의 상공업은 우수한 엘리트들이 외면하고, 사회 최하층 신분만이 형벌처럼 이어가고 있었다. 토인비의 경고와 『국가는 왜 실패하는가』의 교훈을 상기하시기 바란다.

연암 박지원이 쓴 「허생전」은 남산 기슭에 사는 가난한 선비 허생이 주인공이다. 가난에 찌든 아내의 타박에 지친 몰락한 양반 허생은 장안의 부자 변씨에게 돈 1만 냥을 빌려 장사에 나선다. 양반이 상업에 나선다는 것은 자신의 신분상 기득권을 건 일대 모험이었다.

허생은 과일과 말총을 매점매석해 큰돈을 번다. 허생은 그 돈으로 호의호식한 것이 아니다. 변산 근처의 도적 떼를 이끌고 섬으로 가서 평화스럽고 부유한 세상을 만들어주고, 전국을 다니며 가난한 사람을 구제한 다음 서울로 돌아온다. 허생은 사업 자금을 빌려준 변씨에게 남은 돈 10만 냥을 모두 돌려준다. 변씨가 이를 거절하자 허생은 "당신은 어째서 나를 한낱 장사치로 여긴단 말이오?" 하고 화를 낸다.

그는 상업으로 번 돈을 모두 돌려주고 예전처럼 방구석에 틀어박혀 독서로 소일한다. 양반 허생에게 상업으로 벌어들인 돈은 더럽고 하찮은 물건, 그 이상도 이하도 아니었다. 조선에서 상업은 가장 불명예스러운 직업이라는 사실을 「허생전」은 적나라하게 보여주고 있다.

조선 후기로 접어들면서 철옹성 같던 사농공상의 신분 구조에 균열 현상이 발생했다. 우선 양반 신분 질서가 크게 동요했다. 서울과 경기를 중심으로 한 극소수 국왕의 외척 세력들이 권력을 장악하고 세도정치를 대물림하면서 대부분의 양반 가문들마저 몰락했기 때문이다.

양반 중에서도 세도정치에 참여한 극소수 가문과 영남 지방에서 대토지를 보유한 일부 사대부를 제외한 다수의 양반 가문은 쇠락했다. 대부분의 지방 양반들은 생업에 종사하지 않고는 생계 유지가 곤란한 상황이 닥쳤다. 18세기 이후 영남 지역의 양반 사회는 "다른 당을 비판하는 편론偏論을 말하면 역적으로 몰고, 과거에 응시하면 조정으로부터 버림받으니 어찌 밭 갈고 우물을 파지 않겠는가" 하며 농부의 길을 마다하지 않았다. 농사를 짓지 않으면 굶어 죽어야 했다.

고종 시절에는 강원도 유생 중 농업 종사자가 너무 많아 지방에서 실시하는 향시鄕試(문과·무과·생원진사시의 초시)는 농번기를 피해서 치러야 할 정도였다. 경제적 기반을 상실한 몰락 양반을 '가난한 서생'이란 뜻에서 한사寒士 혹은 궁반파락호窮班破落戶라 불렀다.

신분 구조가 동요한다는 것은 반상 구별이 모호해짐을 뜻한다. 그 결과 평민이나 군인, 천인賤人 중에서 부를 축적한 자들이 양반 복색을 하고 다니는 사례가 늘기 시작했다. 좀 더 여유가 생기면 아예 이름을 바꾸고 족보를 가짜로 꾸며 장적帳籍(호적)에 유학幼學(벼슬을 하지 않은 유생)이라고 허위 등록하는 자들이 속출했다(한우근, 『동학과 농민 봉기』, 일조각, 1997, 39~40쪽).

오페르트가 분석한 가난한 나라, 조선

대원군의 아버지 남연군 묘 도굴 사건으로 우리 근대사에 등장하는 유대계 독일인 무역상이 오페르트(Ernest J. Oppert)다. 그는 오랜 기간 조선과 통상을 하기 위해 서해안을 답사하고, 주민을 만나 미지의 나라를 연구했다. 그 결과 1880년 독일에서 『금단의 나라 조선』을 출간했다.

오페르트는 조선이 가난한 결정적인 이유는 정부의 억압적이고 폐쇄적인 정치 체제 때문으로 분석했다. 조선에서는 왕이 절대권력을 가지고 지배하며, 부패한 관리들이 강도처럼 백성들을 약탈 착취한다고 비판했다. 조선의 산업 기술과 생산력, 근로 의욕이 아시아의 다른 나라들에 비해 형편없이 뒤지는 이유는 조선 정부가 산업 발달에 무관심할 뿐만 아니라, 그것을 억제했기 때문이라고 오페르트는 분석했다.

그는 프랑스 신부로부터 들은 하나의 사례를 소개했다. 손목시계가 고장 나서 조선 기술자에게 수리를 맡겼다. 그 기술자는 평생 손목시계를 한 번도 본 적이 없는 사람이었다. 그는 고장 난 시계를 잠시 살펴보더니 부품을 정확하게 재조립해 바로 고쳤다. 오페르트는 조선이 가난한 것은 백성의 문제가 아니라 정부의 제도 때문이며, 조선이 제대로 된 제도를 시행하면 충분히 경제를 성장시킬 수 있다고 보았다.

비슷한 시기에 조선을 다녀간 외국인들의 견해도 오페르트의 시각과 거의 비슷했다. 청 말의 학자 왕시치王錫祺가 1891년 편찬한 세계지리 총서인 『소방호재여지총초小方壺齋輿地叢鈔』의 조선 편에는 중국인들이 바라본 조선의 모습이 소개되어 있다. 중국인의 눈에 비친 조선은 "세계 여러 나라 가운데 가장 빈약한 나라" "글 읽는 문사文士만을 중시하고 소금과 제철 등 이익을 얻는 분야에는 전혀 관심이 없는 나라"였다.

리훙장의 막료 마젠중馬建忠은 1877년 프랑스에 유학해 엘리트 양성기관인 파리정치대학에서 국제법을 전공한 후 변호사 자격을 취득했다. 그는 1882년 임오군란이 발생하자 청군을 이끌고 조선에 와서 대원군을 체포 압송해 간 인물이다. 마젠중은 구한말 조선 경제가 침체한 이유는 상공업이 발달하지 못한 때문이며, 상공업 부재는 조선 정부의 정치적 무능 때문이라고 분석했다. 이를 극복하려면 쇄국 정책을 폐지하고, 학교와 철도를 건설하며, 조세 감면을 통해 상공업을 진흥해야 한다고 제안했다.

일본이 타이완을 침략한 해인 1874년, 파리외방전교회 소속의 달레(Claude-Charles Dallet) 신부는 파리에서 『조선교회사(Histoire de l'Église de Corée)』란 책을 출간했다. 인도에서 선교 활동을 했을 뿐 조선을 한 번도 방문하지 않았던 달레 신부는 조선에서 시무하는 선교사들이 보내온 방대한 자료를 근거로 이 책을 발간했다. 이 책이 한국어로 번역되어 출간된 것이 『한국천주교회사』다.

달레 신부는 이 책에서 1870년대 조선의 사정을 적나라한 필치로 기록해 놓았다. 우선 그는 보편적 관행으로 자리 잡은 관리들의 매관매직 사례와 가렴주구, 지방 관청의 아전(하급 관리)과 사령使令(지방 관청 소속의 하급 병사)들의 횡포와 부패에 대해 자세히 설명했다. 관리와 귀족들이 위로는 국왕을 피폐하게 만들고 아래로는 백성의 피를 빨아먹고 있다는 것이다. 공직사회 기강이 무너지면서 국방도 크게 흔들려 무기고는 텅 비었거나 오직 낡아빠진 무기들로 채워져 있다고 개탄했다.

조선 후기 들어 가장 심각하게 무너진 것은 관리 선발 제도인 과거시험이었다. 국왕이 선심 쓰듯 임시 과거를 자주 시행해 급제 인원이 크게 늘었지만 관직은 한정되어 있어 수많은 급제자들이 합격하고도 관직을 얻지 못했다. 이렇게 되자 지연·학연·혈연을 통해 당파를 형성해 자기 당파가 관직을 차지하려고 치열한 당쟁을 벌였다.

백성을 괴롭힌 3대 '악의 축'

과거 시험장에서는 이루 말할 수 없는 부정 행위가 저질러졌다. 대표적인 부정 행위 방법으로 대술代述은 다른 사람이 대신 시험을 치르는 행위, 차술借述은 시험 문제를 특정인에게 사전 유출하는 행위이다. 서지書持는 참고서를 시험장으로 가지고 들어가 베끼는 행위이고, 감태監怠는 감독을 태만히 해서 부정을 저지르도록 하는 행위다(신복룡, 『전봉준평전』, 지식산업사, 2006, 21쪽).

정부가 정원보다 더 많은 합격자를 선발하고 정원 외 합격자들로부터 돈을 받는가 하면, 급기야 돈을 내야 합격이 되는 구조가 정착했다. 초시初試(1차 시험)의 경우 200~300냥에 매매되다가 500냥, 1894년 무렵에는 1,000냥으로 껑충 뛰었다. 초시 합격자들이 서울에서 치르는 2차 시험인 회시會試 합격은 1만 냥에 거래되었다(한우근, 『동학과 농민 봉기』, 일조각, 1997, 6쪽).

대원군 시절 경복궁 중건 비용을 마련하기 위해 원납전을 징수했는데, 이것이 매관매직에 악용되었다. 전직 관리가 원납전을 납부하면 곧바로 관직을 제수했고, 현직 관리는 승진시켰다. 과거에 응시하지 않은 사대부나 서인이 원납전을 내면 과거 시험을 보지 않고도 관직에 임명했는데, 납부 금액이 1만 냥 이상이면 자리가 나는 것을 기다렸다가 지방 수령에 임명하고, 2만 냥 이상을 내면 즉시 수령에 임용되었다. 돈으로 산 벼슬은 실제 근무는 하지 않고 이름만 가지는 명예직으로, 이를 차함借銜 벼슬이라 불렀다.

1886년 육영공원 영어 교사로 조선에 온 헐버트의 기록에 의하면 모든 관직은 액수가 매겨져 있었는데, 현재의 도지사에 해당하는 관찰사(종2품 문관직)는 5만 달러에 거래되었다(H. B. 헐버트, 신복룡 역주, 『대한제국멸망사』, 집문당, 1999, 75~76쪽).

국왕 부부는 매관매직 수입을 극대화하기 위해 지방관의 재임 기간을 최대한 줄여 회전율을 높였다. 지방관에 임명된 관리는 짧은 임기 내에 벼슬을 사는 데 투자한 비용을 회수하기 위해 관할 고을 백성을 가혹하게 쥐어짰다. 이런 사태에 대해 우의정 정범조는 1892년 "그들은 관직을 여관처럼 여기고 행정은 아전에 맡겨둔 채 백성들의 재산을 빼앗는 데만 주력한다"라고 한탄했다.

이 무렵 조선을 여행한 후 『한국과 그 이웃 나라들』이란 여행기를 남긴 영국의 지리학자 비숍(Isabella Bird Bishop) 여사는 조선이 오직 약탈자와 피약탈자 두 계급으로 구성되어 있으며, 약탈자인 양반은 '면허 받은 흡혈귀'라고 질타했다(이사벨라 버드 비숍, 이인화 옮김, 『한국과 그 이웃 나라들』, 살림, 1994, 511~512쪽).

조선 시대에 백성을 괴롭힌 3대 '악의 축'은 수령의 탐학, 이서吏胥(지방 관청 말단 행정 실무자)의 농간, 토호(지방 세력가)들의 무단이었다. 이것은 조선 왕조 관료정치의 총체적 파탄을 의미했다.

달레 신부는 『한국천주교회사』에서 과거 제도는 타락해 돈 많은 사람과 강력한 후원자들이 밀어주는 사람만이 합격하며, 과학 연구는 보잘것없고, 한지 만드는 제지업을 제외하면 모든 분야의 공업과 기술은 몇 세기에 걸쳐 후진 상태에 머물러 있다고 비판했다. 조선에서 상업이 발달하지 못한 이유는 상업 천시 사상의 팽배와 화폐 제도의 불비, 교통로의 빈약을 꼽았다.

민란 폭발

달레 신부는 대원군이 섭정하던 1871~72년 조선이 겪었던 기근에 대해 "너무 곤궁해지자 서해안 주민들은 중국 밀수업자에게 자신의 어린 딸을 한 사람당 쌀 한 말에 팔았다. 북쪽 국경의 숲을 지나 랴오둥遼東

으로 온 몇몇 조선인은 선교사들에게 처참한 국내 상태를 묘사하면서, 길마다 시체가 널려있다고 말했다. 그러나 서울의 정부는 중국이나 일본에서 식량을 사들이는 것을 허락하기보다는 차라리 백성 절반을 죽게 내버려 둘 것"이라고 썼다.

오페르트도 저서 『금단의 나라 조선』에서 조선 관료 사회의 부패에 대해 "모든 관직이 가장 높은 값을 제공한 사람들에게 주어지고, 관직을 차지한 사람들은 아랫사람을 상대로 '강도와 수탈' '약탈과 착취'를 저지른다"라고 썼다. 그는 달레와 마찬가지로 조선 제지업의 우수성을 지적하면서 "종이의 질은 중국이나 일본보다 우수하다"라고 평했지만, 코리안들은 공업 기술과 근로 정신에서 다른 어떤 아시아 국가보다 훨씬 뒤처진다고 비판했다.

그는 억압적인 정부의 정책에서 그 주된 이유를 찾았다. 조선 정부는 산업 발전을 바라지 않으며, 그것을 억제하고 방해한다면서 "이 나라에서는 기업 정신이 완전히 분쇄되어 있다"라고 평했다. 이것이 고종이 친정을 시작했을 무렵 외국인의 눈에 비친 조선의 모습이었다.

일본은 국가 붕괴 상태에 처한 조선을 개화하기 위해 나름대로 노력했다. 하지만 그들이 아무리 충고해도 조선 스스로 독립자존의 길을 모색하는 것이 아니라 중국·미국·러시아에 의지해 생존을 모색하기 위해 끊임없이 외세에 손을 내밀었다. 이런 모습에 질려버린 후쿠자와 유키치는 "조선은 아시아의 한쪽 귀퉁이에 위치하는 작은 야만국에 지나지 않기 때문에, 조선을 차지하는 것이 일본의 부강이나 국제 정세의 변화에 영향을 주지 못한다"라고 말했다(이용주, 「문명론을 거쳐 탈아론에 이르는 길-후쿠자와 유치키의 아시아 인식과 문명화의 사명」, 이규수·임경석·진재교 외, 『근대전환기 동아시아 속의 한국』, 성균관대학교 출판부, 2004, 261쪽).

일본 입장에서 볼 때 조선이 일본을 호시탐탐 노리는 러시아에 넘어갈 경우 일본의 안보에 치명적 위협이 발생할 것으로 판단했다. 그 결과 조선이 일본의 적대 세력에게 넘어가는 것을 막기 위해 자신들이 조선을 장악하는 것이 최선이라고 판단한다. 이에 따라 일본이 말하는 "조선을 개화시킨다"의 진정한 의미는 "조선을 일본의 식민지로 귀속시킨다"라는 뜻으로 귀결되었다.

철종 말년에 전국을 휩쓸었던 민란 이후에도 살길이 막막해진 백성들의 동요는 끊이질 않았다. 고종 즉위 시기부터 1890년대까지 백성들의 살림살이는 점점 더 곤궁해졌다. 이 와중에 민란의 주된 원인이었던 삼정三政의 문란이 전혀 시정되지 않아 봉건적 가렴주구는 더 심해졌다.

그 결과 1876년 개항 이후 1894년 2월 동학 농민 봉기까지 전국에서 크고 작은 민란이 100여 차례나 폭발했다. 조정은 환곡제와 군역제를 일부 손질했지만 그것으로 불길을 잡기는 역부족이었다. 매관매직으로 수령 자리를 비싼 값을 주고 산 자들이 임기 내에 투자금을 회수하기 위해 주민들을 가혹하게 수탈하는 행위를 제어할 방법은 존재하지 않았다.

탐관오리와 토호들의 탐학과 무단을 엄하게 다스렸던 대원군이 실각하고 고종이 친정을 시작하자 지방에서 화적 떼가 들끓기 시작했다. 갑신정변이 발발한 1884년에 큰 흉년이 들었고, 1885년에는 콜레라가 유행해 백성들이 떼죽음을 당했다. 1888년부터 2년 연속 대가뭄이 엄습해 민심이 극도로 흉흉해졌다.

조선 백성들은 왜 빈둥빈둥 놀기만 할까

후쿠자와 유키치의 게이오의숙慶應義塾 제자로 조선에 건너와 갑신정변 쿠데타에 참여했던 인물이 이노우에 가쿠고로井上角五郎(1860~1938)다. 그는 1883년 1월, 수신사 박영효朴泳孝의 초청을 받아 조선에 와서 「한성순보漢城旬報」 발행 업무로 4년여 동안 체류했다. 이노우에는 1886년 12월 귀국해 『한성지잔몽漢城之殘夢』이란 책을 출판했다. 이 책은 『조선조 망국 전야기前夜記』란 제목으로 국내에 번역 출간됐는데, 이 책에서 저자는 서울의 무질서하고 혼란스러운 모습을 다음과 같이 기록하고 있다.

> 서울의 번화한 거리에서도 백주대낮에 도적이 횡행하고, 지방 곳곳에서는 민란이 봉기했다. 도굴꾼이 생기고 양민을 협박해 재물을 빼앗는 자가 횡행하는가 하면, 재물을 얻지 못할 때에는 조상의 분묘를 파헤쳐 앙갚음을 했다. (……) 통화는 하락하고 뇌물은 횡행하고 상민常民이지만 부유해 돈 1,000냥 내지 2,000냥을 상납하면 정부에서 감역監役(선공감에서 토목이나 건축 공사를 감독하던 종9품)이란 관명을 주어 감역은 날로 늘어나고 그 폐해는 이루 말할 수 없었다. (……) 나라의 독립에 뜻을 두기보다는 청국이나 러시아 또는 다른 나라들의 요인들에게 아부해 자기의 지위를 굳히려는 사람들조차 생겨났다. (이노우에 가쿠고로, 신영길 역·저, 『조선조 망국 전야기』, 지선당, 2008, 65~67쪽)

서울과 지방을 두루 여행한 이노우에는 조선이 안고 있는 여러 가지 문제점들을 분석한 후 다음과 같은 기록을 남겼다.

> 첫째, 일반인들이 빈곤하다. 의복, 음식, 거주 비용을 조사한 결과 일본인보다 적었고, 저축한 재산은 거의 없으며 소득도 극히 적었다.
>
> 둘째, 일반인들이 태만하다. 조선 백성들은 시내에서 담뱃대를 입에 물고 배회하는 사람이 많고, 시골에서는 관모를 쓰고 버선을

신은 채 논밭에서 일하는 사람이 적지 않다. 양반은 백성을 학대해 의식衣食을 얻고, 상민은 의식이 남으면 양반에게 빼앗기므로 일을 하지 않는다.

셋째, 운수運輸가 불편하다. 물자 교환이 어려워 한 곳은 남아돌고, 한 곳은 모자란다. 내륙을 여행하면서 보니 30리 길에 산 하나를 사이에 두고 값이 배가 되는 진기한 일이 벌어지는 곳도 있었다.

넷째, 인구가 점점 줄고 가옥도 감소하고 있다. 풍속은 날로 문란해져 간음·절도·사기가 횡행해 동양에서 그 유례를 찾아볼 수 없을 정도이고, 종교도 쇠퇴해 가는 양상이다.

다섯째, 세율이 너무 과중하다. 조세는 직접세로 전답세와 인두세가 있고, 간접세로 상공업에 부과하는 것과 물품을 지방으로 운수할 때 부과하는 것이 있었다. 세금의 종류가 일일이 다 열거할 수 없을 정도로 많다. 이것을 평균하면 조선의 조세는 부담이 너무 가혹해 더 이상 증세를 할 형편이 아니다.

여섯째, 지방 관리들이 백성의 재물을 빼앗거나 뇌물을 받는 등 부정한 방법으로 재물을 구하는 행위가 만연되어 있다. 지방관은 백성에게 아홉을 거두어서 관아에 셋을 납부하고, 여섯은 관찰사, 지방장관 및 군 관리, 서리의 소득으로 돌아간다. 지금 이 폐습을 깨끗이 씻어내면 정부의 세입을 늘리는 것은 쉬울 것이다(이노우에 가쿠고로, 신영길 역·저, 『조선조 망국 전야기』, 2008, 68~69쪽).

만인에 대한 만인의 투쟁 벌어지는 '홉스적 자연 상태'

이노우에는 병의 근원이 너무 깊어 일대 혁명이 일어나야 지배 계급의 전횡과 부패를 근절할 수 있으며, 그런 근절 없이는 조선의 장래가 암담하다고 경고했다. 비숍 여사와 이노우에의 분석은 조선의 신소설을 분석한 최정운 서울대 교수의 진단과 동일하다. 최정운은 조선의 신소설이 그리고 있는 조선 말기를 '홉스적 자연 상태'라고 정의했다(최정운, 『한국인의 탄생』, 미지북스, 2017, 101~102쪽).

영국의 정치철학자 토마스 홉스(Thomas Hobbes)가 지은 『리바이어던(Leviathan)』에서 말하는 국가 이전의 상황, 즉 사회는 붕괴되고 개인은 뿔뿔이 흩어져 사투를 벌이는 '만인에 대한 만인의 투쟁' 상태, 모든 문화와 윤리가 붕괴되고 분해되어 서로를 뜯어먹고 속이고 죽이는 극단의 야만 상태가 조선이었다는 뜻이다.

이런 원초적 상태가 되면 인간은 동물적 생존본능으로 개인의 안전과 생명의 유지를 갈망한다. 조선은 개인의 안전이나 생명의 유지를 담보해 주지 못하는, 전혀 신뢰할 수 없는 극단적 야만 상태였다. 이런 상태에서 벗어나려면 '제대로 된 강한 국가'가 필요하다. 조선은 그런 요건을 충족시키는 나라가 아니었다는 것이 비극의 출발이었다.

제7장

개화당의 등장

바다 건너 중국 톈진에서 조선과 미국의 수교를 위한 리훙장-슈펠트 회담이 열리고 있을 무렵, 조선 정부는 1880년 7월 31일부터 9월 8일까지 김홍집을 대표로 한 58명을 제2차 수신사로 일본에 파견했다. 김홍집은 부산에서 일본 정부가 보낸 기선 지토세마루千歲丸 편으로 일본에 도착해 8월 11일 도쿄에 입성했다.

제1차 수신사 김기수가 도쿄에 왔을 때 숙소는 엔료칸이었다. 그러나 제2차 수신사 숙소는 일본 불교 정토진종淨土眞宗의 본산인 히가시혼간지東本願寺 아사쿠사淺草 별원이었다. 이곳은 에도 시절부터 조선통신사 일행이 사절로 에도를 방문할 때 머물던 곳이다. 후술하겠지만 숙소 문제는 일본 정부의 고도의 술책이 담긴 결정이었다.

조선 후기 역사에서 주역 중 한 사람이었던 김홍집이 제2차 수신사 파견 때 역사 무대에 등장한다. 조선 관료들을 부정적으로 바라보던 마젠중도 "조선에서 시무를 담론하는 자들 가운데 김홍집이 교초翹楚라고 생각한다"라고 호평했다. 교초란 잡목이나 덤불 가운데 높게 튀어나온 가시나무를 뜻하는데, 그 정도로 김홍집이 뛰어난 인재임을 인정한 것이다.

강화도조약 체결 이후 조선과 일본 간에는 부산 이외의 2개 항구 추가 개항, 주한 일본 공사의 서울 상주, 수출입 과세 등 외교 현안이 산적해 있었다. 조선 정부가 제2차 수신사 김홍집을 일본에 파견한 이유가 있다. 재정 위기에 처한 조선은 청나라로부터 일본과의 무역에 관세를 부과할 경우 손쉽게 재정을 확보할 수 있다는 사실을 코치받았기 때문이다.

제2차 수신사 김홍집에게 부여된 임무는 해관을 설치해 일본과의 수출입 상품에 대해 관세를 부과하는 것이었다. 또 조일통상장정 수정과 곡물의 대일對日 수출 문제 시정 등 현안을 타결하라고 훈령했다. 하지만 회담은 난항의 연속이었다.

일본 외상 이노우에 가오루는 김홍집에게 부산 이외의 2개 항구 추가 개항, 일본 공사의 서울 상주 문제를 강력하게 요구했다. 김홍집은 "추가 개항은 7~8년을 기다려야 한다"라면서 해관 설치와 수출입 관세 부과 문제를 제기했다. 추가 개항 및 미곡 수출 금지와 수출입 관세 부과를 맞바꾸자는 김홍집의 제안에 이노우에 외상은 "수신사는 전권을 위임받은 공사 신분이 아니기 때문에 협상할 수 없다"라고 거부했다. 제2차 수신사는 할 일이 없어졌다.

김기수와 완전 닮은꼴, 2차 수신사 김홍집

이노우에는 김홍집에게 개국과 쇄국의 이해득실을 논하면서 "일본의 경험으로 볼 때 쇄국이 오래 유지될 수 없다. 조선은 하루빨리 근대화를 이루어 일본과 함께 순치상의脣齒相依(서로 의존하며 서로 돕는다)의 형세를 이루어 구라파로부터 모멸을 당하지 않기를 간절히 바란다"(다보하시 기요시, 김종학 옮김, 『근대 일선관계의 연구 (상)』, 2013, 679쪽)라고 조언했다. 조선 측 요구 사항은 들어줄 수 없으니 일본의 근대화 현장을 시찰하고 하루빨리 문명 부강의 길로 나아가라는 충고였다.

신문물 도입이라는 차원에서 볼 때 제2차 수신사 김홍집도 제1차 수신사 김기수와 마찬가지로 적임자는 아니었다. 고종은 일본으로 떠나는 김홍집에게 "일본 문물을 상세하게 보고 오라"라고 지시했다. 하지만 김홍집의 일본에서의 활동을 분석해 보면 1차 수신사 김기수가 일본 측이 준비한 거의 모든 견학·참관·시찰을 거부한 행위와 다를 것이 없었다.

다보하시 기요시는 "수신사(김홍집)는 일본 체재 중에 최근의 물질적 진보의 결정체인 군대·학교·공장 등의 시찰을 권유받을 때마다 '본 사신은 우둔해 현장 방문을 해도 이해할 수 없습니다'라면서 극력 회피했다"라고 기록했다(다보하시 기요시, 김종학 옮김, 『근대 일선관계의 연구 (상)』, 2013, 684쪽).

1876년 7월 조일수호조규 부록 체결을 위한 협상에서 일본 측은 조선 국왕을 알현할 수 있는 자격을 가진 일본 변리공사의 서울 주재 문제를 제기했다. 조선 정부는 정식 수교를 하고도 4년간이나 이를 허가하지 않았다. 제2차 수신사 김홍집이 일본을 다녀온 후 일본에 대한 분위기가 호의적으로 변해 1880년 12월 27일 하나부사 공사가 조선 국왕을 알현해 국서를 봉정했다.

조선 정부가 '천황' 호칭이 명시된 일본 국서를 공식 접수한 것은 이때가 처음이었다. 일본 공사는 감격해 일본 외상에게 "일본 사신의 조선 국왕 알현은 양국 초유의 사건"이라고 보고했다. 조선 정부는 일본 공사가 서대문 밖 청수관淸水館에 일본 국기를 게양하고 상주하는 것을 허용함으로써 조선의 수도 서울에 일본 공사관이 최초로 개설된다.

청수관은 개항 후 일본에 제공된 최초의 외국 공관 건물로 서대문 밖 경기 중영中營이 있던 곳이다. 현재 서울 지하철 5호선 서대문역 2번 출구 쪽에 위치한 금화초등학교 부근이다. 일본 외교관의 가족 동반 및 내지 여행 문제는 1882년 발생한 임오군란의 사후 처리를 위해 조-일 양국이 체결한 조일수호조규 속약을 통해 해결됐다.

하나부사 공사는 서기관 곤도 마스키를 비롯해 40명의 수행원을 이끌고 왔다. 그 중에는 일본 육군 미즈노 가쓰다케水野勝毅 보병대위와 마쓰오카 도시하루松岡利治 중위 등 6명의 일본 군인이 포함되어 있었다. 임진왜란 이후, 강화도 사건을 제외하면 합법적으로 일본군이 조선에 진출한 첫 사례다. 재선在鮮 일본군 65년사가 이 6명으로부터 시작되었다(임종국, 『일본군의 조선침략사 (1)』, 일월서각, 1988, 35쪽).

이후 조선 주둔 일본군의 명칭은 임오군란 후에는 공사관수비대, 청일전쟁 후에는 경성수비대, 러일전쟁 때는 한국주차군(1904년 3월~1910년 9월 30일), 한일병합 후에는 조선주차군(1910년 10월 1일~1918년 5월 31일), 상설 사단이 된 후에는 조선군, 해방 전에는 제17방면군(1945년 1월 22일~8월 9일)과 조선군관구군으로 바뀌었다.

일본인들의 부산 진출

조선과 일본은 원하는 목표가 달랐기에 외교 교섭은 계속 겉돌아 김홍집은 어떤 성과도 거두지 못했다. 그렇다고 해서 제2차 수신사 파견의 역사적 의미가 전혀 없었던 것은 아니다. 김홍집이 일본 체류 과정에서 개화 승려 이동인과의 만남이 이루어졌기 때문이다. 생면부지였던 두 사람이 도쿄 한복판에서 조우한 것은 '우연한 만남'이 아니라 일본 외무성이 치밀하게 준비한 사전 공작의 결과였다.

한국 근대사에 불꽃처럼 데뷔했다가 신기루처럼 사라진 신출귀몰한 인물이 이동인이다. 그의 직업은 조선의 신분 질서상 가장 비천한 계층으로 천대받던 불교 승려였다. 부산 범어사 승려 이동인은 강화도조약 당시 하나부사 요시모토의 통역으로 조선에 왔던 일본 승려 가에데 겐테쓰楓玄哲를 만나 일본어를 배웠다.

메이지유신 이후 신도神道가 국교로 자리 잡으면서 일본에서 불교가 설 땅을 잃자 일본 불교 지도부는 해외 포교에 적극 나섰다. 강화도조약으로 부산이 개항되자 일본은 부산을 통해 무역을 활성화하기 위해 많은 노력을 기울였다. 메이지 정부의 실력자 오쿠보 도시미치는 부산에 거상 오쿠라 기하치로大倉喜八郎를 파견했다.

니가타에서 농부의 아들로 태어난 오쿠라는 18세 때 도쿄에 진출해 건어물 가게를 차렸다. 이어 총포상으로 변신해 무진전쟁 때 정부군에 무기를 조달해 착실하게 돈을 모았다. 1873년 오쿠라구미大倉組 상회를 창업한 그는 오쿠보의 명을 받고 1876년 8월 부산에 진출했다. 오쿠라는 부산 개항장에서 비단, 양모, 인도산 솜으로 만든 옷가지와 생활용품을 판매했는데, 취급하는 모든 물건에 정가를 명기한 가격표를 붙였다. 조선 사람들은 오쿠라를 통해 처음으로 '정가제'를 경험하게 된다. 뛰어난 상술로 오쿠라가 조선에서 성공하고 있다는 소문을 듣고 일본 상인들이 부산으로 몰려왔다.

1876년 11월 미쓰비시상사는 일본 정부로부터 연간 5,000엔의 지원을 받아 월 1회 나가사키와 부산을 왕복하는 증기선 항로를 개설했다. 일본 정부의 적극적인 노력으로 부산에 일본인 거주촌이 형성되었다. 1876년 2월 초량 왜관에 거주하는 일본 상인은 70명에 불과했으나, 1877년 중반에는 부산진에 200개가 넘는 일본 상회가 성업 중이었다 (함재봉, 『한국사람 만들기 II』, 2017, 312쪽).

1877년 1월 강화도조약 규정에 따라 초량 왜관 자리에 일본인 전관거류지가 설치되었다. 1877년 9월 일본인의 부산 도항이 정식으로 허용되면서 부산에 일본인 집단 거주지가 형성되었다. 개항 직후 82명에 불과했던 일본 거주자는 1877년 300명, 1880년 2,000명을 넘었다(윤기엽, 「개화기 일본불교의 포교양상과 추이」, 『원불교사상과 종교문화』 제54집, 원광대학교 원불교사상연구원, 2012, 262쪽).

정토진종은 신란親鸞이 일으킨 일본 불교 종파로, 비승비속非僧非俗을 지향해 승려들에게 결혼과 육식이 허용되었다. 에도 시대에 일본에 파견된 조선통신사가 교토와 도쿄의 히가시혼간지를 숙소로 사용하는 등 조선과도 인연이 깊은 종파였다. 막부의 지원을 받아 급성장한 히가시혼간지는 막부에 군사비를 지원하고 승군을 조직해 메이지 정부에 저항했다. 메이지 정부가 1868년 신불神佛 분리 정책을 통해 신도를 중시하자 폐불훼석廢佛毁釋 운동이 일어나 불교는 큰 타격을 입었다.

일본 불교 정토진종, 조선에 오다

정토진종은 호국불교론, 충군애국 정신으로 메이지 정부의 대외 정책에 앞장서면서 메이지 정부의 신뢰를 얻는다. 히가시혼간지는 메이지 정부의 적극적인 지원으로 부산에 별원을 설치하고 포교에 나섰다. 이것이 부산 대각사大覺寺의 전신이다. 조선에서 히가시혼간지의 목표는 일본 정부와 협의해 국가를 위하고 불법佛法을 위해 목숨 걸고 진력한다는 것이었다.

조선 후기 조선 불교는 정부 차원의 강력한 억제 정책으로 극도로 피폐한 상황이었다. 히가시혼간지가 부산에 진출해 포교를 시작하자 천대받던 조선의 승려나 거사들이 그곳을 자주 드나들었다. 일본 승려들은 그들에게 술과 약, 일본 문물을 제공하면서 조선에 대한 영향력을 키워나갔다.

그들은 조선에 포교라는 종교 활동과 더불어, 조선에 파견된 포교사 오쿠무라 엔신奧村圓心을 중심으로 해서 일본의 조선 침략을 돕는 정치적 활동에 깊숙이 개입되어 있었다. 히가시혼간지의 조선 포교 출발점은 내무대신 오쿠보 도시미치와 외무대신 데라시마 무네노리다. 그들은 히가시혼간지 관장에게 서한을 보내 조선 포교를 종용했다(최인택, 「개항기의 조선포교 활동과 이동인」, 『동북아 문화연구』 제10집, 2006, 419·428쪽). 일본에 불교를 전해 준 것은 한반도(고구려·백제)인데, 구한말이 되면 조선 불교는 초토화되어 일본 불교에 의지해 불법을 일으켜야 하는 가련한 상황이 되어버린 것이다.

개화에 관심이 많았던 이동인은 부산 별원을 찾아가 오쿠무라 엔신을 만났다. 1877년 9월 28일 교단 본부의 명을 받아 부산에 도착한 오쿠무라는 한어학사韓語學舍라는 학교를 세워 조선 포교를 담당할 인재를 양성하고 있었다. 이동인은 오쿠무라에게서 일본 서적과 사진 등을 제공받았고 일본의 개화 실태와 국제 정세를 배우면서 근대화에 눈을 뜨게 된다.

오쿠무라 엔신은 조선의 개화 인사들과 일본 정부를 연결하는 창구였다. 일본 정부는 오쿠무라 엔신을 통해 조선 인사들의 도일에 관한 영사 업무를 진행했고, 일본 군함을 동원해 조선인의 일본 방문을 적극 도왔다. 때로는 일본에 도항하는 인사의 정치 자금을 제공했고, 갑신정변을 주도한 김옥균을 도와 유홍기(유대치)를 통한 개화당 자금 마련에까지 직접적인 개입을 하게 된다(백용선, 「주일 영국 외교관 Ernest M. Satow와 초기 조선개화파-이동인을 중심으로」, 한국방송통신대학교 대학원 석사학위 논문, 2016, 87~88쪽).

자신이 보고 들은 개화사상과 근대화 문물을 전파하기 위해 서울로 올라온 이동인은 봉원사에 터를 잡았다. 그는 불교에 관심이 많았던 유홍기에게 불경을 가르치기 위해 그의 집에 출입하다가 김옥균과 만나게 된다. 이동인은 지체 높은 청년 양반 관료가 비천한 신분의 승려를 스스럼없이 대해 주는 것에 감격해 김옥균과 의기투합했다.

조선의 개화사상은 강화도조약 체결 당시 문정관으로 활동했던 오경석, 한의韓醫 출신 중인 유대치, 양반 관료 박규수에서 시작되었다. 이 세 명이 한국 개화사상의 비조鼻祖로 꼽힌다(신용하, 『초기 개화사상과 갑신정변 연구』, 지식산업사, 2000, 30쪽).

개화당의 역사 무대 등장

서울의 청계천 다리를 사이에 두고 동쪽(현재의 관철동)에 유대치가, 서쪽(장교동)에 오경석이 살았다. 역관으로서 중국을 왕래하며 개화와 개국의 필요성을 절감한 오경석의 급진적인 사고방식은 친구 유대치에게 이어졌다. 유대치는 원래 자산가이며 상당한 학식과 경험의 소유자였다. 두 사람은 중인 신분으로 개화사상에 눈을 뜨게 되었지만, 박규수는 자타가 공인하는 양반으로 개화의 길을 개척했다는 특이점이 발견된다.

문일평이 '근대 개화당의 원조元祖'라고 평한 박규수는 연암 박지원의 손자다. 박규수는 조선 정부가 1861년 영국-프랑스 연합군의 베이징 점령 사건에 대한 위문 사절단을 파견할 때 부사로 임명되어 중국에 파견되었다. 그는 서양 열강의 침략으로 혼란에 빠진 베이징의 모습을 보고 큰 충격을 받는다. 귀국 길에 중국에서 수많은 신서들을 구입해 공부하면서 개화사상을 형성하게 된다.

1872년에도 중국을 다녀왔다. 이때 그는 중국이 추진 중인 양무운동을 보고 감동해 조선도 서양 문명을 배척할 것이 아니라 서양 대포와 화륜선 등의 제조법을 익혀 부국강병을 추진해야 한다고 주장했다(국사편찬위원회, 『한국사 38: 개화와 수구의 갈등』, 2003, 55쪽).

오경석과 유대치는 아무리 노력해도 신분 상승에 한계가 있는 중인 계급이었다. 그들의 인적 네트워크는 역관·의사 등 기술직에 종사하는 의역醫譯 중인이었다. 개화사상을 터득한 3인은 반상班常의 규율이 엄격한 조선의 신분 제도를 하루아침에 폐지하고 능력에 따라 예우받는 신분 해방 사회로 만드는 것이 쉬운 일은 아니란 사실을 이해했다.

평안도관찰사 재직 시절 대동강에서 제너럴셔먼호를 격침시킨 바 있는 박규수는 1869년 한성판윤과 형조판서의 명을 받고 서울로 왔다. 이때 오경석은 친구 유대치와 함께 박규수를 방문했다. 그들은 박규수에게 서울 북촌北村의 양반 자제들 가운데 영민한 인재를 발탁해 개화사상을 교육해서 조선을 개혁하는 방안을 제안했다. 박규수는 오경석·유대치의 의견에 흔쾌히 동의해 동지가 되었다.

박규수의 집은 북촌 한복판에 위치하고 있었다. 북촌이란 경복궁과 창덕궁 사이(서울 종로구 재동·가회동·삼청동 일대), 조선의 양반 상류 계급 중 일당 지배 체제를 견고히 구축한 노론의 권문세가들이 거주하던 동네다. 박규수는 자신의 사랑방에서 이웃에 살고 있는 젊은 양반 자제들에게 세상 돌아가는 이야기를 가르치기 시작했다. 조선 개화당의 3거두가 손잡은 것이 1869년이요, 청년 개화당 포섭을 위한 교육이 시작된 시기는 1870년이다.

박규수는 이웃에 살고 있던 김옥균을 비롯해 박영교·박영효 형제와 홍영식·서광범·유길준 등을 발탁해 개화사상을 교육시켰다. 한 동네에 거주하던 김홍집·어윤중·김윤식도 박규수의 사랑방을 출입하며 개화사상을 공부했다. 박규수의 사랑방은 장래가 촉망되는 청년 관리들의 집합소였다. 박규수는 젊은 청년 양반들에게 중국에서 들어온 서양 서적과 신사상을 소개하고, 조선의 나아갈 길을 제시하는 역할을 했다.

연암 박지원 등 북학파의 실학사상을 이은 박규수 이외에도 김정희·유신환 등의 영향을 받은 신헌·강위·김홍집·어윤중·민태호·한장석·

김만식·김윤식·남정철 등 개명한 지식인들이 개항 전후 관료로 진출해 개화사상을 발전시켜 나갔다(국사편찬위원회, 『한국사 38: 개화와 수구의 갈등』, 2003, 54쪽).

개화당의 세계관

그렇다면 개화당의 비조들이 가지고 있던 공통 의식은 과연 무엇이었을까? 신용하는 그들의 세계관과 현실 인식을 다음과 같이 정리했다(신용하, 『초기 개화사상과 갑신정변 연구』, 2000, 42~48쪽 참조).

> (1) 서양 열강의 침입으로 인해 조선이 심각한 위기에 직면했다는 의식을 가지고 있었다.
>
> (2) 위기에도 불구하고 조선의 정치는 부패했고, 조선 사회는 낙후했다. 부패하고 낙후한 조선 왕조의 정치·사회 체제로는 민족적 대위기를 타개해 나라와 백성을 지킬 수 없다.
>
> (3) 민족적 대위기를 타개하려면 일대 혁신을 일으켜야 한다. 이는 조선 왕조의 부분적인 개혁이 아니라 국가 사회 전반에 걸친 대개혁이어야 한다. 때문에 민족적 위기를 중국에 의뢰해 타개하려는 사상이나 조선 왕조의 전근대적 기존 체제를 그대로 유지하면서 위기를 극복하려는 위정척사 사상과는 정면으로 대립되었다.
>
> (4) 나라를 구하는 '일대 혁신'을 조선 사람의 힘으로 단행해야 하며, 자주적으로 부강한 근대 국가를 만들어야 한다.
>
> (5) 나라에 일대 혁신을 일으키려면 새로운 '혁신적 정치 세력', 즉 개화당을 형성해야 한다. 이러한 개화 혁신 세력이 정권을 주도해 온 나라에 혁신의 기운을 일으켜야 한다.
>
> (6) 조선도 근대 국가와 과학기술 문명과 자본주의 시민사회를

수립하는 방향으로 나아가야 한다.

(7) 조선도 서양과 같이 철과 석탄을 이용해 기계를 사용해서 생산을 하는 공장 제도를 도입해 공업과 산업을 발전시켜야 부강한 나라를 만들 수 있다.

(8) 서양 과학기술의 선진성을 인정하고, 조선도 적극적으로 이를 도입하고 채용해야 나라를 부강하게 만들 수 있다.

(9) 양반 신분 제도를 폐지해야 하며, 각계각층의 능력 있는 인재를 관직에 채용해야 한다.

(10) 조선도 근대적이고 혁신적인 군함을 구비해 국방을 튼튼히 해서 나라를 자기 힘으로 방어해야 한다.

(11) 조선이 쇄국 정책을 버리고 자주적 개국·개항을 해서 세계 각국과 통상을 하고 문물도 교환하면서 서양의 선진 문물을 받아들여야 한다.

(12) 외국과 통상을 하되, 조선이 손실을 입지 않는 통상을 해야 한다.

유길준은 '개화'를 "인간과 관련된 모든 사물이 지극히 선하고 아름다운 경지에 다다름을 이르고, 모든 사물을 궁구하고 경영해 날로 새롭기를 기약하는 것"이라고 정의했다(국사편찬위원회, 『한국사 38: 개화와 수구의 갈등』, 2003, 62쪽). 개화당 비조들의 의식은 청년 양반 세대로 전이되면서 보다 구체적인 모습으로 발전되기 시작했다.

청년 관리 김옥균 포섭

청년 양반 개화파들은 조선의 부국강병을 위해 정치·사회적으로는 전제군주제를 입헌군주제로 개혁해 국민이 정치에 참여하는 정치 체제가 수립되기를 바랐다. 양반 신분 제도를 폐지하고 인재를 능력에 따라 발탁해 쓰고, 국민의 자유와 평등을 실현함으로써 자유로운 시민사회를 수립하려고 노력했다. 이를 위해서는 국민 계몽과 신교육이 필요하니 근대적 신문을 발간하고, 경학經學(사서오경)이나 사장학詞章學(시가와 문장) 중심의 교육을 근대적으로 개혁해야 하며 이를 위해 신식 학교를 설립하고 신교육을 실시해야 한다는 것이 그들 주장의 핵심이었다.

뿐만 아니라 상공업과 광업을 개발해 근대 산업 체제를 수립하려 했고, 해외에서 군함을 도입해 해안을 방어하고, 근대 무기로 무장한 신식 군대를 조직해 열강의 침략 위협으로부터 국가를 보위하려 했다. 개화사상의 본질은 자주독립한 입헌군주 정체의 나라를 수립하고, 자본주의 경제의 추구를 그 목표로 했다(국사편찬위원회, 『한국사 38: 개화와 수구의 갈등』, 2003, 76쪽).

1871년, 개화당 비조들은 자신들의 뜻에 들어맞는 인물을 찾아냈다. 당시 20세의 전도유망한 청년 양반 김옥균이었다. 김옥균은 안동 김씨지만 한미한 집안 출신으로, 1851년 충청도 공주에서 태어났다. 어린 시절 신동으로 소문이 자자했던 김옥균은 김병기 집안에 양자로 입양되었다.

22세 되던 1872년 2월 4일, 김옥균은 알성시謁聖試에서 장원 급제해 고종과 대면했다. 알성시란 국왕이 문묘에 참배할 때 성균관 유생을 대상으로 국왕이 직접 실시하는 비정규 과거다. 알성시는 조선조 역사를 통틀어 총 85회 시행되었고, 한 번에 3~9명의 급제자가 배출되었다. 김옥균은 수석 합격자에게 내리는 정6품 벼슬인 성균관 전적典籍에 임명되어 관직에 입문했다(박은숙, 『김옥균 – 역사의 혁명가 시대의 이단아』, 너머북스, 2011, 40쪽).

2년 후인 1874년 2월 홍문관 교리(정5품)에 올랐으나, 같은 해 12월

3일 홍문관 부교리로 좌천되었다. 후원 세력이 없었던 김옥균은 더 이상 승진하지 못하고 같은 지위에 8년 동안 머물렀다. 그가 승정원 우부승지로 승진한 것은 제1차 일본 방문 후인 1882년 9월 22일이었다.

김옥균의 관직 진급이 늦었던 이유는 생가가 아웃사이더였던 데다가 여흥 민씨 세도의 후폭풍 덕분이다. 김옥균보다 1년 늦게 급제한 홍영식은 부친이 영의정을 지내는 등 가문의 후광 덕에 손쉽게 종2품 참판까지 올라 개화파 중 관직이 가장 화려했다.

김옥균이 근무했던 홍문관은 집현전의 후신으로, 사헌부·사간원과 더불어 3사三司라 불리던 핵심 부서였다. 학문 연구와 유학 진흥, 인재 양성을 담당하는 홍문관원은 국왕의 학문을 지도하는 경연관을 겸했다. 때문에 뛰어난 학식과 인격, 국왕의 교서를 작성할 만한 문장력을 가진 사람들만이 임명되었다.

개화당의 3거두가 김옥균을 포섭한 시점부터 북촌의 청년 양반들을 중심으로 한 비밀결사 형태의 개화당이 본격 태동하게 된다. 김옥균은 과거에 급제한 엘리트 양반들과 비교할 때 특이한 유형의 인물이었다. 우선 그는 신분이나 빈부귀천, 나이, 국적을 불문하고 수많은 사람과 폭넓게 교류했다. 자기보다 열네 살이나 어린 윤치호와 스스럼없이 천하대사를 논했고, 유학자들이 접촉을 꺼리는 불교 승려 이동인·탁정식과도 깊이 어울렸다.

개화당의 3거두 오경석·유대치·박규수

김옥균은 학문적 소양은 물론이요 시·글씨·그림에도 뛰어난 재능을 보였다. 김옥균은 조각 솜씨도 뛰어나 일본 망명 시절에는 도장을 직접 새겨 사용했고, 중국어를 공부해 중국어로 간단한 일상 회화가 가능했다. 1882년 박영효와 함께 수신사로 일본을 방문했을 때 잠시 영어를 공부했고, 독학으로 일본어를 공부해 일본인이 놀랄 정도로 능수능란하게 일본어를 구사했다. 심지어 궁술·당구·조각·화투를 비롯해 바둑과 풍류에도 일가견이 있는 만능 엔터테이너였다.

김옥균의 집도 서울의 전통 양반들이 모여 살던 북촌, 서울 종로구 정독도서관 부근이었다. 바로 옆에는 서재필, 앞집에는 김홍집, 얼마 떨어지지 않은 곳에 박규수·홍영식·서광범이 거주했다. 개화당 비조들의 철학과 가치관은 청년 세대인 김옥균·박영효·서광범에게 그대로 계승되었다.

빈부귀천, 나이, 신분을 초월한 포용력을 가진 김옥균이었기에 자기보다 10년 연하의 박영효, 8년 연하의 서광범과 스스럼없는 동지가 되어 개화·개혁·개방을 추진하는 조직이 결성되었다. 오경석이 체득한 개화사상은 유대치를 통해 김옥균에게 전해졌고, 김옥균을 중심으로 개화당이 결성되어 갑신정변 쿠데타의 인맥이 형성된다.

박영효는 가난한 시골 진사의 아들로 태어났으나 친척인 박규수의 천거로 1872년 철종의 딸 영혜옹주와 결혼했다. 덕분에 금릉위錦陵尉라는 정1품 작위를 받아 개화파 인사 가운데 지위가 가장 높았다. 영혜옹주는 결혼한 지 불과 4개월 후 요절해 결혼 생활은 끝났지만, 그는 부마 신분이라는 후광으로 정치적 경륜을 쌓을 수 있었다.

서광범은 조상 대대로 높은 벼슬을 지낸 명문가 출신이었다. 아버지 서상익은 참판을 지냈다. 일찍부터 김옥균과 형제처럼 지낸 서광범은 1880년 문과에 급제해 규장각 대교, 홍문관 부수찬副修撰을 거쳐 1882년 수신사 박영효의 종사관으로 일본을 방문했다. 김옥균과 함께 일본에 6개월간 체류하고 귀국했으며, 1883년 7월 보빙사의 종사관에 선정되어 미국에 파견되었다가 민영익과 세계 일주를 한 후 귀국했다.

초기 개화당 중심인물로 꼽히는 이들 세 사람은 박규수의 사랑에 드나들며 개화사상을 익히고 우정을 나누었다. 이 밖에 영의정 이최응의 아들이자 고종의 사촌인 이재긍, 민씨 척족의 젊은 세도가 민영익, 영의정을 지낸 홍순목의 아들 홍영식 등 조선 최고 권력층 자제들과 교유하며 개화의 꿈을 키워나갔다.

개화사상의 중추 역할을 했던 박규수는 강화도조약이 체결된 다음 해인 1877년 2월 9일 사망했다. 박규수가 죽자 오경석은 김옥균에게 유대치를 소개했다. 오경석도 1879년 10월 7일 사망하면서 청년 개화당을 지도하는 역할은 유대치의 몫이 되었다. 개화당 3거두 가운데 양반이었던 박규수는 1807년생, 중인이었던 오경석·유대치는 1831년생 동갑으로 박규수보다 24년 어렸다.

역사학자 이능화는 유대치의 사상적 영향을 받은 인물들로 김옥균·서광범·박영효를 비롯해 이종원·이정환·박재경·오경윤·오경림·김영한·김영문·한세진·이희목 등을 언급했다(이능화, 『조선불교통사 (下)』, 신문관, 1918, 899쪽).

개화당에 끼친 불교의 영향

지인들 사이에서 '백의정승白衣政丞'으로 불린 유대치는 뛰어난 경륜가이자 철저한 개화사상가였다. 불교에 조예가 깊었던 유대치는 서양 문헌뿐만 아니라 불교에 대한 깊은 지식을 김옥균에게 전했으며, 서울 봉원사 승려 이동인과 백담사 승려 탁정식을 김옥균에게 소개했다. 당시 불교는 신분이 미천한 계층이 신앙하던 종교였다. 양반 관료가 불교를 공부한다는 것은 이례적이고 이단적인 행위였다.

탁정식은 1880년경 화계사에서 김옥균을 만나 의기투합해 개화당의 일원이 되었다. 그도 1880년 5월 김옥균·박영효의 밀명을 받고 일본에 밀항해 도쿄 혼간지에 기거하면서 개화의 실상을 체험한 후 6월에 귀국했다.

개화파 선각자들이 불교와 조우한 사실은 다양한 관점을 시사한다. 우선 고려가 불교 국가로서 숭불호법崇佛護法이 기본 정책이었다면 조선은 유교 국가로서 숭유억불崇儒抑佛이 지침이었다. 조선의 신진 사대부는 불교 세력을 억제하기 위해 사찰 소유의 모든 토지와 노비 등 재산을 국유화해 경제적 기반을 붕괴시켰다.

도심 지역의 사찰은 불태우거나 가정집 혹은 향교로 사용했고, 절들을 산중으로 내쫓아 접근성을 어렵게 만들었다. 불교 종파를 11종단에서 2종파로 줄였고, 승려는 군인으로 바꾸었으며, 절에 걸려있는 범종은 떼어다가 무기 만드는 재료로 사용했다. 무엇보다 심각했던 것은 승려의 도성 출입을 금지하고 승려 신분을 천민으로 격하시켰다는 점이다. 성리학으로 불교를 대체한 결과 조선 후기 유림 세력의 본거지가 된 서원은 자신들이 비판한 고려 말 불교 사찰과 흡사하게 부패했다.

김옥균 등은 불교에 해박한 지식을 가진 유대치의 사상적 세례를 받으면서부터 양반 정치를 부정하고 유교적 지배 체제에서 벗어나 국가의 근본 개혁을 구상하는 급진적인 철학을 갖게 된다. 김옥균은 외세의 도전에 대응하고 근대 국가 체제를 갖추기 위해서는 무엇보다 먼저 유교를 부정하고 전통적인 양반 정치 체제를 깨뜨려야 한다고 느꼈다. 신분 제도 타파는 당시로서는 혁명적인 생각이었다. 이런 혁명적 사고는 불교의 사해평등 사상에 뿌리를 두고 있는 것으로 보인다(이광린, 『개화당연구』, 일조각, 1981, 10~12쪽).

만약 그들이 박규수로부터 해외에 대한 식견과 실학의 비판 정신을 배우는 정도에 그쳤다면 그들도 온건한 개화사상가 이상은 될 수 없었을 것이다. 박규수 수하에서 배운 김윤식 등이 온건한 개화사상을 견지한 것과 비슷한 상황이 되었을 가능성이 높다. 김윤식 등과 달리 김옥균은 유대치를 통해 불교를 접하면서 국가의 근본적 개혁을 요구하는 급진 개화사상을 표방하기 시작했다. 그들은 불교의 부否의 논리를 통해 조선의 유교지상주의 국가를 부정하려 했다(이광린, 『개화당연구』, 1981, 12쪽).

개화당은 혈연을 배경으로 하는 결합체도 아니요, 노론·소론 등 유교의 예를 따지는 기존의 당파와도 성격이 완연히 달랐다. 그들은 근대적 의식을 가진 개인들이 뭉쳐 조직한 비밀결사였다. 연구자들은 김옥균이 홍문관 교리에 임명된 1874년 2월 무렵부터 개화당이라는 정치 결사의 결성에 나선 것으로 추정한다. 반면에 『개화당연구』의 저자 이광린은 이동인을 밀사로 일본에 파견한 1879년에 개화당이 결성된 것으로 추정한다.

1874년(혹은 1879년) 무렵부터 김옥균은 전방위적으로 인재들을 동원해 개화당을 결성해 나갔다. 대표적 인물이 명망 높은 양반 가문 출신의 서재필이었다. 김옥균은 자기보다 14세 연하인 서재필을 동지로 포섭하는 데 성공했다.

신분 초월해 인맥 형성

김옥균이 개화당으로 끌어들인 인사로는 영의정 이최응의 아들 이재긍, 왕족 이헌우, 무인武人 유상오·유혁로 부자, 중인 변수·오감·박영창·오세창, 무관 윤웅렬·윤치호 부자를 꼽는다. 이재긍은 대원군 실각 후인 1874년 승정원 도승지, 호조참판, 이조참판을 거쳐 예조판서에 올랐던 인물이다.

개화당은 양반·중인·무관·상민·승려 등 조선의 강고한 신분제를 초월해 인맥을 형성한 것이 특기할 만한 사실이다. 이들은 양반이 아닌 관계로 묘당에서는 거의 주목받지 못했으나 1878년 무렵에는 활발한 정치적 활동을 할 수 있는 단계로 성장했다(신용하, 『초기 개화사상과 갑신정변 연구』, 2000, 62쪽).

개화당은 왕실 내부의 비밀 정보를 얻기 위해 고종과 왕비 민씨의 총애를 받는 환관 유재현과 고대수顧大嫂로 불리는 궁녀를 포섭했다. 개화당 주요 간부 요원이었던 환관 유재현이 갑신정변 쿠데타 직전에 배신하는 바람에 개화당은 큰 타격을 입는다. 갑신정변의 와중에 그의 배신에 격분한 개화당 인사들은 고종과 민 왕후가 지켜보는 앞에서 유재현을 무참하게 살해했다.

고대수란 '돌봐 주는 큰아주머니'라는 뜻으로, 민 왕후의 총애를 받던 궁녀였다. 나이는 갑신정변 당시 42세로 외모가 남자와 비슷했고, 장정 대여섯 명을 한꺼번에 해치울 정도로 힘이 장사였다고 한다. 이광린은 갑신정변 후에 희생된 궁녀 이우석이 고대수일 것으로 추정했다(이광린, 『한국개화사연구』, 일조각, 1969, 31쪽).

무력 동원한 군사정변 구상

김옥균과 개화당이 지성으로 공을 들인 분야는 군부였다. 당시 국가 지도부나 사회 지도층 인사들의 사상적 면모로 볼 때 개화당 지지 세력은 극소수였다. 이 정도 세력으로 민족적 대위기를 타개하기 위한 일대 혁신은 불가능했다. 따라서 자신들의 목표 달성을 위해서는 '무력을 배경으로 한 군사정변'이 불가피하다고 보았다.

개화당은 친군 전영前營 장교 그룹인 윤경완·이응호·민창수·전홍룡·김창기·최성욱 등을 개화당으로 끌어들였다. 또 젊은 청년들을 일본 군사 학교에 유학 보내 개화당 군대 양성을 시도했다. 김옥균은 서재필에게 신식 군대의 중요성을 역설하면서 일본 사관학교 유학을 권유했다. 문과에 급제한 전도유망한 청년 관리에게 군인의 길로 방향 전환을 요구한 것이다. 김옥균을 진심으로 존경했던 서재필은 김옥균의 권유를 흔쾌히 받아들여 얼마 후 일본으로 건너갔다.

서재필이 일본 유학을 떠나기 전 신복모(신봉모), 장대용, 이은돌(이은석) 등 세 명이 일본에서 군사학을 배우고 있었다. 이들은 1881년 9월 제3차 수신사로 일본에 파견된 조병호의 수행원이었는데 그해 10월 수신사가 귀국한 후 현지에 남아 신복모·장대용은 육군도야마학교戸山學校, 이은돌은 하사관 전문 양성 기관인 육군교도단에서 각각 코스를 밟았다(이기동, 『비극의 군인들－근대 한일관계사의 비록』, 일조각, 2020, 40쪽).

도야마학교는 도쿄 시내 신주쿠新宿에 있는 지명을 따서 교명을 붙였는데 1874년 사격·검술·체조와 군악대(나팔수) 훈련을 목적으로 창립된 일본 육군 교육 기관이다. 군대는 전투 중 나팔 소리로 진퇴를 결정하고 진형을 바꾸었기 때문에 나팔수 역할이 중요했다. 이은돌은 나팔수 양성을 위한 군악대 과정을 수료했다.

그 후에 김옥균의 주선으로 도일한 유학생이 61명이나 되었는데, 1883년 서재필을 비롯한 14명이 육군도야마학교에 입교했다. 유학생 선발은 박영효가 담당했는데, 이규완을 제외하고는 한문 실력과 소양을 갖춘 명문가 자제들로서 박응학·윤영관·이건영은 과거 급제자였다. 그들은 일본에서 군사 교육을 받으면서 개화·근대화의 필요성을 절감했고, 귀국 후 자연스럽게 개화당과 손잡는다. 조선인 군사 유학생 14명은 1884년 5월 30일, 8개월간의 교육 과정을 마치고 졸업했으며, 7월 1일 요코하마에서 선박 편으로 귀국했다.

서재필이 군사 유학을 마치고 귀국하자 고종은 그를 불러 일본 군사 유학과 관련한 내용을 보고받았다. 서재필은 조선 내에 근대식 사관학교 설치의 필요성을 역설했고, 고종은 동대문 밖에 사관학교를 세워주겠다고 약속했다(이기동, 『비극의 군인들-근대 한일관계사의 비록』, 2020, 43). 고종은 1884년 10월 17일 서재필을 조련국 사관장에 임명했다.

임오군란 이후 청나라는 병력 1,500명을 조선의 수도 서울에 주둔시키고, 조선 군대를 청군 방식으로 조련하고 있었다. 이런 상황에서 고종이 일본 군사 유학생을 중심으로 일본식 훈련을 위한 사관학교 설립을 추진하자 강력하게 제동을 걸었다. 그 결과 개화당이 바랐던 사관학교 설립은 실패했다.

육군도야마학교 졸업생들은 귀국해 전원이 그해 12월 발생한 갑신정변 쿠데타에 참여해 8명이 피살(혹은 처형)당하고, 6명은 일본에 망명했다. 이들과 비슷한 시기에 일본에서 양잠과 영어를 공부하고 귀국한 서재창, 의학을 공부하고 온 남흥철, 승려였다가 환속해 김옥균을 수행해 일본을 방문한 차홍식도 개화당에 가입해 갑신정변 때 사관생도와 함께 행동대로 활약했다. 김옥균은 또 김봉균·고흥종·이점돌·이윤상 등 능력 있는 하인들에게 개화사상을 불어넣어 동지로 포섭했다.

승려 이동인과 만난 개화당

집권층 일각에서도 소수의 인사들이 개화의 필요성을 인정하고 문호개방과 부국강병을 추진하려는 세력을 형성했다. 집권 개화파로 불린 이들은 주자성리학을 수호하면서 서양의 기술을 수용해 개화를 추구한다는 동도서기파東道西器派로, 점진적 개혁론자들이었다.

반면에 20~30대 청년 세대로 구성된 일파는 조선의 모든 체제를 전면적으로, 신속하고 철저하게 개혁해야 한다는 입장이었다. 이들은 개화당(혹은 독립당)으로 불렸는데 중심인물은 김옥균이었다. 그들은 집권 세력을 수구당(혹은 사대당)이라고 비판하고, 외국의 힘을 빌려서라도 일본의 메이지유신처럼 국가의 근본을 바꿔야 한다는 급진적 개혁론자들이었다. 특히 전통적인 양반 정치 체제를 타도하고 근대 민족국가를 세우

개화당 참여 인사

이름	주요 활동 사항
이종원	유대치 추종자. 갑오경장 후 농상공부 농무국장. 단발령 때 공주관찰사.
이정환	김홍집·박영효 연립내각에서 탁지부 사세(司稅)국장.
김영문	김홍집·박영효 연립내각에서 법부 회계국장.
박제경	유대치 제자. 『근세조선정감(近世朝鮮政鑑)』 저자. 임오군란 후 박영효 수신사 수행원으로 도일(渡日). 갑신정변 때 별궁 방화 임무. 정변 중 청계천 수표교에서 피살.
유혁로	중인 무관 오위장(五衛將). 부친 유상오는 개화당 초기부터 참여. 임오군란 후 박영효 수신사 수행원으로 도일. 갑신정변 때 정찰 및 통신 연락 담당. 정변 실패 후 일본 망명.
변수	조부와 부친이 중인 역관. 강위의 제자. 1882년 김옥균 1차 도일 때 수행해 일본에서 양잠·화학 공부. 민영익 보빙사 때 수행원으로 세계일주. 외아문 주사. 갑신정변 때 외국공관과의 연락 담당. 정변 후 미국 망명해 메릴랜드주립대학 농과대학에서 농학 전공.
탁정식	백담사 승려 출신. 개화 승려 이동인을 통해 개화파 인사들과 교류. 이동인의 두 번째 일본행에 동행. 김옥균의 부탁으로 울릉도에서 목재 운반용 선박 구입 위해 고베에 갔다가 1884년 2월 급사.
이동인	조선 최초의 개화 승려. 김옥균의 부탁을 받고 도일. 1881년 반대당에 의해 피살.
백춘배	중인 출신. 김옥균이 동남제도개척사 겸 포경사 때 종사관. 정변 실패 후 일본 망명. 1885년 8월 김옥균의 밀명 받고 정보 수집차 국내 잠입했다가 체포되어 처형.
오감	개화사상가로 서양 각국이 시행하는 경찰·재판 제도 채택할 것을 상소. 갑신정변 때 관철동 부근에서 군중에 의해 피살.
박영창	우리 측 문헌에는 나오지 않고 일본 측 문헌에만 등장하는 개화파 인물.
이헌우	대원군의 일족. 1880년 11월 일본에 파견되어 1881년 3월 귀국.
윤치호	1881년 조사시찰단 일원으로 도일. 도쿄에 남아 유길준 등과 함께 최초의 일본 유학. 1883년 푸트 주한 미국 공사 통역관. 정변 실패 후 중국·미국 유학.
이인종	판관. 개화당을 위해 온 정성을 바친 인물. 이희정·윤경순 등 친구를 개화당에 참여시킴.
이희정	무인 출신.
이창규	부상(負商)의 통령.
윤경순	동대문 밖에서 매송업(賣松業).

일본 육군도야마학교 졸업생의 행로

이름	나이	신분/지위	정변 시 임무	정변 후 상황	비고
서재필	20살	양반/영관(領官)	행동대 지휘	일본 망명	과거 급제
정난교	21살	한량		일본 망명	
박응학		양반		피살	과거 급제(전 목사 박정화 아들)
정행징		한량		피살	
임은명		한량	영사(營使) 암살	일본 망명	
신중모	23살	한량/상한(常漢)	영사 암살	모반대역부도	신복모의 형
윤영관		양반		피살	과거 급제(경상우병사의 아들)
이규완		한량/상한	별궁 방화, 영사 암살	일본 망명	박영효의 겸인(傔人)
하응선		한량/상한		피살	
이병호		한량/상한		피살	
신응희	26살	한량/부영관		일본 망명	
이건영		양반		피살	과거 급제
정종진		한량			정변에 참여?
백낙운		한량		피살	

출처 : 국사편찬위원회, 『한국사 38: 개화와 수구의 갈등』, 탐구당, 2003, 362쪽.

려는 계획은 주목할 만한 것이었다(이광린, 『개화당연구』, 1981, 3쪽).

1880년 전후, 조선에서는 정치적 자유가 보장되지 않았다. 전제군주제 국가에서 양반 정치 체제를 타도하고 입헌군주제로 개혁한다는 것은 대역죄에 해당하는 특급 역모였다. 때문에 개화당은 처음부터 비밀결사로 움직일 수밖에 없었고, 당원은 극히 제한되었다. 개화당이 극소수였다는 사실은 한편에선 그들을 지지·성원·후원할 세력이 존재하지 않았음을 의미한다. 집권층 핵심부의 지지도, 국민의 지지도 없는 상황에서의 정변은 성공 가능성이 낮을 수밖에 없다.

집권 개화파와 급진 개화당은 문호 개방과 부국강병이라는 목표는 동일했으나 그 지향점이 크게 달랐다. 집권 개화파가 자신들의 권력과 기득권을 계속 유지하려는 입장이었다면, 개화당은 집권층으로부터 권력을 탈취해 자신들의 정책을 마음껏 펼치려 했다. 양자는 근본적으로 대립할 수밖에 없는 구도였다.

김옥균은 개화사상을 보다 깊고 체계적으로 공부하기 위해 일본 유학을 준비했다. 자신이 출발하기에 앞서 일본 주요 인사들과 접촉해 개화 후원 세력을 만드는 계획을 추진한다. 이를 추진할 선발대를 수소문하던 중, 1879년 봄 스승 유대치의 소개로 서울 봉원사에서 승려 이동인을 만났다. 그의 개화에 대한 식견에 감복한 김옥균은 이동인에게 선발대 역을 맡아줄 것을 요구했고, 이동인은 이를 수락했다.

1879년 9월 초 김옥균의 밀명을 받은 이동인은 부산에서 오쿠무라 엔신의 주선으로 부산의 일본 영사관, 히가시혼간지 교토 본산의 도움을 받아 일본 옷을 걸치고 벙어리 흉내를 내며 일본으로 밀항했다. 밀항 자금은 박영효가 제공했다. 오쿠무라 엔신의 기록에 의하면 이동인이 일본에 밀입국하게 된 중요한 이유는 '열국列國의 공법' 즉 만국공법을 배우기 위해서였다(백용선, 「주일 영국 외교관 Ernest M. Satow와 초기 조선개화파-이동인을 중심으로」, 2016, 34쪽).

일본 외무성, 이동인을 주목

교토의 히가시혼간지 본원에서 일본어를 익힌 이동인은 일본 승려 코스 교육을 이수하고 정토진종 승려로 입적한다. 이때 그는 아사노 도진朝野東仁이라는 일본 이름을 사용했다. 아사노는 '조선의 야만인'이란 뜻이다. 도쿄 히가시혼간지의 아사쿠사 별원으로 거처를 옮긴 이동인은 본격적으로 개화당과 접촉할 일본 내 인맥 구축 작업에 돌입했다. 이동인은 데라다 후쿠주寺田福壽라는 일본 승려를 통해 후쿠자와 유키치와 선이 닿았다(강재언, 『한국근대사연구』, 한울, 1992, 72쪽). 이로써 '일본 근대화의 아버지'라 불리는 개화사상가 겸 교육자 후쿠자와와 조선 개화파의 만남이 시작된다.

조선을 아시아의 야만국으로 인식하던 후쿠자와는 1880년 이동인을 만나면서부터 조선에 관심을 갖기 시작했다. 이동인은 후쿠자와에게서 개화사상을 배우고 조선의 개화당 지도자에게 개화 서적을 보내 돌려가며 탐독하도록 했다. 이동인과 후쿠자와의 접촉은 김옥균과 후쿠자와의 만남으로 이어졌고, 신사유람단으로 불린 조사시찰단朝士視察團 요원의 일본 파견, 그리고 조사시찰단 요원으로 일본에 건너간 유길준·변수·윤치호 등의 일본 유학 길을 열게 되었다(함재봉, 『한국사람 만들기 II』, 2017, 316쪽).

이동인이 도쿄에서 인맥 구축 작업에 매진하고 있을 때 일본 외무성이 이동인을 초청해 도움을 청했다. 조선 국왕이 파견한 제2차 수신사 김홍집이 일본에 도착했기 때문이다. 일본 외무성은 조선 수신사와 외교 담판을 통해 양국 간 외교 현안인 관세, 2개 항구 추가 개항, 주일 공사의 수도 주차 문제를 타결하고자 했다. 이를 위해 현지 사정에 정통한 소식통이 필요하던 차에 일본어로 의사소통이 가능하고 개화사상을 가진 조선인이 도쿄에 체류 중이라는 사실에 일본 외무성은 귀가 번쩍 뜨였다.

일본 외무성은 이동인을 통해 조선에 대한 정보 수집과 수신사 응대에 도움을 받고자 했다. 이동인은 이를 수락하고 일본 외무성에 "조선 개혁을 위한 일본의 지원"을 요청했다. 제2차 수신사의 숙소를 이동인이 유숙하고 있던 아사쿠사 별원으로 정한 것은 수신사와 이동인이 자연스러운 접촉을 갖도록 하려는 일본 정부의 책략이었다.

이 무렵 이동인은 영국 외교관들과의 접촉으로 바빴다. 그는 주일 영국 공사관 서기관 어니스트 사토를 방문해, 자신은 국제법을 배우고자 하며 영국이 조선 개혁에 앞장서 줄 것을 요청했다. 사토는 이동인과의 첫 만남을 자신의 일기에 다음과 같이 기록했다.

> 오늘 아침 아사노라는 이름을 가진 조선인 승려가 찾아왔다. 그는 아사노라는 이름이 '조선의 야만인'이라는 뜻이라고 재치 있게 설명하면서 세계를 돌아보고 자기 나라 사람들을 개화시키기 위해서 비밀리에 일본에 왔노라고 말했다. 그의 일본어는 서투른 편이었지만, 우리는 충분히 이해할 수 있었다. 그는 외국의 문물이 엄청나다는 사실을 자신의 동포들에게 확신시키기 위해, 유럽의 건물이나 그 밖에 흥미 있는 것들을 찍은 사진을 사고 싶다고 했다. 또한 영국을 방문하기를 열망했다. 그는 자기가 서울 토박이라고 말하면서, 서울에서는 '쯔(ts)'라고 발음하지 않고 '츠(ch)'라고 발음한다고 말했다. 그는 일요일에 다시 오겠다고 약속했다. (신봉승, 『나라를 세웠으면 역사를 고쳐야지』, 가람기획, 2006, 248쪽)

두 사람은 추후 다시 만나기로 하고 약속 일정을 정했는데, 이동인은 약속일 하루 전인 1880년 5월 15일 사토를 찾아가 세 시간 동안 대화를 나누었다. 이날 이동인은 탁정식과 함께 방문했는데, 사토에게 탁정식을 자신의 하인으로 소개했다. 김옥균과 박영효는 이동인을 밀사로 파견한 데 이어 탁정식도 일본으로 보내 이동인을 도왔다.

주일 영국 공사관의 비밀 정보원이 된 이동인

이날 대화에서 이동인은 조선이 수년 내로 외국과 수교를 맺을 것이지만, 그 전에 반드시 현재 정부를 전복할 필요가 있다고 말했다. 또 조선과 일본 사이의 무역은 모두 유럽 상품인데, 만약 다른 나라가 조선과 통상 관계를 맺는다면 일본과의 무역은 사라질 것이라고 했다.

이동인은 사토에게 영국이 조선과 통상을 원하는지를 물었다. 그는 또 금·석탄·철광석이 풍부하며 해안에 고래가 넘쳐나는 조선의 자원을 개발하기를 열망했고, 인삼을 사토에게 선물했다. 유럽 의사들이 인삼을 이용할 수 있게 되면 조선의 중요한 수출품이 될 것으로 생각했기 때문이다.

특히 이날 이동인은 청나라 북양대신 리훙장이 주청 영국 공사 토머스 웨이드의 제안으로 조선 정부에 열강과 수교하라는 조언을 담은 서한을 보낸 사실을 사토에게 전했다. 이러한 고급 정보는 개화파 양반 관료들을 통해 이동인에게 전해졌고, 이동인이 이 사실을 영국 외교관에게 알린 것이다.

이동인은 사토와 자주 접촉해 한글을 가르쳤고, 고베 주재 영국 영사인 윌리엄 애스턴(William G. Aston)을 만나기도 했다. 두 달 후인 7월, 사토는 이동인을 주일 영국 공사관의 비밀 정보원(정보 제공자, 혹은 에이전트)으로 기용했다. 이동인의 역할은 조선에 대한 정보를 제공할 뿐만 아니라 영국 측 의향을 대변하면서 조선 개화파와의 사이에서 연락책 노릇을 하는 것이었다. 개화파의 밀사로 일본에 온 이동인은 이제 사토의 조선어 교사 및 영국의 밀사 역할을 겸하게 되었다. 사토는 조선을 개국시키기 위한 준비에 앞서 이동인을 통한 정치적 정보 수집에 나선 것이다(백용선, 「주일 영국 외교관 Ernest M. Satow와 초기 조선개화파-이동인을 중심으로」, 2016, 40쪽).

이동인은 영국이 청과 아편 무역으로 인해 전쟁을 일으킨 나라라는 사실을 알고 있었다. 그럼에도 불구하고 그가 영국의 비밀 정보원을 맡은 이유가 있었다. 고립된 조선 사회가 외부 충격으로 혁신의 계기를 얻고 그 혼란을 틈타 개화당이 정권을 장악하려면 짐승과 같이 난폭한 국가가 유리하다고 판단했기 때문이다(김종학, 『개화당의 기원과 비밀외교』, 2017, 88~89쪽).

사토는 이동인을 영국 정보원으로 기용한 지 1주일 후인 7월 26일, 이동인에게서 제공받은 조선의 정치 정세를 메모로 작성하고, 그에게서 입수한 세 통의 문서를 주일 영국 대리공사 케네디(J. G. Kennedy)에게 보고했다. 세 통의 문서는 러시아의 위험성을 경고하기 위해 리훙장이 이유원에게 보낸 서한과 이유원의 답신 내용이었다. 사토가 기록한 조선 정세는 국왕 및 민 왕후 척족과 대원군 간의 대립 상황에 대한 분석이었다. 그리고 조선의 장래는 정치 체제를 변혁해 외국과 수교하고, 외국의 원조로 국내 자원 개발을 꾀하려는 문명개화적인 소장 개화파에 달려있다고 보았다. 개화파의 대표 인물은 영의정 아들인 이재긍과 박영효·조성하·김옥균으로 기록했다.

사토는 또 조선이 서방 국가에 대해 어떻게 생각하는지도 적고 있다. 프랑스와 미국은 병인양요·신미양요로 인해 혐오하고 적으로 생각하며, 러시아는 야욕이 있는 나라였고, 혐오의 대상이 되지 않는 유일한 나라는 영국이라 했다. 이동인은 사토에게 영국도 사절을 보낸다면 저항을 압도할 만한 충분한 병력을 대동하지 않는 한 조선 정부가 사절을 받아들이기는 어렵다고 피력했다.

『조선책략』 외교론 등장

이동인은 1880년 8월 11일 제2차 수신사 김홍집이 일본에 도착할 때까지 한 달간 매일 사토를 찾아왔다. 조선어 학습을 위해 조선 소설을 읽으며 사토의 조선어 학습은 착실히 진행되었다. 이동인은 김옥균의 지시를 받고 일본에 온 탁정식으로부터 수신사 일행이 사절로 도쿄에 온다는 정보를 입수하고 김홍집을 만날 기회를 살피고 있었다(백용선, 「주일 영국 외교관 Ernest M. Satow와 초기 조선개화파 – 이동인을 중심으로」, 2016, 42쪽).

일본 외무 당국은 수신사 김홍집에게 서양 각국에서 파견된 외교관들을 두루 방문할 것을 권했다. 김홍집도 제1차 수신사 김기수처럼 숙소에 틀어박혀 지내다가 주일 청국 공사 허루장과 부공사 장스구이張斯桂, 참찬관(서기관) 황쭌셴만 만났다. 허루장은 청일수호조약을 통해 일본에 상주하게 된 최초의 중국 외교관이었다.

조선 수신사 김홍집이 도쿄에 나타나자 허루장과 참찬관 황쭌셴은 본국 정부의 훈령에 따라 1880년 8월 20일부터 9월 7일까지 6차에 걸쳐 김홍집과 만나 필담을 나누었다. 허루장은 김홍집에게 "조선이 국제사회에서 낙오하지 않으려면 외국과 조약을 체결하고 문명개화해 부국강병의 길로 나가야 한다"라고 조언했다. 또 러시아의 남하 위험을 경고한 후 그 대책으로 균세지법均勢之法, 즉 근대 국제 체계의 세력 균형 원리를 설명하고 미국과 수교할 것을 권고했다(김종학, 『개화당의 기원과 비밀외교』, 2017, 97쪽).

8월 23일 회견에서 허루장은 김홍집에게 "세계 각국 중 미국만이 민주 국가요, 국세가 부유해 다른 나라와 조약을 맺을 때 크게 편의를 차지하려 하지 않는다"라면서 "그들이 통상을 요구할 때 조약을 체결하면 저들은 흔쾌히 응할 것이다. 이는 황금과 같은 기회이니 놓쳐선 안 된다"라고 신신당부했다.

허루장 공사는 필담만으로는 의사 전달이 충분하지 않다고 판단해 황쭌셴에게 "조선이 미국과 수교하기 위한 방안을 책자로 작성해 김홍집에게 제공하라"라고 지시했다. 황쭌셴은 청국 정부와 허루장 공사의 지시 내용을 정리해 집필한 소책자 『사의 조선책략私擬朝鮮策略』을 김홍집에게 전달했다. '사의'란 개인적 의견이란 뜻이다. "지구상에는 더할 나위 없이 큰 나라가 있으니 이를 아라사라고 한다"라는 문구로 시작하는 『조선책략』의 내용은 다음과 같이 요약된다.

> 조선은 아시아의 요충지에 위치해 각국이 다투는 각축장이다. 조선이 위기에 처하면 중국·일본도 위기에 처하게 된다. 러시아는 춘추전국시대의 진秦나라 같은 승냥이라서 다른 나라를 침략한 지 벌써 300년이다. 그들은 유럽과 중앙아시아, 최근에는 동아시아로 침략의 발길을 옮기고 있다.
>
> 러시아가 동아시아를 공략할 경우 조선으로부터 시작할 것이다. 오늘날 조선의 급선무 중에서 러시아를 방어하는 것보다 더 급한 것은 없다. 러시아를 방어하기 위해서는 중국과 친하고親中國 일본과 연결되며結日本 미국과 연대聯美國해야 한다.

김홍집에게도 '러시아 공포론' 전달

『조선책략』에 담긴 첫째 의미는 동양 3국이 러시아의 남하에 공동 대처해야 한다는 방아론防俄論을 조선에 전했다는 점이다. 둘째는 조선이 나아갈 새 외교 노선은 반드시 청의 지휘를 받아야 한다는 점을 명문화했다는 사실이다. 이것은 '내치와 외교는 자주'라는 전통적 사대 질서와 배치되는 내용이다.

리훙장이 『조선책략』을 통해 전한 메시지는 "조선이 위급 상황을 면하기 위해서는 과거 200년 동안 그랬던 것처럼 중국을 성심껏 섬기고, 중국은 조선을 보호해 열강들에게 두 나라가 한집안이나 다름없다는 사실을 이해시키는 것"이었다. 조선을 서양 열강과 수교시킨 다음, 세력 균형과 상호 견제를 통해 그 중 한 열강이 독식하는 것을 막는다는 리훙장의 세력 균형 외교였다.

리훙장의 수하인 허루장과 황쭌셴은 일본에 상주하면서 일본의 놀라운 발전상을 목격했고, 청이 얼마나 불리한 상황인지를 실감했다. 1860년 러시아에게 연해주 일대를 강탈당한 청은 이리 사태를 겪으며 러시아의 위험성을 적나라하게 체험했다. 도쿄에서 만난 청국 외교관들의 "러시아를 조심하라"라는 설득은 조선의 청년 정치가 김홍집에게 깊은 울림을 주었다.

하지만 그 족보를 따져 올라가면 『조선책략』은 청나라의 의지가 아니라 사실은 영국의 심모원려에 의해 탄생한 작품이다. 조선과 수교해 러시아를 견제한다는 영국의 정책적 변화에 따른 움직임이었다(최문형, 『제국주의 시대의 열강과 한국』, 1990, 41쪽).

김홍집은 도쿄에 체류하는 동안 이노우에 외상, 하나부사 변리공사 등과 수차례 회담을 통해 급박하게 돌아가는 국제 정세에 눈을 뜨게 되었다. 그 결과 일본 정부가 요구하는 외교관의 주재국 수도 주재, 인천(제물포) 개항이 정당한 요구라는 사실을 깨달았다. 조선이 일본과 수교해 개국을 한 이상 서구 열강과의 수교는 불가피하다는 사실도 깨닫게 되었다. 『조선책략』 책자는 사대교린으로 움직여온 조선의 외교 정책을 순식간에 무너뜨리는 역할을 하게 된다.

특히 김홍집은 이노우에 가오루와 허루장을 통해 러시아의 위험성에 관해 중요한 정보를 얻었다. 9월 7일 김홍집은 이노우에의 자택을 방문했는데, 이날 이노우에는 러시아 해군 동향을 자세히 설명했다. 김홍집은 이노우에에게서 전해 들은 내용을 복명서에 다음과 같이 기록했다.

> 아라사(러시아)는 최근 도문강 하구에 군함 16척을 배치했고 군함 한 척에 3,000명의 병사가 있으며, 해군경이 관할하고 있다. 그 의도는 우리나라 동해안을 거쳐 중국 산둥성山東省 해안을 돌아 베이징에 진입하려는 것이라고 한다. 중국 공사와 일본인들이 모두 현재의 급박한 우려를 말하면서 걱정하고 있다.
>
> 근일에 「상하이공보上海公報」와 일본 신문들이 이를 논하지 않는 것이 없으며, 만일 일이 생기면 우리나라와 일본이 그 해를 입게 된다고 한다. 서양 각국이 모두 아라사를 범이나 이리와 같이 두려워하고 세계가 합종合從해 이를 저지하려 하는데, 우리나라와 수호통상하려는 의도는 전적으로 여기에 있다고 한다. (김홍집, 「수신사일기」, 국사편찬위원회 편, 『수신사기록』, 1971, 151쪽)

김홍집이 복명서에 기록한 러시아 관련 사항은 과장된 부분도 있었다. 당시 러시아는 이리 분쟁으로 청나라와 전운이 감돌자 레솝스키(Stepan S. Lesovskii) 제독에게 군함을 동원해 무력시위를 명령했다. 이때의 무력시위가 청과 일본을 자극해 러시아 공포감이 과장되어 김홍집에게 전달되었다.

김홍집과 이동인의 만남

김홍집을 통해 러시아 관련 정보가 알려지자 조선 조정은 1882년 현지 상황을 파악하기 위해 백춘배를 연해주 지역에 밀파했다. 백춘배는 개화파 인사로서 김옥균이 동남제도개척사 겸 포경사에 임명되었을 때 그의 종사관으로 활동했던 인물이다. 현지 조사를 다녀온 백춘배는 연해주 일대에 도로 공사가 한창이며, 러시아가 1883년부터 이 지역에 철도를 부설하려 한다는 사실, 블라디보스토크 지역에 러시아군의 방대한 군사 시설이 있다는 사실을 보고했다.

이어 그는 터키와 신장 지역 공략에 실패한 러시아가 조선을 침공하려 한다는 사실, 그들은 함경도 일대를 원하고 있으며 블라디보스토크는 겨울에 얼어붙어 항구 기능을 상실한다는 사실, 러시아는 영토에 대한 탐욕이 많은 나라라는 사실을 알렸다. 백춘배는 서양 열강과 수교하라는 황쭌셴·리훙장의 권고를 수용하고, 외교와 국제법에 능통한 사람을 선발해 외교를 전담시킬 것을 진언했다.

황쭌셴은 자신이 직접 쓴 『조선책략』과 정관잉鄭觀應이 지은 『이언易言』을 김홍집에게 전달했다. 김홍집은 두 책자를 가지고 귀국했다. 정관잉은 어린 시절 미국 선교사에게서 영어를 배웠고, 상하이와 홍콩에서 30여 년 외국 상사의 위탁 판매 업무를 담당했다. 그는 자신의 체험을 통해 체득한 서양 지식과 외국의 각종 서적을 참고해 『이언』을 집필했다. 이 책은 중국의 개화사상이 "나라의 부강을 위해서는 중국의 정치와 제도라는 바탕 위에 서양의 과학기술을 도입해야 한다"라는 양무론洋務論에서 서양의 정치와 제도까지 받아들여야 한다는 변법론變法論으로 나아가도록 하는 데 크게 기여했다(안승일, 『김홍집과 그 시대』, 2016, 102쪽).

김홍집은 일본 외무성의 비밀 공작에 의해 도쿄에서 이동인과 만났고, 그와 급격히 친해졌다. 이동인은 일본 외무성의 계획대로 김홍집을 설득하는 공작을 열정적으로 수행해 김홍집과 하나부사 공사로부터 신뢰를 얻었다.

김홍집은 낯설고 의심스럽기만 했던 나라 일본을 이토록 잘 알고 있으며 일본의 관계와 학계는 물론 외국인들과도 광범위한 인맥을 형성하고 있는 이동인을 만나자 천군만마를 얻은 듯이 기뻐했다. 김홍집은 한편으론 놀랍고 한편으로는 기뻐서 그의 손을 잡고 눈물을 흘리면서 그의 뜻을 칭찬하고, "우리나라에도 이와 같이 훌륭한 남아가 있는가"

라고 부르짖었다(강재언, 『한국근대사연구』, 1992, 72쪽).

수신사 김홍집의 수행원 중 윤치호의 부친이자 후에 조선 최초의 근대식 군대인 별기군 창설의 주역이 되는 윤웅렬이 있었다. 이동인은 9월 2일 윤웅렬과 함께 주일 영국 공사관에 나타나 그를 사토에게 소개했다. 윤웅렬은 다음 해 조사시찰단의 일원으로 일본을 방문했을 때 아들 윤치호와 함께 사토를 만나게 된다.

김홍집은 이동인을 세계 견문을 넓히기 위해 일본에 건너온 선각자나 기인奇人 정도로 파악했을 뿐, 그가 개화당이 파견한 밀사이며 일본·영국과 연결선이 닿아있는 비밀 정보원이란 사실을 전혀 알지 못했다. 김홍집은 일본 사정을 잘 아는 이동인을 일본 측과의 접촉 창구로 활용하기 위해 그를 데리고 귀국했다.

9월 4일 이동인은 귀국 인사를 하기 위해 사토를 찾아갔다. 사토가 기념으로 오페라글라스를 선물하자 이동인은 "연말까지는 일본에 돌아올 예정"이라고 말했다. 이동인은 귀국 길에 박영효가 일본 파견 비용으로 준 금괴를 팔고, 또 히가시혼간지로부터 쌀 200가마 값에 해당하는 자금을 제공받았다. 이 돈으로 이동인은 다양한 근대화 관련 서적과 석유램프·잡화 등 서구 문명을 상징하는 물건을 대량 구입했다.

고종의 밀사가 된 이동인

그는 수신사가 도쿄를 출발하기 사흘 전인 9월 5일 고베에서 주일 영사대리 애스턴을 만났다. 그 후 일본 우편선 다고노우라마루田子ノ浦丸를 타고 원산으로 귀국했다. 탁정식은 이동인과 헤어진 후 고베 영사인 애스턴의 조선어 교사로 일하게 되었다.

귀국한 김홍집은 이동인을 민씨 척족 세력의 핵심 인물인 민영익에게 소개했다. 이동인은 일본에서 구입해 온 진기한 물건들을 왕실을 비롯한 민씨 척족 세도가들에게 선물해 그들의 환심을 사는 데 성공했다. 민영익은 이동인을 자기 집 사랑채에 기거하게 하면서 '일본 전문가'로 고종을 알현시켜 일본 등 국제 정세를 설명하는 기회를 제공했다. 이로써 미천한 승려이자 영국 비밀 정보원이 조선 국왕에게 일본 정세를 조언하는 존재로 탈바꿈하는 데 성공한다. 이동인의 일본 물품 선물 공세가 성공한 셈이다.

하루아침에 조선 팔도에서 으뜸가는 세도가 민영익과 고종의 총애를 받게 된 이동인의 행보는 거칠 것이 없었다. 1881년 조사시찰단(신용하는 일본국정시찰단으로 표현)을 파견하고 유길준·윤치호 등 개화당 청년을 일본으로 유학 보낸 것도 이동인 덕분이었다.

이동인은 당대의 개화파 청년 지식인들에게 큰 영향을 미쳤다. 서재필은 이동인이 일본에서 가져온 역사서·지리서·물리화학서 등을 읽고 세계 대세를 깨달았다면서 "이를 계기로 우리도 다른 나라와 같이 민중의 권리를 수립해야겠다는 생각이 솟아났다. 이것이 우리가 개혁파가 된 근본 이유"라고 밝혔다. 그는 "이동인이라는 중이 우리를 인도해 주었고, 우리는 그가 가져온 책을 읽고 그 사상을 가지게 된 것이니 봉원사가 개화의 온상"이라고도 했다(김도태, 『서재필 박사 자서전』, 을유문화사, 1972, 84~85쪽).

김홍집은 1880년 10월 2일 고종에게 귀국 보고를 했다. 그로부터 4일 후, 고종은 미국과 수교를 결심하고, 이 방침을 주일 청국 공사 허루장에게 통지하기로 했다. 고종은 "요즘 아라사(러시아)가 천하를 횡행해 먹구름이 하늘에 가득한 것처럼 분분하다"라면서 이동인과 탁정식을 밀사로 일본에 파견했다.

두 사람은 조선 국왕이 하사한 여권을 가지고 국왕의 밀사 자격으로 일본 정부가 부산과 원산 거류민 보호를 명분으로 파견한 군함 아마기

天城를 타고 일본으로 갔다. 주자성리학적 질서가 철옹성 같았던 조선에서 일본에 밀항했던 일개 승려를 국왕의 밀사로, 그것도 그가 밀입국했다가 귀국한 지 며칠 만에 다시 일본에 파견한 것은 파격 중의 파격이었다.

이동인과 탁정식이 일본에 파견된 근본 임무는 조선이 미국과 수교하겠다는 방침을 주일 청국 공사에게 알리는 것이었다. 그렇다면 주일 청국 공사관을 먼저 방문하는 것이 순서였다. 하지만 그들은 도쿄에 도착한 11월 15일 밤, 주일 영국 공사관으로 먼저 달려가 사토와 만났다. 이날 이동인은 "수주일 내에 진보적 정파가 현재의 배외적 내각을 전복할 가능성이 있다. 영국이 가능한 한 많은 수의 위압적인 군대를 이끌고 조선으로 와달라"라고 요청했다.

이동인 2차 일본 파견

이동인은 조선 정부 내에서 세력이 미약하고 권력 핵심에 다가서기 힘든 소수 양반과 중인 신분의 개화파 세력이 정상적인 방법으로는 집권이 불가능하다고 보았다. 따라서 조선의 개화를 위해서는 영국의 도움이 절실해 이런 발언을 한 것으로 보인다. 이날 이동인은 사토에게 조선 정세를 전하면서 조선 정부가 허루장 공사에게 조-미 수교를 위한 도움을 요청하는 서한, 김홍집이 가져온 『조선책략』 책자 등을 증거물로 보여주었다. 사토는 이동인에게 자신의 작은 방을 거처로 내주었다.

11월 17일 이동인은 일본의 우대신 이와쿠라 도모미巖倉具視를 방문하고, 조선 방문을 청원하는 이재긍의 서한을 전했다. 이동인은 불과 몇 달 만에, 1871년 정부 주요 인사들로 구성된 사절단을 이끌고 서양 열강 국가를 순방할 때 특명전권대사를 맡았던 메이지 정부의 거두를 접견할 정도로 조선의 외교 실력자로 부상한 것이다. 이 자리에서 이동인은 "일본으로부터 총기를 지원받아 조선의 국정을 개혁하고 싶다"라는 뜻을 전했다.

이동인의 청원에도 불구하고 이와쿠라 도모미의 조선 방문은 실현되지 않았다. 일본 외무성은 이동인과 개화당을 신뢰하지 않았다. 자신들이 수집한 정보에 의하면 개화당은 조선 정가에서 의미 있는 세력을 형성하지 못하고 있었기 때문이다.

이동인은 또 일본 외무경 이노우에의 주선으로 주일 독일 공사 아이젠데허(Karl von Eisendecher)를 만나 조선의 개국 방침을 전달했다. 11월 18일에는 도쿄 거주 중국인과 일본 지식인이 동맹해 서양 세력에 맞서자는 취지로 설립된 흥아회興亞會 월례 회의에 참석해 "200명의 정예 병사를 지원해 달라"라고 요구했다. 조선 개화당이 영국·일본 세력에 의지해 급진적 혁명을 일으켜 정권을 장악하겠다는 뜻을 공공연하게 밝힌 것이다.

일본의 유력 인사들을 숨 가쁘게 만난 이동인은 도쿄에 도착한 지 나흘이 지난 11월 19일, 밀사 본연의 임무 수행을 위해 청국 공사관을 찾아갔다. 이동인은 허루장을 만나 청이 조선과 미국의 수교를 주선해 달라는 고종의 뜻을 전했다. 조선으로부터 미국과의 수교 협력 요청을 받은 청국 공사관 참사관 황쭌셴은 즉시 미국 공사 빙엄을 방문해 슈펠트 제독이 다시 한 번 조선에 내항하면 이번에는 조선 측도 교섭에 응하기로 제의했다는 내용을 전했다(백용선, 「주일 영국 외교관 Ernest M. Satow와 초기 조선개화파-이동인을 중심으로」, 2016, 53~54쪽).

밀사 역할을 마친 이동인은 12월 18일 일본 기선 지토세마루를 이용해 부산에 도착했다. 귀국 때 이동인은 히가시혼간지로부터 2만 엔을 빌려 섬유제품과 도자기 등 일본 물건을 구입해 가지고 왔다. 서양 문물을 구입하기 위한 자금은 일본 정부의 주선으로 히가시혼간지를 통해 차입되었고, 이동인에게 전달되었다. 2만 엔은 쌀 10만 가마에 해당하는 거금이었는데, 그가 빌린 돈은 1887년 조선 정부가 상환했다.

이동인은 2차 도일했다가 부산에 상륙하자마자 동래부에 체포되었다. 행동이 수상하고 승려 신분에 뚜렷한 이유 없이 일본에서 귀국하자 일본 첩자로 의심받은 것이다. 그는 큰소리로 "나를 누가 감옥에 가두느냐? 나는 왕명으로 다녀오는 길이다" 하면서 감방에 넣어주는 밥그릇을 내동댕이쳤다고 한다. 유대치의 백방 주선에 의해 그는 석방되었다(이현희, 「신출귀몰의 개화승 이동인」, 『통일한국』 1987년 2월호(통권 제38호), 평화문제연구소, 76쪽).

제8장

고종, 개화의 길로 방향 전환

제2차 수신사 김홍집이 귀국해 『조선책략』과 『이언』을 고종에게 바쳤다. 고종은 조정 대신들에게 이 책을 회람시켰고, 관계 부처에 두 서적의 복각을 명했다. 또 10월 11일 묘당 회의에서 청나라의 권고에 따라 미국이 조약 체결을 요청해 오면 우호적으로 대처하기로 결정했다. 또 서울에 상주하게 된 하나부사 주한 일본 공사는 기회가 날 때마다 조선의 대신들에게 국제 정세를 설명하고 개화·개국을 통해 근대화의 길로 나아가야 한다고 설득했다. 그는 조선이 개화로 나아갈 경우 일본 정부가 원조와 협조를 아끼지 않을 것임을 약속했다.

고종은 1881년 1월 19일, 통리기무아문을 출범시켰다. 서양 문물 도입을 통한 부국강병과 외교를 담당하는 개화 업무 담당 부서를 신설한 것이다. 고종은 이 부서의 현판을 직접 써서 하사할 정도로 개화·개방·개국으로 나아가기로 마음을 굳혔다. 완고한 주자성리학적 세계관과 드높은 소중화 사상, 일본에 대한 불신, 위정척사 세력의 반발로 허둥대던 조선 정부가 개화로 방향을 틀자 청·일 두 나라가 지대한 관심을 보였다.

신설된 개화 부서의 총수인 총리대신에 영의정 이최응을 등용했고,

민씨 척족과 왕실 측근인 민겸호·조영하·민영익 등 10명을 당상에 임명했다. 통리기무아문 산하에 12사[司]를 설치했는데, 이곳에는 조사시찰단원으로 일본을 배우고 귀국한 개화 관료들을 포진시켜 개화 정책을 추진하도록 했다. 또 비상한 인물로 알려진 수문장 이제마(한의)와 별선군관 이동인(승려) 등을 참모관으로 발탁했다(이광린, 『개화파와 개화사상 연구』, 일조각, 1989, 4~11쪽).

유생 출신이 아닌 인물이, 그것도 조선 신분 구조상 최하층으로 천대받다가 일본으로 밀항해 영국 비밀 정보원이 된 불교 승려가 국가 기구의 관리에 임명된 것은 파격이었다. 하지만 벼락출세는 개인에겐 가문의 영광이었을지는 몰라도, 많은 정적[政敵]을 양산하는 요인이 되기 마련이다.

개화 담당 정부 조직 출범

통리기무아문은 부서 신설 후 제1호 안건으로 청나라에 영선사 파견, 일본에 조사시찰단 파견, 신식 군대인 별기군 설치와 군제 개편, 미국을 비롯한 서양 열강과의 수호조약 체결 등을 추진했다. 출범 초기에는 대외 문제를 전담했던 이 조직은 시간이 흐르면서 군국기무와 관련된 내정 문제까지 담당해 국정 최고 기관으로 자리 잡았다.

위정척사 수구 세력은 자신들과 한배를 타고 있던 고종이 개화의 길로 방향을 틀자 통리기무아문과 별기군을 폐지하라고 강력 항의했다. 이 와중에 임오군란이 폭발해 고종이 실각하고 대원군이 권좌에 복귀했다. 대원군은 통리기무아문을 혁파하고 삼군부를 부활했다. 그러나 청군이 파병되어 대원군이 톈진으로 압송되고 권력이 원상회복되자 고종은 기무처[機務處]를 신설해 통리기무아문 역할을 맡겼다.

기무처는 임시 기구여서 날로 복잡해지는 국정을 처리하기 어려웠다. 고종은 1882년 12월 기무처를 폐지하고 통리아문[統理衙門]과 통리내무아문統理內務衙門을 설치한다. 한 달 후인 1883년 1월 12일에는 통리아문을 외교통상 업무를 담당하는 통리교섭통상사무아문(외아문), 통리내무아문을 군국 및 내정을 담당하는 통리군국사무아문(내아문)으로 개칭했다. 각 아문에는 독판督辦(장관급), 협판協辦(차관급), 참의參議(국장급), 주사를 두었다.

1884년 12월 갑신정변 후 통리군국사무아문은 의정부에 통합되었다가 기무처로 부활한다. 통리교섭통상사무아문은 갑오경장 때 통리아문

통리기무아문 산하에 설치된 12사(司)

명칭	내용	주요 인사
사대사(事大司)	중국과의 외교 문서와 사신 왕래 등 중국에 대한 외교 관장	
교린사(交鄰司)	일본 및 기타 각국 관계의 문서와 사신 왕래 등 외교 사무 관장	
군무사(軍務司)	서울과 지방의 군사를 통솔하는 사무 관장	홍영식, 이원회
변정사(邊政司)	변정 사무와 이웃 나라의 동정·정탐 등의 사무 관장	
통상사(通商司)	중국 및 이웃 나라와의 통상 사무 관장	김홍집, 조병직, 이헌용, 민종묵
군물사(軍物司)	병기 제조 등의 사무 관장	
기계사(機械司)	각종 기계 제조 등의 사무 관장	
선함사(船艦司)	각종 선박 제조와 통솔 등의 사무 관장	
기연사(譏沿司)	연안의 포구를 왕래하는 선박 검사 등 사무 관장	
어학사(語學司)	각국의 언어·문학 등을 번역·해석하는 사무 관장	
전선사(典選司)	재예(才藝)를 택해 취하고 각 사의 수용(需用) 등의 사무 관장	조준영
이용사(理用司)	재용(財用)의 경리 등의 사무 관장	박정양

출처 : 국사편찬위원회, 『한국사 38: 개화와 수구의 갈등』, 탐구당, 2003, 38~39쪽, 85쪽.

으로 조직이 개편되었다.

명칭은 여러 차례 바뀌었지만, 외아문·내아문 두 조직에는 당대에 손꼽히던 개화 인사들을 등용해 개화 정책을 추진하는 등 국제 정세의 변화에 대처했다. 2차 변경 이후의 진용을 보면, 외아문은 독판 조영하, 협판 민영익·김홍집·묄렌도르프, 참의 김만식·김옥균이었고, 내아문은 독판 민태호, 협판 김윤식, 참의 홍영식·어윤중이었다.

개화 추진 부서의 활약 중에서 빼놓을 수 없는 일은 1883년 8월 국내 최초의 근대식 인쇄소인 박문국博文局을 설치하고 「한성순보」를 발간한 것이다.

갑신정변에 깊이 가담했던 이노우에 가쿠고로는 김옥균 일행과 함께 일본으로 일시 피신했다가 사태가 진정되자 1885년 1월 서울로 돌아왔다. 외아문 독판 김윤식은 건물을 새로 장만하고, 「한성순보」 체제를 개편해 1886년 1월 25일부터 「한성주보漢城週報」를 발간했다. 한문 전용의 「한성순보」와 달리 「한성주보」는 국한문 혼용으로 발간되다가 1888년 7월 7일 폐간되었다(이태진, 『고종시대의 재조명』, 태학사, 2000, 22쪽).

개화 추진을 위한 정부 기구가 신설되면서 유명무실한 기구와 행정 조직을 정비하기 위해 1882년 11월 감생청減省廳이란 행정개혁위원회가 출범했다. 이 위원회는 종이 만드는 조지서造紙署, 전통 의료기관인 활인서活人署, 국왕이 강을 건널 때 다리를 설치하는 주교사舟橋司 등 시대의 흐름에 맞지 않는 전근대적인 조직들을 대폭 정리했다. 또 행정 개혁이란 명분을 앞세워 위정척사 원로대신의 숙청 작업도 진행했다.

조사시찰단 일본 파견 직전 이동인 실종

고종은 어차피 개화로 나아가기로 작심한 이상, 수신사의 피상적인 보고를 뛰어넘어 보다 전문적인 지식이 필요하다고 판단했다. 이 기회에 대규모 시찰단을 일본에 보내 일본 지도부 인사들과 교류하고 개화의 방법론을 배워야 한다고 고종을 설득한 사람은 이동인이었다(함재봉, 『한국사람 만들기 II』, 2017, 340쪽).

시찰단 파견이 결정될 무렵, 위정척사 세력은 제2차 수신사 김홍집으로 촉발된 『조선책략』 외교 노선을 공격하고 제물포 개항과 유학생 파견을 반대하기 위해 재야 유생들이 거국적인 집단 상소를 준비했다. 분위기가 심상치 않게 돌아가자 겁을 집어먹은 고종은 1881년 2월 9일 박정양·조준영·엄세영·강문형·심상학·홍영식·어윤중 등 7명을 민정 시찰을 위한 '동래 암행어사'로 위장 임명했다. 이들에게는 일본의 내무성·문부성·사법성·공부성·육군성·대장성 사무를 조사 보고하는 임무가 부여되었다.

3월 1일에는 이헌영·민종묵·조병직·이원회 등 4명이 추가로 동래 암행어사에 임명되었다. 이헌영 등 3명에게는 세관 사무, 이원회에게는

통리기무아문 조직 변천

구분	시기	기구 명칭	
출범	1881.1.19	통리기무아문	
폐지	1882.8	–	
부활	1882.9	기무처	
1차 변경	1882.12	통리아문	통리내무아문
2차 변경	1883.1	통리교섭통상사무아문 (외아문)	통리군국사무아문 (내아문)
3차 변경	1884.12	통리교섭통상사무아문	–
4차 변경	1894.8	통리아문	내무부

육군 훈련 상황 조사 보고 임무가 주어졌다. 고종이 위정척사 세력의 반발을 무마하기 위해 일본 파견 시찰단에 정식 명칭을 부여하지 않고 '동래 암행어사'로 위장했다. 때문에 시찰단은 사람마다 편한 대로 '신사유람단' '조사시찰단' 혹은 '일본국정시찰단'으로 호칭했다.

1881년 3월 9일, 고종은 통리기무아문 관직에 오른 지 며칠 안 된 이동인에게 군함 구입과 조사시찰단 인솔 임무를 맡겨 일본으로 떠나라고 명했다. 이동인은 일본 파견 준비를 서두르던 3월 15일을 전후해 실

조선 정부의 개화를 향한 노력

연도	주요 활동	내용
1880	통리기무아문 설치	개항 후 정세 변동에 대응하기 위해 설치한 근대적 행정 기구
1881	일본국정조사단(신사유람단) 파견	총 62명을 3개월간 일본에 파견해 각 부문에서 정밀한 시찰 보고서와 견문록 작성
1881	영선사(병기 학습 유학생 사절단)	69명의 인력을 톈진에 파견해 서양의 선진 과학기술과 병기 제조 기술 학습
1881	신식 육군(별기군) 창설	개항 후 국방 강화 및 근대화 위해 한국 최초의 신식 육군인 별기군 창설
1882	기무처 설치	모든 군국기무에 대한 정책 입안하는 합의제 정책 의결 기관(1894년 군국기무처로 계승)
1882	감생청 설치	불필요하고 방만한 행정 기구를 재편 정리해 재정 비용을 줄이기 위한 행정개혁위원회
1882	대외적 균세 정책 실시	강화도조약 체결 이후 세력 균형을 위해 서양 국가들과 개국 통상 추구(미·영·독·이탈리아와 수교)
1882~83	해관 설치	개화파의 노력에 의해 조미수호조약 체결 과정에서 관세 자주권 및 10퍼센트 기준의 과세율 명기 성공. 1883년 11월부터 해관에서 수세 사무 시행
1883	근대 학교 설립	1882년 통역관 양성 위한 동문학(同文學), 1884년 육영공원, 개화파 관료 정현석 주도로 원산에 한국 최초의 근대 학교 원산학사 설립
1883	근대 신문 발간	김윤식이 박문국 신설해 한국 최초의 근대 신문 「한성순보」 발간
1880~84	근대적 산업 시설 건설	개화파의 노력에 의해 1880년대부터 서울과 각 지방에서 근대적 회사 설립

출처 : 국사편찬위원회, 『한국사 38: 개화와 수구의 갈등』, 탐구당, 2003, 38~51쪽.

종되었다.

이동인의 돌연한 실종을 두고 의견이 분분했다. 김홍집과 이조연李祖淵이 미국이나 독일과 수교를 추진하려 한 반면 이동인 한 사람만 영국과 수교를 주장했고, 이것을 누차 국왕에게까지 설득하다가 살해당했다는 설이 시중에 떠돌았다. 하지만 누구도 그의 사망에 대한 진위를 알 수 없었다.

더욱 의아한 것은 이동인이 실종되기 한 달 전, 개화당이 대표로 내세웠던 흥인군 이최응의 아들 이재긍이 25세의 나이로 급사한 일이었다. 이재긍이 의문을 죽음을 당하자 시중에는 수구파가 독살했을 것이란 소문이 파다하게 나돌았다(이광린, 『개화당연구』, 1981, 26쪽). 비밀리에 조직된 개화당이 활동 범위를 넓혀가자 대원군 계열의 위정척사파 혹은 온건 개화파의 표적이 되어 희생된 것으로 추정된다.

이동인은 탁월한 지적知的 능력을 가진 인물이었지만, 국왕 면전에서 자신의 견해를 거침없이 주장하는 등 독선적 성격으로 주위 사람을 적으로 만들었다. 조선의 신분사회에서 천민 신분인 불교 승려에게 관직을 부여하는 것은 지배 계급인 양반 입장에서 보면 용납할 수 없는 폭거였다. 게다가 이동인은 천민에서 일약 조선 국왕의 밀사, 관리로 신분 상승한 데 따른 자긍심을 억제하지 못했다. 이동인의 돌연한 실종으로 개화당과 일본을 이어주는 연결선이 단절되었다.

이동인의 친영 정책은 세계의 패권국 영국과 손잡고 청·러시아·일본으로부터 조선이 독립할 수 있는 가장 확실한 길이었다. 하지만 그의 실종으로 인해 세계 패권국과의 연계가 끊어지면서 조선의 운명은 '고난의 행군'의 길로 향하게 된다.

엘리트 관료로 구성된 일본 시찰단

조사시찰단의 정식 단원은 조사朝士라 불렸는데, 총 12명이었다. 대부분 양반 명문가 출신으로, 나이는 20대 후반부터 50대 중반까지였다. 이들은 과거 급제 후 10여 년 관직에 몸담은 종2품 이하 정4품 이상의 중견 관료들로서, 정부 내에서 명민하고 학식 있는 사람으로 인정받는 인물들이었다(허동현, 「1881년 조선 조사朝士 일본시찰단에 관한 일연구一硏究」, 『한국사연구』 52, 한국사연구회, 1986.).

이원회와 김용원을 제외하고는 모두 홍문관이나 대간 출신의 언관으로서 학식과 문장이 탁월했고, 국정 전반을 파악해 고종에게 조언하는 엘리트 관료들이었다. 김용원은 경상좌도 수군우후水軍虞候(정4품 외관직 무관)라는 관직에 있었는데, 조사시찰단 참모관으로 파견될 예정이었던 이동인의 갑작스러운 실종으로 대신 참여했다. 그는 무위소로부터 기선 운항 관련 정보를 수집하라는 지시를 받고 합류했다(허동현, 「1881년 조선 조사朝士 일본시찰단에 관한 일연구一硏究」, 『한국사연구』 52, 1986.).

'동래 암행어사' 12명은 각자 비밀리에 서울을 떠나 4월 23일 동래에 집결했다. 4일 후인 27일, 고종이 조사시찰단 경비로 하사한 5만 냥을 정병하가 가지고 동래에 도착했고, 조사시찰단 안내는 탁정식이 맡았다. 1881년 5월 7일, 일행은 스미토모住友 회사 소유의 화륜선 안네이마루安寧丸에 승선해 일본을 향해 출발했다. 일본이 이와쿠라 사절단을 서양에 파견한 지 10년 후, 조선 근대화 운동 사상 획기적인 의미를 갖는 62명의 대규모 시찰단이 장도에 올랐다. 일행은 쓰시마를 거쳐 나가사키·오사카·교토·요코하마의 산업 시설을 견학하고 5월 25일 도쿄에 도착했다.

시찰단은 12개 반으로 편성되었다. 각 반은 조사(책임자) 1명, 수행원 2명, 통역 1명, 하인 1명 등 5명으로 구성했다. 그리고 통역으로 우에노

게이스케上野敬助와 다케다 구니타로武田邦太郞 등 일본인 2명을 고용했다.

단원들은 4개월간 일본 행정부 각 부처를 비롯해 군대, 세관, 산업 시설을 시찰했고, 이토 히로부미, 이노우에 가오루, 마쓰카타 마사요시, 시부자와 에이이치, 후쿠자와 유키치 등 일본 지도부 인사들과 격의 없는 대화도 나누었다. 조사시찰단은 대부분의 견학 일정을 거부해 파문을 일으켰던 수신사 김기수·김홍집과는 태도가 완전히 달랐다. 그들은 일본의 근대 제도를 세세한 부분까지 구체적으로 시찰하고 실무 자료를 수집했으며, 적극적으로 관계자와 문답을 나누어 상당한 수준의 학습을 했다.

일본 견문 후 80권의 보고서 남겨

군사 분야는 단원 중 홍영식(육군성 담당), 이원회(육군 조련 담당)가 담당했다. 홍영식은 병조참판, 통리기무아문 군무사 부경리사軍務司副經理事를 지낸 군 경력자였으며, 일본 육군 시찰 후 『일본육군 총제總制』『일본육군 조전操典』을 작성했다. 이원회는 전라우도 수군절제사(정3품)를 역임한 무관 경력자였다(배항섭, 『19세기 조선의 군사제도 연구』, 국학자료원, 2002, 155~159쪽 참조). 수행원 가운데 최성대·이필영은 오위장五衛將(종2품)을, 이종빈은 부장部將을 역임했다. 이들은 일본 육군 진대鎭臺, 육군 조련장, 포병 공창, 육군사관학교, 육군 도야마학교, 해군병학교, 참모본부, 육군 재판소 등을 시찰했다.

이들 가운데 특히 송헌빈은 이원회를 보좌해 구마모토 포대, 이타바시板橋 화약제조소, 사관학교, 육군도야마학교, 군용전신국, 근위병영, 포병공창 같은 군사 시설과 군제를 조사했다. 그는 또 포병 공창에서 탄환·뇌관·화약 제조법, 무라타村田 소총과 미제 레밍턴(Remington) 소총 등 신식 화기와 전신 등 통신 체계 운용 방법도 견학했다(국사편찬위원회, 『한국사 38: 개화와 수구의 갈등』, 2003, 111쪽). 제1차 수신사 때 김기수를 수

조사시찰단 구성

조사(朝士, 전문위원)	수원(隨員, 수행원)	통사(通士, 통역)	하인	담당 분야
조준영(참판)	이봉식, 서상직	문순석	최윤이	문부성
박정양(참판)	왕재응, 이상재	김낙준	이수길	내무성, 농상무성
엄세영(승지)	엄석주, 최성대	서문두	박춘봉	사법성
강문형(승지)	강진성, 변택호	김순이	유복이	공부성
조병직(승지)	안종수, 유기환	이장호	임석규	세관
민종묵(승지)	민재후, 박회식	김복규	이정길	외무성
이헌영(승지)	이필영, 민건호	임기홍	김오문	세관
심상학	유진태, 이종빈	김영득	윤상용	
홍영식(참의)	고영희, 함낙기, 전낙운	백복주	정용석	육군·체신
어윤중(교리)	유정수, 유길준, 윤치호, 김양한	황천욱	김영근	대장성
이원회(부사)	송헌빈, 심의영	이수만	김홍달, 이순길	군사
김용원	손붕구	김대홍		

출처 : 국사편찬위원회, 『한국사 38: 개화와 수구의 갈등』, 탐구당, 2003, 40쪽.

행해 기계·총포·아연을 구입했던 김용원은 1882년 김옥균이 제1차 일본 방문길에 수행원으로 일본에 온 변수와 함께 교토에서 화학과 양잠학을 공부했고, 오사카에서 금은 분석법을 배웠다.

조사를 보좌하는 수원(수행원)은 양반이 주류를 이루었고, 일부는 중인과 군 출신이 포함되었다. 어윤중의 수행원 유길준·유정수·김양한과 김용원의 수행원 손붕구는 조선 최초의 국비 유학생으로 선발되었다. 유길준과 그의 매형 유정수는 후쿠자와 유키치가 설립한 게이오의숙에 입학했고, 윤치호는 나카무라 마사나오中村正直가 설립한 도진샤同人社에 입학했다.

김양한은 조사시찰단이 귀국한 후에도 일본에 남아 요코스카橫須賀 조선소에서 항해술, 가마이시釜石 광산에서 주철 기술을 배워 일본 정부 자격증을 취득했다. 손봉구는 원래 도쿄대학에서 의학을 공부하기 위해 도일했으나 어학 문제로 의학을 포기하고 시나가와品川 유리공장에서 유리 제조 기술을 배웠다. 안종수는 일본의 대표적인 농학자 쓰다 센津田仙에게서 근대 농학을 배워 귀국 후 『농정신편農政新編』이란 책을 펴냈다.

4개월 후 어윤중·김용원과 유학생을 제외한 조사 10명과 수행원은 8월 25일 귀국했다. 김용원은 사진을 공부하고 귀국해 남산에 국내 최초의 사진관을 개설한다. 나머지 조사들은 귀국 즉시 자신들이 공부한 내용을 '문견 사건聞見事件' '시찰기'로 작성해 고종에게 올렸다. 총 80권에 달하는 방대한 내용이었다. 1881년 중국에 파견된 영선사領選使나 1883년 미국과 유럽을 시찰한 보빙사가 기록을 남기지 않은 것과 비교하면 의미심장한 변화였다.

이와쿠라 사절단이 일본 근대화에 미친 영향

조사시찰단이 조선의 개화에 끼친 영향력은 10년 전 일본이 서양으로 파견한 이와쿠라 사절단과 비견되는 역사적 의의를 지녔다는 평가를 받는다. 그렇다면 이와쿠라 사절단은 일본 근대화에 어떤 영향을 끼쳤을까.

조선이 일본에 조사시찰단을 보내기 10년 전인 1871년, 일본은 메이지 정부 최고 실력자들로 구성된 대규모 사절단을 유럽에 파견했다. 출발 직전, 국무총리에 해당하는 태정대신 산조 사네토미三條實美는 "앞날의 대업 성공 여부가 이 출발과 그대들에게 달려있다. 사명을 완수해야 한

조사시찰단원들의 보고서

이름	성과	주요 내용	영향
박정양	『일본국 내무성 직장(職掌) 사무』 『일본국 내무성 각국(各局) 규칙』(전3권) 『일본 농상무성 각국(各局) 규칙』(전2권) 『농상무성 직장 사무』	일본 내무성과 농상무성 및 산하 부서 소관 업무, 중앙집권적 행정 체계와 투표 제도, 경찰의 역할과 활동 범위 소개	조선의 행정 제도 개편, 정치적 변혁에 영향
어윤중	『일본 대장성 직제 사무 장정』	대장성 직제 및 조세국·관세국·국채국·은행국·회계국 등 예하 13국의 직제와 사무 장정 소개	조선의 경제 제도 개혁의 귀중한 자료
엄세영	『일본 사법성 시찰기』(전7권)	메이지 일본의 사법 체계와 「민법초안」 제외한 법전 전부를 채록한 보고서	개화파의 근대법에 대한 인식 수준과 조선의 서구 근대법 수용 과정을 살펴보는 자료
강문형	『공부성(工部省)』	증기기관·수차·풍차·기중기·착암기 등 각종 근대 기계류의 성능과 특징 수록	조선의 공업 관련 부서 설립 및 기계류 도입에 참고
조준영	『문부성(文部省)』	문부성의 연혁, 직제, 사무 장정, 각종 학교의 교과 과정과 규칙 수록	조선의 근대적 교육 제도 도입에 참고
홍영식	『일본육군 총제(總制)』(전2권)	근위병 선발 방법, 신병 훈련 과정, 사관학교 등 각종 군사학교의 교과 과정, 군제 운영 등 소개	조선의 근대식 군제 개편에 참고 자료
이원회	『일본육군 조전(操典)』(전4권)	일본 육군의 실질적인 군사 훈련 방법, 육군의 전술·전법 정보 소개	조선의 근대식 군제 개편에 참고 자료
심상학	『외무성(外務省)』(전4권)	외무성의 소관 사무, 외교 실무와 관행에 관한 규칙과 서식, 일본이 17개국과 체결한 각종 조약의 원문 소개	조선의 외교 실무에 참고 자료
민종묵	『일본 국제조례 목록』 『각국 조약』 『거류 조례』 『무역 칙류(則類)』 『6개항장』 『세무 규례(規例)』 『각국 세칙(稅則)』	세관의 직제, 17개국과 체결한 조약과 무역장정, 무역 실무에 관한 각종 서식, 청국과 일본의 세칙 등 통상과 세관 운영에 관한 지식과 정보 소개	제3차 수신사 조병호가 세칙안 작성할 때, 1881년 이후 세관 창설 때 유용한 자료
이헌영	『무역 장정』 『세관 사무』 『각항(各港) 세관 직제』		

다. 가라. 바다에서 증기선을 옮겨 타고 육지에서 기차를 갈아타며 만리 각지를 돌아 그 이름을 사방에 떨치고 무사히 귀국하기를 빈다"라는 비장한 송별사를 낭독했다. 이와쿠라 사절단은 요코하마에서 미국 화륜선 아메리카호를 타고 태평양을 건너 샌프란시스코로 향했다.

샌프란시스코에 도착한 사절단은 미국 대륙을 횡단한 후 대서양을 건너 유럽으로 건너갔다. 그들이 돌아본 나라는 미국·영국·프랑스·벨기에·네덜란드·독일·러시아·덴마크·스웨덴·이탈리아·오스트리아·스위스 등 12개국이었다. 사절단은 비스마르크(Otto E. L. von Bismarck) 독일 제국 총리, 티에르(Louis-Adolphe Thiers) 프랑스 대통령 등 각국 지도자들을 만나 조언을 듣고 선진 문물과 제도를 견학했다. 귀국 길에는 중동과 아시아의 낙후된 상황도 관찰했다.

영국 신문 「더 타임스」는 "일본은 세계에서 전례가 없는 중대한 실험을 하고 있다"라고 사절단의 유럽 방문을 보도했다. 이들이 요코하마로 귀환한 것은 출발 2년여 후인 1873년 9월 13일. 일본의 연간 예산이 5,773만 엔일 때 이와쿠라 사절단의 여행 경비는 50만 엔. 국가 예산의 1퍼센트를 이와쿠라 사절단 파견에 투자한 셈이다.

사절단의 전권대표인 이와쿠라 도모미와 부대표 오쿠보 도시미치, 기도 다카요시는 메이지유신의 주역이자 메이지 정권의 실세였다. 오쿠보는 시찰을 통해 얻은 지식과 정보를 바탕으로 「입헌 정체에 관한 의견서」를 발표했고, 기도는 「헌법 제정 건언서建言書」를 제출해 천황을 중심으로 한 입헌군주형 근대 국가의 정부 형태를 탄생시켰다.

이와쿠라 사절단에는 근대 일본 역사학의 선구자 구메 구니타케久米邦武가 참여했다. 귀국 후 구메는 공식 보고서인 『미구회람실기米歐回覽實記』 총 100권을 집필했다. 이 보고서는 전 국민에게 공유되어 일본이 개화로 나아가는 결정적인 창구 역할을 했다.

『미구회람실기』는 미국과 영국이 각각 20편으로 가장 분량이 많았다. 사절단은 자본주의 탄생과 발전에 결정적인 역할을 했을 뿐만 아니라 군사적으로도 중요한 철도에 관심이 지대했다. 미국편 20권 중 철도 관련 기록이 5권을 차지할 정도로 철도가 높은 비중을 차지했다(성희엽, 『조용한 혁명-메이지유신과 일본의 건국』, 소명출판, 2016, 496~498쪽 참조).

1854년 페리 제독의 2차 내항 때 막부에 선물한 증기기관차 모형을 통해 철도를 처음 본 일본은 1872년 도쿄-요코하마 간 일본 최초의 철도를 건설했고, 1881년 일본철도주식회사를 설립했다.

비스마르크의 충고

중국은 1878년 베이징-펑톈(선양瀋陽) 간 경봉京奉 철도를 착공해 1887년 완공했다. 일본은 자국 자본과 기술력으로 철도를 건설한 반면, 중국은 영국 기술과 자본에 의지했다.

중국의 양무파 관리들은 철도 건설에 적극적이었다. 푸젠 순무 딩르창과 류밍촨劉銘傳 등이 철도 부설을 상주하자 수구파인 내각학사 장자샹張家驤은 "철도 부설은 문을 열어놓고 도적을 부르는 것과 같다"라면서 반대했다.

북양대신 리훙장은 수구파의 주장을 적극 반박했다. 그는 "철도가 위험하다면 왜 프랑스·미국·러시아·독일이 영국의 철도를 배워 자국의 철도 부설에 힘쓰겠는가?"라고 반박하면서 "철도를 통한 병력 이동은 군사적 방어를 위해 중요하다"라고 역설했다. 찬반 양론이 격돌하자 청 조정의 실력자 서태후는 철도 부설에 반대했다. 그 결과 중국은 철도 건설에서 크게 뒤졌고 문명개화에서도 뒤져 서양 열강에게 뜯어먹히는 신세로 전락하게 된다.

이와쿠라 사절단의 영국 관련 기록은 공장과 관련된 내용이 주를 이루었다. 사절단은 런던·리버풀·맨체스터 등 공업 도시의 조선소와 제철소 등 53개 공장을 방문해 상세한 기록을 남겼다. 미국은 철도, 영국은 제조업 공장 방문 기록이 주를 이루는 모습을 볼 때 메이지 정부는 강병强兵보다는 부국富國에 더 중요한 가치를 둔 것으로 판단된다.

『미구회람실기』에는 단기간에 유럽의 강대국으로 떠오른 독일 제국의 철혈 재상 비스마르크, 육군참모총장 몰트케의 국제법과 국제정치 질서에 관한 조언이 실려있다. 비스마르크는 일본 사절단에 "국제정치는 국제법이 아니라 힘, 즉 군사력에 의해 유지된다"라고 설파했다. 몰트케는 "국내에서 권리를 보호하는 데에는 법률·정의·자유와 같은 이념만으로 충분하지만, 해외에서 자국의 권리를 보호하는 데에는 병력이 없으면 불가능하다. 만국공법도 국력에 따라 그 의미가 달라진다. 국외중립 입장에서 만국공법만을 추종하고 지키는 것은 소국이 하는 일이다. 대국이라면 국력으로 그 권리를 달성하지 않으면 안 된다"라고 충고했다.

일본 수뇌부는 러시아를 영국·프랑스보다 더 강한 강대국으로 두려워하고 있었다. 그런데 사절단이 러시아를 방문해서 관찰한 결과 "전제 정치 아래 지방의회도 없으며, 농촌은 가난하고 미개 상태"라는 사실을 알게 되었다. 이와쿠라 사절단의 러시아 방문 이후 일본은 러시아를 '두려워할 필요가 없는 나라'로 인식하게 된다(성희엽, 『조용한 혁명 – 메이지유신과 일본의 건국』, 2016, 503쪽).

서양 제국주의와 부딪쳐 심각한 충격을 받은 청나라 지도부도 서양에 견문 사절단을 파견했다. 하지만 일본처럼 정부 최고위층을 망라한 규모가 아니라, 소수의 하급 인물들을 보내는 수준이었다.

조사시찰단의 가능성과 한계

일본에 파견되었던 조사시찰단도 조선의 개화에 의미심장한 계기가 되었다. 12명의 조선 중견 관료가 일본 곳곳을 누비며 이모저모를 살핀 후 일본에서 보고 배운 내용을 조선의 개혁에 반영했다. 유학생을 일본에 보내 그들의 학문과 기술을 배워 국정에 반영한 것은 유사 이래 처음 있는 일이었다(허동현, 「조사시찰단(1881)의 일본 경험에 보이는 근대의 특성」, 『한국사상사학』 제19집, 한국사상사학회, 2002, 524쪽).

하지만 일본이 서구에 파견했던 이와쿠라 사절단과 비교하면 근대화에 대한 양국의 본질적 차이가 발견된다. 우선 이와쿠라 사절단은 서구에 파견되어 서양 문명과 직접 부딪쳐가며 문물·제도·사상을 받아들였다. 예컨대 육군은 프랑스, 해군은 영국, 교육은 미국, 황실은 영국, 헌법은 독일 제도를 도입해 근대식 '국민국가'를 탄생시켰다.

반면에 조선은 일본으로 시찰단을 파견해 '일본이라는 창'을 통해 '일본화된 서구'를 수용했다. 일본의 눈에 의해 변형된 서양 이미지를 간접 경험한 셈이다. 일본의 근대가 서양의 모방이었다면, 조선의 근대는 일본 지식인들에 의해 '번역된 근대'의 도입이었다.

서구 문명의 직수입(일본)과, 일본을 통해 번역되고 변형된 근대의 수입(한국)은 어떤 차이가 있었던 것일까? 일본이 이루고자 했던 '국민국가'의 개념을 통해 그 내면을 들여다보자.

프랑스를 비롯한 서구에서 국민국가란 인간 해방의 장치로서 다원화된 근대 시민사회를 창출한 원동력으로 평가된다. 일본은 서구의 국민국가 체제를 받아들이는 과정에서 일본적 전통과 충돌하게 된다. 이 과정에서 서구의 근대를 오해·오독하거나 날조해 형식과 내용에서 변형이 일어났다. 그 결과 일본이 추구한 국민국가는 서구 근대의 산물인 국민국가와는 철학·가치관·성격이 크게 달라졌다.

'문명개화'로 상징되는 일본의 근대는 서구 문물과 제도의 도입만이 아니라, 천황제를 부활시킨 일본 고대의 복고이기도 했다(허동현, 「조사시찰단(1881)의 일본 경험에 보이는 근대의 특성」, 2002, 509쪽). 1868년의 왕정복고는 단순히 고대 천황제로의 복귀가 아니었다. 천황을 국가 통합의 상징으로 내세워 사실상 정권을 장악하고 있던 번벌藩閥 세력이 자신들의 정통성을 부여받으려는 시도였다(오카 요시타케, 장인성 옮김, 『근대일본정치사』, 소화, 1996, 18쪽).

일본의 번벌 세력은 서구 열강의 진출에 맞서 일본의 국가적 독립을 지켜내기 위해 부국강병을 달성해야 한다고 보았다. 이를 위해 국가 통합의 상징으로 천황을 내세워 아래로부터 올라오는 시민적 자유나 평등 실현 요구를 억압하면서 서구 근대의 산물을 받아들여 사회를 변화시켜 나갔다.

그 결과 일본의 국민국가에는 그 핵심이라고 할 수 있는 시민 계층이 존재하지 않았다. 시민 계층이 없으니 그들의 자유나 평등 요구도 수용될 수 없었다. 그 결과 일본의 국민국가는 민족, 즉 국민을 통합하는 전제로서 경제 통합, 국가 통합, 국민 통합, 문화 통합을 이루는 형태로 표출되어 나타났다. 이처럼 비서구 지역에서의 국민국가란 시민계층의 부재로 인해 소위 '상상의 공동체'로서 국민을 단위로 한 국가였을 뿐이다.

"일본은 동양도 서양도 아닌 잡종"

일본의 지식인들은 서구 근대 국민국가의 국가 통합을 위한 통치와 지배 장치들을 일본식으로 개조해 '비민주적 집권 정부'로 나아갈 수밖에 없었다. 이것이 후에 군국주의 일본으로 향하는 원형이 된다.

자신들의 전통을 과감히 버리고 서양화를 추구하는 일본에 대해 장피에르 레만(Jean-Pierre Lehmann) 스위스 국제경영개발대학원(IMD) 명예교수는 "물고기도 가금家禽도 아닌, 동양도 서양도 아닌 잡종"이라고 비판했다. 조선은 그러한 '잡종의 일본'의 방법론을 들여다 서양화·근대화를 추구했으니 기형 변종의 근대화로 향할 수밖에 없었다.

이와쿠라 사절단은 메이지유신을 주도한 정권 핵심 실세들이 직접 해외 시찰에 나선 점이 특기할 만한 사실이다. 이에 비하면 조사시찰단은 왕명에 의해 수동적으로 파견된 중견 관리들이었다. 참여자 중 어윤중과 홍영식은 박규수의 영향을 받았고 김홍집·박영효·김옥균 등과 교류하며 개화사상을 이해했다. 적어도 그 두 사람은 일본의 근대를 객관적으로 인식하고 이해할 수 있는 식견을 갖추고 있었다.

반면에 다른 조사들은 여전히 화이론적 세계관과 소중화 의식에서 벗어나지 못했다. 그 결과 조사들은 일본 시찰 과정에서 공자를 모신 문묘文廟의 제향을 폐지한 것을 개탄하고, 유학이 쇠잔해 가는 것을 크게 아쉬워했다(허동현, 「조사시찰단(1881)의 일본 경험에 보이는 근대의 특성」, 2002, 518쪽). 일본의 「조야朝野신문」은 조선의 조사시찰단이 근대 문물 수용에 대해 서로 다른 생각을 가진 세력들로 구성되었다고 보도했다(1881년 5월 20일). 시찰단은 개화파와 수구파로 나뉘어 얼음과 숯불처럼 상대를 용납하지 않았던 사람들이 한 팀이 되어 파견된 것이다.

조사시찰단 보고서는 일본이 부국강병을 달성해 가고 있다는 점은 인정했다. 하지만 산업화 과정에서 누적된 국채 때문에 국가 재정이 어려움에 처한 모습을 사례로 들어 근대화와 메이지유신을 긍정적으로 평가하지 않았다. 일행 중에서 가장 개화된 인물로 알려진 어윤중도 "소국인 조선이 서구 대국을 모범으로 삼는다면 백성을 피곤하게 하고 재물을 상하게 할 뿐"이라고 지적했다.

또 이와쿠라 사절단의 결실인 『미구회람실기』는 전 국민에게 공유

되어 일본의 개화 혁명을 일으키는 원동력이 되었다. 반면에 조사시찰단은 귀국한 뒤 '문견 사건'과 '시찰기' 형식의 보고서 80책을 한문으로 작성해 비단으로 장정한 다음 고종에게 바쳤다. 이들의 견문록은 전 국민에게 회람되지 못하고 국왕이나 일부 위정자들이 정책 결정을 위한 참고 자료로만 활용되었다. 조사들이 거둔 성과가 일반 대중들에게까지 영향을 미치지 못한 것이다(이태진, 『고종시대의 재조명』, 2000, 300~303쪽).

여러 가지 한계에도 불구하고 조사시찰단 보고서에 담긴 지식과 정보는 조선의 개화와 자강을 열망하던 개화파를 비롯해 식자층 사이에서 상당한 반향을 불러일으켰다. 그 결과 위정척사론에 입각한 부정적인 일본관과 서구 문물에 대한 잘못된 시각을 허무는 기폭제 역할을 했다(허동현, 「조사시찰단(1881)의 일본 경험에 보이는 근대의 특성」, 2002, 508쪽).

시찰단원 귀국 후 안종수·고영희·이상재·유기환·유정수 등 12명의 조사와 수행원이 통리기무아문에 등용되어 개화 업무를 담당했다. 이들은 해관(세관)과 각 개항장 감리서에 배치되어 주로 통상 업무를 담당했다.

위정척사 세력의 반격

조사시찰단원으로 참여했던 일부 인사들은 13년 후 갑오경장 때 박정양이 학부대신·총리대신, 이헌영이 내부대신, 엄세영이 농상공부대신으로 활약했다. 해외 유학 도중 소환당한 유길준은 1895년 국한자 혼용체로 『서유견문』을 발간했다. 이 책은 후쿠자와 유키치의 『서양 사정』에 비교될 정도로 근대화의 필요성을 역설한 책으로 유명세를 탔다.

일본을 추종한 근대화를 추구한 덕에 친일 세력으로 몰린 유길준은 1896년 고종이 러시아공사관으로 피신해 역적으로 체포령을 내리자 일본으로 망명했다. 고종은 유길준의 『서유견문』을 금서로 지정해 불태워 버렸다.

『조선책략』 외교로의 전환, 통리기무아문 설치, 조사시찰단 일본 파견은 국왕 고종이 개화·개국으로 방향을 틀었다는 확고한 의지의 선포였다. 이렇게 되자 위정척사 세력의 대반격이 시작되었다. 수구 세력은 정부의 실정失政을 규탄하고 『조선책략』을 국왕에게 바친 김홍집을 탄핵하라고 외치며 경복궁 앞에서 한 달 넘도록 복합상소 운동을 벌였다. 시간이 흐를수록 시위 양상은 과격해졌고 상소 내용도 격렬해졌다.

주도 세력은 향촌에 거주하는 중소 지주인 유림, 선비들이었다. 그들은 봉건적인 조선 사회에서 기득권을 가지고 '상소'를 통해 중앙 정치에 영향력을 행사하는 봉건 조선의 재야 기득권 세력이었다. 고종과 집권 개화 세력이 개방·개국·개화로 방향 전환한 것은 화이론적 세계관에 젖어 일본에 대한 문화적 우월감을 갖고 있던 유림들의 이해관계, 기득권과 배치되는 것이었다. 자신들의 기득권이 도전받자 유림들의 저항이 터져 나왔다.

위정척사 운동의 주체는 이항로 문하의 김평묵·홍재학·유중교·최익현·유인석·송병선 등이었다. 이항로는 노론의 영수인 송시열의 계보를 잇는 위정척사의 중심인물이다. 그들의 위정척사 사상은 명나라 멸망 후 아버지 나라의 원수인 오랑캐 청을 정벌해야 한다는 북벌론, 조선이 중화의 정통을 계승했다는 소중화, 급기야 조선이 한漢·당唐·송宋·명明의 법통을 이어받아 중화가 되었다는 조선중화주의에 뿌리를 두고 있었다.

1881년 3월 25일, 경상도 예안의 유생 이만손을 필두로 영남 지역 유생 1만여 명이 만인소萬人疏를 올렸다. 그들은 김홍집이 일본에서 가져온 『조선책략』에 대해서 "머리카락이 곤두서고 쓸개가 흔들리며 통곡하고 눈물을 흘렸다"라고 비판하면서 중국·일본·미국과 연합해 러시아를 막는다는 방책이 얼마나 불합리한지를 비판했다(대한민국 역사박물관, 『대륙에서 해양으로-1876년 개항』, 2016, 83쪽).

이만손은 문제의 책을 고종에게 바친 김홍집을 비난한 뒤 "황준헌(황쭌셴)이란 자는 중국인이라 하지만 일본의 세객說客이며 야소耶蘇(예수)의 선신善神이며, 그와 같은 사악한 책을 가져온 김홍집을 처벌하고 『조선책략』 책자를 불 속에 던져 위정척사의 대도를 명시하라"라고 주장했다.

민태호는 비밀리에 이만손을 불러 엄중 경고했다. 이만손은 겁을 먹고 강경한 내용을 완화해서 상소를 올렸다(다보하시 기요시, 김종학 옮김, 『근대 일선관계의 연구 (상)』, 2013, 687쪽). 이들이 4월에 다시 상소를 제출하려 하자 고종은 주동자 이만손과 강진규를 전라도 외딴 섬에 유배 보내 위리안치圍籬安置시켰다.

대원군, 쿠데타 음모 실패-이재선 역모 사건

영남 만인소에 이어 1881년 8월에는 경기도 유생 신섭, 강원도 유생 홍재학, 충청도 유생 조계하, 전라도 유생 고정주 등이 복합 상소를 올렸다. 홍재학의 상소는 이항로의 문하 김평묵이 쓴 것인데, 내용이 과격해 홍재학은 9월 13일 서소문 밖에서 능지형凌遲刑을 당했고 가산은 몰수되었다. 상소를 대필한 김평묵도 섬으로 유배되었다.

반역죄 등 일급 중죄인에게 실시하는 능지형은 죄인의 살을 회 뜨듯 저며내 고통스럽게 죽이는 무서운 형벌이다. 조선에서는 능지형 판결이 나오면 죄인의 팔다리를 말이나 소 등에 묶어 사지를 찢는 거열형을 집행했다. 능지처참이란 능지형과 참형을 합쳐서 부르는 말이다.

위정척사론이 폭발한 시기는 조사시찰단이 일본에 파견되어 공부하던 1881년 여름이었다. 흥미롭게도 대원군 실각에 앞장섰던 최익현과 그 일파는 10년 후에는 위정척사 쇄국의 아이콘이었던 대원군을 그리워하는 입장으로 돌변했다. 대원군은 영남 만인소에 큰 기대를 걸었으나 민씨 척족 세력의 반격으로 무력화되자 쿠데타를 일으켜 고종을 몰아내고, 자신의 서자 완은군 이재선(고종의 이복형)을 추대한다는 비밀 계획을 세웠다.

이재선은 마흔이 다 되도록 벼슬길에 나아가지 못해 불만이 가득했다. 그의 주변에 대원군 집권 시절 형조참의를 지낸 안기영, 대원군의 측근 권정호 등 남인 계열 유생과 영남 만인소 때 활약했던 강달선·이두영·이종학·이철구 등이 합류했다.

거사 계획은 1881년 9월 13일 과거 시험을 이용해 응시자들에게 위정척사를 호소하고 그들을 선동해 행동대로 동원하며, 일본 공사관과 별기군 교련장을 습격해 무기를 탈취한 후 궁궐에 난입해 국왕을 폐위하고 민씨 척족 세력을 타도한다는 내용이었다. 계획은 그럴듯했지만 백면서생들의 엉성한 쿠데타 모의였다.

안기영은 지방에서 군사 모집, 무기 조달, 거사 자금 마련을 위해 비밀리에 움직였다. 하지만 곳곳에서 정보가 누설되었고, 예정된 날까지 자금 한 푼, 총기 한 자루 구하지 못했다. 불안감에 떨던 모의자가 포도청에 밀고하면서 관련자 30여 명이 체포되었다. 1881년 12월 1일 안기영·권정호 등은 모반대역부도謀反大逆不道 죄목으로 능지형에 처해졌고, 이재선은 사약을 받고 죽었다.

이재선 역모 사건은 대원군이 남인 세력을 선동해 영남 만인소 운동을 일으켜 민씨 척족 타도를 기도했으나 뜻대로 되지 않자 정변을 일으키려 한 쿠데타 미수 사건이다. 시중에는 이재선 역모 사건의 배후는 대원군이라는 소문이 파다하게 퍼졌다. 아무리 국왕이라도 생부를 처단할 수는 없으니 고종은 이복형을 제거하는 것으로 사건을 덮었다.

집권 개화 세력의 개화 추진과 위정척사 세력의 쇄국 운동이 정면충돌하자 유림 일각에서 새로운 방법론이 제기되기 시작했다. 즉 서양의 사교邪教는 부정하되, 그들의 선진 기술과 문물은 받아들이자는 입장이었다. 그들의 방법론은 서기西器 이용책, 이용후생론, 문호 개방론, 산업 진흥책, 기선 건조론, 기술 교육론 등으로 표출되었다.

고종은 수구 세력의 반발을 피하면서 개화를 추진하기 위해 현실과의 타협을 시도한다. 기존의 주자성리학 지배 이념과 정치 체제를 고수하면서 서양의 발달한 산업·군사 기술과 상공업 제도를 수용하는 동도서기론東道西器論을 주창한다.

청나라에 영선사 파견

조사시찰단이 귀국한 지 3개월 후인 1881년 11월, 고종은 청에 영선사를 파견한다. 소중화의 깃발을 높이 들었던 조선 왕조가 오랑캐로 업신여기던 청나라에 영선사를 파견한 이유가 있다. 조선의 외교와 내치를 맡고 있던 리훙장이 조선 정부에 "국방력 강화를 위해 청으로부터 근대식 병기 제조 기술과 군대 편제를 배울 것과 서양 열강과의 조약 체결"을 권고했기 때문이다.

리훙장은 조선이 미국과 조약을 체결하면 이점이 많다면서 "이 일은 기밀이라서 서한으로는 뜻을 다 전할 수 없으니 사리에 밝은 사람을 골라 텐진으로 보내되, 그 사신은 청에 파견하는 조선 유학생의 감독관 명의를 사용하라"라고 요구했다(다보하시 기요시, 김종학 옮김, 『근대 일선관계의 연구 (상)』, 2013, 683~684쪽).

고종은 청나라에 이공계 유학생 파견을 결정했다. 인솔 책임자인 영선사 김윤식, 종사관 윤태준 등 관원 12명, 수행원 19명, 학도 20명, 공장工匠 18명, 하인 14명으로 팀을 구성했다. 고종은 김윤식에게 "국가 부강책 실현을 위해 중국의 신문물과 선진 군사 기술을 배워 올 것, 미국과의 수교 문제에 대해 사전 협의할 것" 등 두 가지를 훈령했다. 또 조선군 무장에 필요한 엔필드(Enfield) 소총, 크루프(Krupp) 대포 18문 등 22만 냥 상당의 무기와 탄약을 수입하기로 했다.

영선사 일행은 1881년 11월 17일 서울을 출발, 육로를 통해 1882년 1월 6일 베이징에 도착했다. 유학생 38명은 톈진기기창에서 탄약 제조법을 비롯해 전기, 화학, 지도 제작, 제련, 기초 기계학, 소총 수리 등 군사학과 외국어를 공부했다. 하지만 일본에 파견되었던 조사시찰단과 달리 성과는 엉망이었다.

유학생 38명 중 19명이 질병이나 학습 부진으로 중도 탈락했다. 나머지도 풍토병에 시달리고 본국 정부의 재정난으로 유학비가 지급되지 않아 고생이 이만저만이 아니었다. 한창 공부가 진행 중이던 1882년 7월, 서울에서 임오군란이 일어나자 조선 정부는 유학생 전원을 귀국시켰다.

이들이 교과 과정을 다 마치지는 못했지만 성과가 없었던 것은 아니다. 이때 파견된 공학도들에 의해 서양 과학기술 관련 서적이 대량 도입되었다. 이를 계기로 1883년 3월 서울 삼청동에 조선 최초의 근대식 병기 공장인 기기창機器廠이 건립되었다.

제9장

서양 열강과 수교하다

조선에서 개화에 반대하는 위정척사파의 공세가 진행되고 있던 1881년 7월, 조선과의 수교를 위해 미국 정부로부터 새 훈령을 받은 슈펠트 제독이 톈진에 도착했다. 리훙장은 조선과 미국의 수교 협상을 진행하기 위해 조선 정부에 "관리를 톈진에 파견해 교섭에 참여시키라"라고 수차례 연락했다. 영남 만인소로 촉발된 위정척사 운동의 열기에 충격을 받은 조선 정부는 "국내 사정상 관리 파견이 어렵다"라면서 리훙장에게 교섭 대행을 위임했다.

조-미 수교에 한동안 방관적이던 조선 조정은 뒤늦게 조사시찰단의 일원으로 일본에 체류 중이던 어윤중을 톈진으로 파견했고, 이어 김윤식을 영선사로 톈진에 보냈다. 톈진에 도착한 어윤중은 1881년 11월 27일 리훙장에게 조-미 수교에 대한 조언을 들었으며, 김윤식도 1882년 1월 톈진에 도착해 리훙장과 6차에 걸쳐 수교에 관해 협의했다.

김윤식은 "국내 위정척사파들의 반대를 꺾기 위해 청나라 황제가 조선 국왕에게 조-미 조약 체결 칙령을 내려달라"라고 제안했다. 위정척사파에 휘둘려 허둥대는 조선 대신들의 딱한 모습을 지켜본 리훙장은 자신이 미국 대표와 협상을 진행할 수밖에 없다고 판단했다. 그 결과 조선 역사상 최초로 서양 국가와 수교하기 위한 외교 교섭은 1882년 3월 25일, 조선 대표가 한 명도 참여하지 않은 가운데 조선 영토가 아닌 톈진에서, 청나라 북양대신 리훙장과 미국 전권대표 슈펠트 제독이 진행했다.

일본이 미국으로부터 개항을 요구받아 1854년 미일화친조약 협상을 할 때 양국은 네덜란드어로 교섭을 진행했고, 일부는 영어를 사용했다. 일본은 네덜란드어와 영어로 미국과 수교 교섭이 가능할 정도로 외국어와 국제법에 능통한 인재들이 준비되어 있었다. 반면, 조선이 미국과 수교 협상을 할 때 영어로 협상이 가능한 사람은 단 한 명도 없었다. 때문에 청나라 관리들이 조선 정부의 교섭을 대신할 수밖에 없었다.

조-미 수교 교섭, 청나라가 대행

한 달여 진행된 교섭에서 최대의 쟁점은 조선이 청의 속방이라는 내용을 조약문에 넣을 것인지의 여부였다. 미국은 청·일의 간섭을 받지 않고 한반도에까지 통상무역 범위를 확대해 아시아에서 통상무역 패권을 확립하는 것이 국가 정책이었다(김원모, 『개화기 한미교섭관계사』, 단국대학교 출판부, 2003, 177쪽). 슈펠트 제독은 조선을 독립 국가로 인정하고, 리훙장의 속방론을 거부했다. 미국이 청의 속방인 조선과 대등한 조약을 체결하면 자신들이 중국의 하위 국가임을 인정하는 결과가 되고 만다. 이런 현실을 미국이 받아들일 수는 없었다.

반면에 청의 목표는 조선에 대한 종주권 확보와 속방론 유지였다. 이 무렵 일본의 대[對]조선 정책의 핵심은 조선과 중국 간 유대 관계를 단절시키기 위한 조선의 독립국 공인과 속방론 거부였다. 한반도를 둘러싼 미국과 청·일의 국가 이익이 상충하는 가운데 슈펠트와 리훙장은 타협점을 찾았다. 조약은 슈펠트의 주장대로 조인하되, 후에 조선 국왕이 미국 정부에 "조선은 과거부터 청의 속방이었지만 내정과 외교는 자주"라는 통보를 보내기로 했다. 이러한 속방 조회照會는 이후 조선이 서양 열강과 조약을 체결할 때마다 청의 강요로 상대국에 발송되었다. 1882년 4월 18일, 리훙장과 슈펠트의 협상 내용을 토대로 마젠중이 조약문을 기초했다.

고종은 국내 위정척사 세력의 반대를 억누르기 위해 미국 사절단이 조선에 올 때 중국 관원이 함께 와서 조약 체결에 지원해 줄 것을 요청했다. 1882년 5월 8일, 청과 미국 대표가 합의해 작성한 조미수호통상조약 초안을 가지고 리훙장의 막료인 마젠중, 북양함대 사령관인 딩루창丁汝昌 등 중국 관원들이 청국 군함 웨이위안威遠호를 타고 제물포에 도착했다. 사흘 후인 5월 11일에는 슈펠트 일행이 탄 미국 전함 스와타라(Swatara)호가 도착했다. 소식을 접한 하나부사 주조선 일본 공사도 제물포에 도착했다.

조선 정부는 신헌을 전권대신, 김홍집을 전권부관으로 임명해 협상에 나섰다. 5월 14일 신헌과 김홍집은 웨이위안호에 올라 베이징을 향해 삼배구고두례의 예를 행한 후 슈펠트를 만나기 위해 스와타라호로 갔다(함재봉, 『한국사람 만들기 II』, 2017, 348쪽).

조약문은 이미 리훙장과 슈펠트 제독의 교섭에 의해 작성되어 있었다. 조선 정부가 할 일은 내용을 검토하는 것이었다. 조선 정부의 최대 관심사는 미곡 수출과 관세였다. 일본과 강화도조약 체결 후 조선 쌀의 일본 수출로 국내 쌀값이 폭등했기 때문이다. 조-미 양국 대표 협상에서 조선 측이 유일하게 수정을 요구한 조항은 제물포에서 쌀 수출을 금지하는 조항이었다. 미국은 이를 수용했다. 그 밖에는 수정 없이 원안대로 합의했다.

5월 22일, 조-미 전권대표들은 제물포에서 조미수호통상조약(일명 슈펠트조약)에 조인했다. 조약 내용 중에서 특기할 점은 (1) 아편 무역 금지, (2) 관세율은 생필품 10퍼센트, 사치품 30퍼센트로 규정, (3) 미국의 난파선 구제, (4) 치외법권과 최혜국대우 보장이었다. 여러 가지 한계에도 불구하고 조미수호조약은 조선의 외교적 입장을 강화하는 데 큰 힘이 되었다. 미국이 조선의 관세 주권을 승인했기 때문이다. 미국과의 조약을 근거로 해서 조선은 일본에 관세 조항이 결여된 조약의 개정을 요구했다(이병천, 「개항기 외국상인의 침입과 한국 상인의 대응」, 서울대학교 대학원 경제학과 박사학위 논문, 1985, 18~27쪽).

조선을 자주독립국으로 예우한 미국

조선은 독자적인 판단에 의해 미국과 수교한 것이 아니라 청의 적극적인 관심과 보호, 인도 아래 수교했다. 다보하시 기요시는 "조미수호통상조약은 경성(서울)에서라기보다는 톈진에서 작성된 것에 가까웠고, 조선의 전권대관 신헌과 부관 김홍집은 리훙장이 파견한 마젠중의 지휘에 따라 기명 조인한 데 지나지 않았다"(다보하시 기요시, 김종학 옮김, 『근대 일선관계의 연구 (상)』, 2013, 617쪽)라고 비판했다.

슈펠트는 조약 체결 과정에서 조선의 독립국 지위를 공식화하기 위해 주도면밀한 외교 수완을 발휘했다(김원모, 『개화기 한미교섭관계사』, 2003, 179~180쪽). 조약 조인식 때 청나라는 조선이 자신들의 속국임을 상징하기 위해 청룡기靑龍旗를 사용하라고 요구했다. 미국은 조선 정부는 명실상부한 독립국이니 독자적인 국기를 제작해 사용할 것을 조선 측에 권고했다.

미국의 제안에 따라 조선 대표단은 미국 군함 스와타라호 함상에서 태극 도형기를 급히 제작해 조인 장소에 미국 성조기와 나란히 게양하고 조약을 체결했다. 슈펠트의 권고로 이응준이 스와타라호 함상에서 급히 제작한 태극 도형기는 흰 바탕에 8괘를 생략하고 태극 문양을 청홍색으로 그려 넣은 것이었다.

슈펠트는 청나라 대표 마젠중과 딩루창을 퇴장시키고 조선 대표와 미국 대표가 일대일로 마주 앉아 조약문에 서명했다. 조약 체결 후 스와타라호는 조선 독립을 축하하는 의미에서 21발의 예포를 발사했다. 대부분의 국가에서 예포를 발사할 때 국가원수는 21발, 총리·국회의장·대법원장은 19발, 장관·대장은 17발, 중장은 15발로 규정하고 있다. 스와타라호 옆에 계류해 있던 청나라 군함 웨이위안호는 조선이 청의 속국임을 알리기 위해 예포 15발을 발사했다.

조-미 조약 체결의 주인공 슈펠트가 조선과 처음 인연을 맺은 것은 1867년 1월, 제너럴셔먼호 탐문 항행 때였다. 이때부터 슈펠트는 15년간의 노력 끝에 조선과의 수교를 성취했다. 페리 제독이 일본을 개항시킨 것보다 훨씬 더 오랜 기간, 각고의 노력 끝에 얻은 결실이었다. 그는 조약 체결 후 "나는 최후의 쇄국 왕국을 서구 문명권으로 끌어들이는 위업을 달성하는 데 우리 미국이 개척자가 되었다는 점에서 대단히 만족스럽게 생각한다"라고 소감을 밝혔다.

두 달 후인 1882년 7월 8일, 조선 정부는 슈펠트의 '조선 독립 정책'에 부응해 국호를 조선에서 '대조선국大朝鮮國'으로, '국왕'을 '대군주'로 격상한다고 선포했다(『고종실록』 19년 음력 5월 23일).

사실 조-미 수교의 배후에는 미국의 등을 떠민 영국이 있었다. 영국은 조선에 대한 적극적인 접근이 러시아의 조선 진출을 자극해 분쟁이 야기되지 않을까 행동을 자제하고 미국을 앞세워 조선과 수교시킨 것이다. 이제 소기의 목적을 달성했으니 자신들이 나설 차례였다.

리훙장은 조미수호통상조약을 위해 조선에 머물고 있던 마젠중에게 "조선과 영국의 조약 체결을 중재하라"라는 훈령을 보냈다. 미국이 조선과 조약을 체결한 지 5일 후인 5월 27일, 영국의 중국함대 사령관 조지 윌리스(George O. J. Willes) 제독이 인천에 도착했다. 이때부터 마젠중의 중재 아래 조-영 조약 체결을 위한 수교 협상이 시작되었다. 영국의 목표는 조-미 조약에 의거해 최혜국대우 조항이 규정된 조약을 체결하는 것이었다.

조선에 대한 영국의 입장

협상은 순조롭게 진행되어 6월 6일, 일명 윌리스조약으로 불리는 조영수호통상조약이 체결되었다. 6월 30일에는 주청 독일 공사 막시밀리안 폰 브란트(Maximilian von Brandt)와 조영하 간에 조독수호통상조약(일명 브란트조약)이 체결되었다. 수교 협상의 주역은 리훙장이 파견한 청국 관리 마젠중이었다. 이로써 황쭌셴을 통해 전해 준 리훙장의 『조선책략』 외교가 빛을 발하게 되었다.

조선 정부는 쇄국에서 벗어나 개국으로 향하는 열차에 올랐다. 리훙장은 서양 열강을 끌어들여 조선을 일본과 러시아의 압력으로부터 지켜낸다는 자신의 이이제이以夷制夷 정책이 확실한 성공을 거두었다고 판단했다. 기분이 좋아진 그는 "외교의 지평선은 맑다"라고 선언했다.

하지만 리훙장이 구상한 『조선책략』 외교는 곳곳에서 암초를 만나게 된다. 가장 먼저 영국과의 관계에서 하자가 발생했다. 조선과의 외교 협상 전권을 위임받은 영국 해군의 윌리스 제독은 조-영 조약 체결 직후 "다음 세 가지 사항이 조약에 명시되어 있지 않다"라면서 새로운 합의를 요구했다(김용구, 『세계관 충돌과 한말 외교사 1866~1882』, 2001, 379쪽).

> 첫째, 영국 상인이 개항장에서 통상하는 경우 일본이 원산·부산·인천 개항장에서 통상하는 것에 따른다.

둘째, 국제법에 의하면 각국 군함은 다른 국가의 어떤 항구에도 기항할 수 있다. 조선과 영국이 조약을 체결했으니 영국 군함이 조선의 모든 항구에 들어가 식료품과 담수를 구하고 선박을 수리할 수 있다.

셋째, 조선 해안이 측량을 하지 않아 매우 위험하니 영국 군함이 자세히 측량해 해도海圖를 작성한다.

윌리스 제독이 주장한 둘째 항목은 세계 어느 나라도 그런 내용을 포함시켜 조약을 체결한 사례가 없었다. 사실 여부와는 관계없이 윌리스는 안면몰수하고 "서양 공법에 이러저러한 내용이 있으니 이를 허가하라"라고 조선 정부를 압박했다. 만국공법에 어떤 내용이 들어있는지, 세상이 어떻게 돌아가는지 캄캄절벽이었던 조선의 대신들은 영국이 압박을 가하자 심각한 고민에 빠졌다.

1854년 크림전쟁 발발 후 1882년 조선과 조약을 체결할 때까지 영국의 조선에 대한 인식은 허슬렛(Edward Hertslet)이 작성한 「조선에 관한 각서」에 잘 나타나 있다(김용구, 『거문도와 블라디보스토크』, 2009, 18~19쪽 참조). 이 각서의 결론은 두 가지다.

첫째, 영국은 러시아와 세계적인 규모에서 대치하고 있는 상황에서 한반도의 위치를 인식했다. 블라디보스토크에서 남하하는 러시아 세력을 한반도 부근에서 저지한다는 것이 영국 정책의 핵심이었다.

둘째, 한반도가 영국의 수출 시장으로 어느 정도 가치가 있는가의 여부다. 영국은 조선의 구매력에 회의적이었다. 1880년 여름, 영국 영사로서는 처음으로 부산 왜관을 방문한 스펜스(D. Spence)는 이곳에서 판매되는 면제품이 모두 상하이에서 수입한 영국 상품임을 확인했다.

조-미 수교 소식 듣고 러시아도 움직여

영국은 미국을 앞세워 조선과 수교토록 함으로써 1860년 이래 유지해 왔던 동아시아에 대한 관망 정책을 폐기했다. 이로써 영국이 한반도 문제에 좀 더 공세적으로 움직이기 시작했다. 미국과 조선의 수교 사실이 공개되자 러시아도 발 빠르게 움직였다. 중앙아시아 이리 침공으로 악화되었던 청-러시아 관계는 1881년 상트페테르부르크조약을 타결해 표면상으로는 평온한 관계를 회복했다.

러시아 외무성은 조미수호조약이 체결된 지 일주일 후인 1882년 6월 1일, 뷰초프 주청 러시아 대리공사에게 "청 조정에 러시아와 조선 간 외교 관계 수립을 중재해 달라고 요청하라"라고 훈령했다(박종효, 『격변기의 한·러 관계사』, 도서출판 선인, 2015, 86~89쪽 참조). 리훙장은 조선에 대한 러시아의 영향력이 커질 것을 우려해 난색을 표명했다.

청나라가 비협조적 입장을 보이자 러시아 정부는 독자적으로 조약 체결을 결정하고 톈진 주재 러시아 영사 베베르(Karl I. Weber)에게 관련 임무를 부여했다. 베베르는 독일계 러시아인으로, 주일 러시아 총영사를 역임한 동아시아 전문가였다. 베베르는 1882년 7월 18일, 블라디보스토크에 2주간 체류하면서 연해주 주지사와 러시아 상인, 러시아에 거주하는 조선인 대표자를 면담해 조선 실정을 파악했다. 또 남우수리 지역 국경 행정관 마튜닌(Nikolai G. Matiunine)으로부터 조-러 국경 지역 상황에 대한 설명을 들었다.

베베르가 톈진으로 귀임하자 러시아 외무성은 그에게 조선과의 조약 체결 전권을 위임했다. 그 직후인 1882년 7월, 임오군란이 발생해 조선 정부가 혼란에 빠지자 베베르는 주청 러시아 대리공사로 임명되었다.

조선이 미국과 체결한 조약문 제1조는 "조선과 미국 두 나라 사이에 영구적인 평화와 우호가 있을 것"이라고 되어있었다. 만약 제삼국이 어느 한쪽 정부에 대해 부당하게, 혹은 억압적인 행동을 할 경우 미국과 조선은 "그 사건을 통지받는 대로 원만한 타결이 이루어지도록 거중조정居中調整(good offices)에 최선을 다함으로써 우의를 표한다"라고 되어있었다. 이 조항은 일본이나 러시아가 조선을 침략할 경우 미국을 끌어들여 자신들의 속국인 조선을 보호하려는 리훙장의 뜻이 반영된 결과물이다.

미국은 서양 열강의 아시아 침탈이라는 제국주의 침략 과정에서 예외적으로 아시아 국가들의 독립 유지를 희망했다. 때문에 아시아 약소국들은 자국의 존립이 위태로워지는 상황이 되면 미국에 중재를 의뢰했다. 미국을 비롯한 영국, 독일 등 서양 열강은 '거중조정에 최선을 다한다'라는 조항은 다른 나라와 수교할 때 관례적으로 포함시키는 '의례적인 외교적 수사'로 해석했다. 때문에 리훙장으로부터 거중조정 조항을 조약에 포함시키자는 권유를 받자 별다른 고민 없이 동의했다.

조선 지도부는 조미 조약 조항을 제멋대로 확대 해석해 거중조정을 유사시 미국의 개입(intervention) 또는 조선과의 동맹(allience) 관계로 이해했다. 미국이 제국주의 포식자들로부터 조선을 보호해 줄 새로운 '형님 나라'가 된다는 뜻으로 해석한 것이다(제임스 브래들리, 송정애 옮김, 『임페리얼 크루즈』, 도서출판 프리뷰, 2010, 204쪽). 조선 지도부는 '거중조정'과 '개입'이라는 외교 용어조차 구별하지 못한 것이다(최문형, 『제국주의 시대의 열강과 한국』, 1990, 5쪽).

조선이 미국에 많은 특권 제공한 이유

조선에 대한 미국의 기본 입장은 '무관심'이었다. 이런 상태를 외교 용어로는 '우호적 중립'이라고 표현한다. 미국은 영국 정부와 마찬가지로 한반도에서 자신들이 반드시 쟁취해야 할 중대한 이권을 발견하지 못했다. 설령 조선에 중대한 이권이 널려있었다 해도 미국은 그것을 지킬 만한 힘, 즉 군사력이 없었다.

1880년대 초의 미국은 오늘날 우리가 알고 있는 지구 최강의 군사 대국이 아니었다. 당시 미국은 상하이에 파견되어 있는 영국의 동양함대를 두려워하는, 군사력이나 국력이 보잘것없는 나라였다. 미국이 열강으로 부상한 것은 제1차 세계대전 이후 유럽이 미증유의 파괴와 살육으로 박살이 난 후다.

조선 정부가 미국을 우호적인 나라로 바라보고, 조선이 곤경에 처할 경우 정치적 독립과 영토 보전을 지지해 줄 대부[代父]로 생각한 것은 조선에서 활동한 미국 선교사들 덕분이다. 조선 정부는 미국 선교사들이 조선에 파송되어 헌신적으로 의료 활동과 교육 사업을 추진하는 모습에 감동했다. 덕분에 서양 열강은 물론 이웃한 청이나 일본, 러시아가 조선에서 이권을 탐하는 데 급급했던 시기에 조선의 백성과 지도자들은 미국을 일방적으로 신뢰했다.

비슷한 시기, 일본의 후쿠자와 유키치는 조선 정부와는 달리 "수백 권에 달하는 국제법 서적도 서너 문의 대포와 겨루지 못한다. 대포와 화약이 바로 법"이라고 주장했다.

근대화 시기에 미국인은 동아시아에서 특수한 지위를 향유하고 있었다. 일본은 독일인 군사 교관을 채용해 근대식 군사 기술을 도입했고, 해군력 건설은 영국 해군 장교를 초빙해 도움을 받았다. 하지만 외교 업무는 반드시 미국인을 고문으로 초빙했다. 미국인 데니슨(Denison)은 사망할 때까지 도쿄 외무성에서 근무했고, 후에 전명운·장인환에게 저격당해 사망한 스티븐스(Durham W. Stevens)도 도쿄·서울에서 외교 고문으로 활동했다(김원모, 『개화기 한미교섭관계사』, 2003, 158쪽).

존 헤이(John Hay) 미국 국무장관은 주한 미국 공사관에 '미국의 중립 정책'이라는 훈령을 내렸다. 중립 정책은 미국의 대외 교섭에서 큰 강점이 되었다. 덕분에 미국인은 조선에서 다른 나라보다 유리한 이권을 부여받았다. 구한말 미국인이 조선에서 차지한 경제적 이권은 철도 부설권, 전기발전소 설치권(1887년 에디슨 전기회사), 시가 전차 및 수도 건설권, 운산 금광 채굴권 등 여러 가지였다.

미국은 운산 금광에서 40년간 900만 톤의 금광석을 채굴해 총매출 5,600만 달러, 순이익 1,500만 달러를 기록했다. 금광에서 일하는 한국인 노동자 3,000명에게 지급한 연간 노임은 10만 달러, 1인당 연간 33달러 정도의 최저 임금이었다. 미국이 조선에서 획득한 이권은 서양 열강이 중국에서 얻은 것처럼 무력을 동원한 강제 탈취가 아니라 조선 정부의 호의에 의해 정당하게 부여받은 것이다. 조선 정부가 미국인에게 다양한 이권을 부여한 것은 조선이 다른 나라의 침략을 받아 국가 존립이 위태롭게 될 경우 미국이 개입과 거중조정을 통해 구제해 줄 것을 기대했기 때문이다.

그리피스, 『코리아: 은자의 나라』 발간

조선과 미국 간의 외교 관계는 1882년 5월 조미수호통상조약이 체결된 다음 해인 1883년 양국 정부의 비준을 거쳐 발효되었다. 조-미 외교 관계는 1905년 11월 을사보호조약으로 대한제국의 외교권이 일본에게 박탈되어 주한 미국 공사관이 폐쇄될 때까지 23년간 계속되었다. 그 기간 동안 미국은 단 한 번도 조선의 거중조정 요구에 호응해 조선을 위기에서 구해 주려고 노력한 적은 없었다.

조선은 열강과의 조약, 특히 약소국과 강대국 간의 외교에서 '힘의 지배력'을 이해하지 못했다. 국력의 뒷받침 없는 '조약상의 제 권리'는 글자를 박아놓은 종이쪽지 이상의 가치가 없다는 사실을 고종과 조선 지도부는 전혀 이해하지 못했다(김원모, 『개화기 한미교섭관계사』, 2003, 163쪽).

조미수호통상조약을 체결한 지 5개월 후인 1882년 10월 2일, 그리피스(William E. Griffis)는 『코리아: 은자의 나라(Corea: The Hermit Nation)』라는 책을 발간해 조선을 미국 사회에 알렸다. 미국 필라델피아 출신의 목사이자 동양학자인 그리피스는 1870년 일본으로 건너와 도쿄대 물리학 및 화학 교수로 재직하며 일본을 연구했다. 이 과정에서 일본을 제대로 이해하려면 고대부터 일본 역사에 깊은 영향을 준 한국을 먼저 알아야 한다는 사실을 깨닫고 한국을 연구한 후 이 책을 발간한 것이다.

외국어로 쓴 한국사 중에서 가장 흥미 있고 포괄적인 저술로 평가받는 이 책에서 그리피스는 "두 경쟁 국가 사이에 위치한 조선은 중국이라는 위 맷돌과 일본이라는 아래 맷돌 사이에서 찧음을 당하는 풍부한 곡물"이라고 소개했다. 그리피스는 조선을 '은둔의 왕국'으로 표현하면서 기독교 선교사들이 이교도 국가인 조선에 들어가 복음을 전파해야 한다고 주장했다. 이 내용이 미국 기독교회에 큰 자극을 주었고, 그 결과 많은 미국 선교사들이 조선을 찾아오는 계기가 되었다(민경배, 『알렌의 선교와 근대 한미 외교』, 연세대학교 출판부, 1991, 76~77쪽).

집권 개혁 세력은 미국에 이어 영국·독일과 수교하고 문호 개방 정책을 추진해 나갔다. 개화당 영수 김옥균은 일본과의 네트워크를 형성하기 위해 선발대로 이동인을 파견해 일본 내에 이와쿠라 도모미, 이노우에 가오루, 주일 영국 공사관에 접촉선을 만들어놓은 상황이었다. 그러다가 이동인 실종으로 일본 지도부와의 접촉선이 끊어지면서 개화당 활동이 크게 위축됐다.

이 절박한 시기에 개화당은 민 왕후의 친정 조카이자 민씨 척족 세력의 젊은 영수 민영익과 접촉하면서 숨통이 트였다. 김옥균은 민영익의 집에 자주 출입하며 개화사상을 전했다. 김옥균의 영향을 받은 민영익은 고종의 개화 정책을 측근에서 보좌한 젊은 세도가였다. 고종에게 개화파를 천거한 것도 민영익이었다.

이 무렵 조선은 심각한 재정 파탄으로 인해 국가 기능이 마비될 지경이었다. 고종은 일본으로부터 차관을 도입해 재정 압박에서 벗어나고자 했다. 1882년 3월, 고종은 개화당의 촉망받는 영수 김옥균에게 그 임무를 맡겼다. 김옥균은 갑신정변이 일어나기 전까지 세 차례 도일하게 되는데, 이때가 첫 번째 도일이었다. 민영익은 김옥균에게 어윤중을 소개했고, 어윤중은 김옥균에게 조사시찰단으로 일본에 갔을 때 교제했던 후쿠자와 유키치 앞으로 소개장을 써주었다.

김옥균 제1차 일본 방문

김옥균은 서광범을 비롯해 강위·유혁로·변수·이윤고·탁정식 등 개화당 신진 기예 10여 명을 수행원으로 임명해 함께 건너갔다. 통역은 일본인 가이 군지甲斐軍治가 담당했다. 가이 군지는 서울에 건너와 1881년 일본인 거주지였던 남산 일대에서 사진관을 설립할 때 김옥균의 도움을 받았다. 이 과정에서 그의 인격에 감화되어 김옥균 추종자가 된 특이한 인물이다.

조선에서 상업과 무역업, 대부업, 사진관 운영으로 재산을 축적한 가이 군지는 갑신정변 실패 후 김옥균이 일본에 망명하자 자신도 일본에 건너가 김옥균을 그림자처럼 수행했다. 1894년 김옥균이 상하이에서 홍종우에게 암살당한 후 청 조정에 의해 시신이 서울로 운반되었다. 김옥균 시신이 양화진에서 능지처참당하자 가이 군지는 몰래 머리카락을 수습해 도쿄 신조지眞淨寺에 매장하고 비석을 세워주었다(김종학, 『개화당의 기원과 비밀외교』, 2017, 136쪽). 그는 "내가 죽으면 김옥균 옆에 묻어달라"라고 유언을 남겼는데, 그가 사망하자 가족들이 도쿄 신조지의 김옥균 묘 옆에 나란히 묻었다.

김옥균 일행은 나가사키와 고베·오사카를 거쳐 도쿄에 도착했다. 김옥균의 도일은 조선 정부의 공식 방문이 아니었다. 하지만 조선 개화당에 관심을 갖고 있던 일본 외무성은 각 관청에 공문을 보내 김옥균 일행이 여러 시설을 견학할 수 있도록 편의를 봐주었다. 김옥균 일행은 일본 정부의 배려로 나가사키 전신국과 도쿄 육군성·육군병원 등 곳곳을 시찰했다.

김옥균이 일본으로 건너간 두 번째 목적은 정변에 필요한 원조를 구하기 위해서였다. 정변 계획을 상의할 사람은 「지지신보」에 「조선정략朝鮮政略」이라는 논설을 발표해 일본 조야를 뜨겁게 달군 계몽사상가 후쿠자와 유키치였다. 그가 쓴 논설 요지는 "조선이나 중국이 국제 정세를 파악하지 못하고 서양 문명 수용을 거부하다가 러시아나 다른 서양 열강에 의해 병탄될 경우 일본의 안보에 심각한 위협을 가져올 수 있다. 우리 집을 지키기 위한 자위적 차원에서라도 이웃집에 강제로 들어가 대신 불을 꺼줘야 한다"라는 내용이었다.

후쿠자와 유키치와 의기투합한 김옥균

1882년 6월 1일 김옥균을 만난 후쿠자와는 조선·중국에 미개한 정권을 무너뜨리고 문명개화를 달성하려는 혁명 분자가 있다면 그들을 적극 지원하는 것이 최선의 방법이지만, 그것이 여의치 않을 때는 무력 간섭을 해서라도 개혁을 강제해야 한다고 말했다(김종학, 『개화당의 기원과 비밀외교』, 2017, 142쪽). 이런 주장은 김옥균을 비롯한 개화당의 주장과 일치하는 논지였다.

이날 두 사람의 만남 이후 후쿠자와는 개화당과 김옥균을 적극 도왔고, 김옥균의 개화사상을 숙성시키는 데 결정적인 영향을 주었다. 또 개화당 인사들을 일본 정·재계 지도자들에게 소개해 주었다.

후쿠자와의 영향을 받은 김옥균·박영효는 양반 신분제를 폐지하고 문벌에 관계없이 유능한 인재를 등용하며, 청나라로부터 독립해 서양 열강과 친밀한 외교 관계를 유지할 것을 주장했다. 김옥균은 조선이 시급하고 절실하게 해결해야 할 대경장 개혁 과제로 위생·농상·도로 세 가지를 들었다.

후쿠자와는 개화당의 갑신정변 쿠데타를 적극 후원했다. 개화당 쿠데타가 사흘천하로 실패하자 후쿠자와는 일본이 무력간섭을 통해 개혁을 강제해야 한다면서 조선에 대한 침략주의로 선회했다.

김옥균이 6개월간의 일본 일정을 마치고 시모노세키에서 귀국 준비를 하고 있던 1882년 7월 23일, 서울에서 임오군란이 폭발해 동아시아 질서가 요동치기 시작한다.

김옥균의 1차 도일 당시 수행원

이름	출신	주요 경력
유혁로	하층 양반 유상오의 아들	– 1876년 무과 급제, 오위장 등 역임 – 1882년 수신사 박영효 수행원으로 일본 방문 – 갑신정변 때 행동대로 참여해 통신 연락 및 정찰 임무 담당
변수	중인	– 1883년 보빙사 수행원으로 방미 – 갑신정변 때 외국 공관과 연락 담당
이윤고	승려	– 갑신정변 실패 후 김옥균과 함께 일본 망명 – 김옥균이 오가사와라로 유배당했을 때 동행해 생활 지원 – 김옥균이 상하이에서 암살당한 후 충청도 옥천에 숨어 지내던 김옥균의 부인과 딸 지원
가이 군지	나가사키 출신	– 김옥균 일행의 일본어 통역 – 서울 남산 아래 조선 최초의 근대식 사진관 운영 – 김옥균이 동남제도개척사로 울릉도 개척 사업 추진할 때 백춘배·탁정식 등과 함께 지원

제10장

생계형 폭동, 국제 문제로 비화시킨 대원군

독일 역사가 오토 힌체(Otto Hintze)는 "모든 국가 조직은 원래 전쟁을 위한 조직이었다"라고 주장한다. 전쟁이 오늘날과 같은 근대 국가를 탄생시켰다는 뜻이다. 근대 국가는 중세 말엽 이후 신흥 시민 계급의 경제적 발전이 원동력이 되어 민족적 통일과 중앙집권화가 이루어지고, 시민 계급이 정치적 주체 세력으로 등장해 민주적 통치 체제를 갖추게 된 국가 형태를 말한다.

국가가 다른 정치 단체와 구별되는 점은 강제력을 독점한다는 점이다. 근대 국가는 물리적 강제력, 즉 군사력의 효과적 독점이라는 점에서 그 역사적 특성을 찾을 수 있다(박상섭, 『근대국가와 전쟁』, 나남, 2004, 27쪽). 군사력을 보유하지 못했거나, 보유하고 있어도 효과적으로 독점하지 못하면 근대 국가를 형성할 수 없게 된다.

1873년 12월, 고종이 아버지 흥선대원군을 내쫓고 친정 체제를 구축한 후 조선 왕조의 최고 의사 결정 기관인 묘당은 구성원이 크게 바뀌었다. 친정 초기에는 국정 운영 경험이 풍부한 원로대신 이유원과 박규수가 고종을 도왔다. 고종이 민씨 외척 세력과 결탁해 독선적인 통치를 자행하자 박규수는 고종의 리더십에 절망해 1874년 11월 우의정에서 스스로 물러났다. 이유원도 1879년 8월 제물포 개항을 주장했지만 위정척사파의 공격을 당하자 기회주의적으로 처신하다가 고종의 신뢰를 상실했다.

고종은 아버지 대원군을 실각시키고 친정을 하기 위해 최익현을 비롯한 위정척사파와 손을 잡았다. 계획대로 대원군을 내치고 친정 체제 구축에 성공한 후 고종은 일본을 비롯한 서양 열강과 수교하고 개국으로 방향을 전환했다. 조선 조정은 제물포 개항, 일본 외교관의 서울 상주, 조사시찰단 일본 파견, 영선사 청나라 파견, 미국·영국·독일과의 조약 체결 등 일련의 개화 정책을 꾸준히 추진했다. 일본의 근대화를 목격한 개화당이 고종을 설득한 결과였다.

믿었던 고종이 개화 정책을 지속적으로 추진하자 위정척사파는 자신들이 실각시켰던 대원군과 손잡고 고종 정권을 공격하기 시작했다. 고종이 믿고 의지할 세력은 부인 민 왕후와 외척 세력인 민씨 일족뿐이었다. 이때부터 정치의 중심은 자연스럽게 여흥 민씨 척족의 수중으로 넘어갔다. 대원군이 그토록 우려했던 왕실 외척 세력에 의한 세도정치가 부활한 것이다.

세도정치의 끝판왕 여흥 민씨

조선 말기를 화려하게 장식한 여흥 민씨 세도정치는 안동 김씨, 풍양 조씨 세도정치 찜 쪄 먹을 정도로 광범위했으며 전방위적이었다. 민씨 척족 세력의 좌장이었던 민승호가 의문의 폭사 사건으로 사망한 후 민겸호와 민태호가 그 역을 대신했다. 왕세자 이척의 혼인 상대로 민태호의 딸이 간택되었다. 그 결과 여흥 민씨 세력은 고종의 어머니와 왕비 민씨, 왕세자의 부인까지 3관왕을 싹쓸이하면서 조선 최고 권력을 장악하게 된다.

고종은 친정 즉시 군비 증강의 필요성을 인식하고 군사력 건설에 나섰다. 그런데 그 방법이 아버지 대원군과는 정반대였다. 대원군은 외적의 침략에 대비해 강화도를 비롯한 수도권 방어 부대 강화에 주력한 반면, 고종은 왕궁 호위를 위한 근위병 양성에 집중했다.

그동안 수도권 방위를 담당해 온 중앙군 핵심 부대는 5군영이었다. 조선 초기 군사 제도의 핵심이었던 5위五衛는 문관 위주의 조직이었다. 임진왜란 때 왜군 침략에 제대로 기능하지 못해 5위 체제가 붕괴하고 무관을 중심으로 조직된 것이 5군영이다. 5군영은 훈련도감訓鍊都監을 비롯해 어영청御營廳·금위영禁衛營·총융청摠戎廳·수어청守禦廳으로 구성되었다. 훈련도감·어영청·금위영은 왕궁 및 서울 도성 방어, 총융청·수어청은 수도권 방어가 임무였다.

고종이 친정을 개시한 지 한 달 만인 1873년 12월, 경복궁에 화재가 발생해 국왕이 창덕궁으로 옮겨 집무했다. 창덕궁 수인문에서 또다시 원인 미상의 화재가 발생하자 고종은 1874년 1월 궁궐 파수군 신설을 명했다.

조선 말기의 경제 사정은 극도로 열악했다. 고종은 친정과 더불어 청전淸錢 유통을 금지했는데, 그 후폭풍으로 경제는 파탄 상태였다. 미곡의 일본 수출로 1876년 개항 이후 1882년 사이 쌀값이 세 배 이상 급등했다. 당시 조선 사회에서 물가의 기준은 곡가였다. 쌀값이 세 배나 치솟자 모든 물가가 덩달아 뛰었다.

원로대신을 비롯해 김윤식·어윤중·김홍집 등 개화 성향의 신진 관료들은 가뜩이나 어려운 재정 형편에 국왕 친위 부대나 다름없는 파수군 신설은 사리에 맞지 않는다며 반대했다. 궁궐 파수군은 왕권 강화로 연결될 우려가 있었기에 대신들이 이의를 제기한 것이다. 고종은 조정 대신의 반대를 물리치고 자신의 의지를 관철했다.

궁궐 파수군이 조직되자 고종은 부대 명칭을 무위소武衛所로 바꾸고 금위영 대장 조영하에게 무위소 지휘관인 무위도통사를 겸직시켰다. 이로써 조영하는 수도 서울 일대의 군사 지휘권을 단숨에 장악했다. 이후 무위소는 병력을 꾸준히 늘려 1881년에는 4,200여 명에 달했다.

당시 조선 군사력은 중앙군과 지방군으로 나뉘어있었다. 중앙군의 중추는 무위소와 훈련도감·금위영·어영청·총융청으로 총병력은 7,000~8,000명이었다. 지방군은 포군 3만여 명으로, 조선군 총병력은 3만 7,000~3만 8,000명으로 추산되었다(배항섭, 『19세기 조선의 군사제도 연구』, 2002, 168~169쪽).

1881년 4월, 고종은 신식 군대이자 국왕의 친위 부대인 교련병대를 창설했다. 이것이 우리나라 최초의 근대식 군대인 별기군別技軍이다. 이 부대의 훈련을 위해 일본 육군 소위 호리모토 레이조堀本禮造를 별기군 교관으로 초빙했다. 조선 정부는 수신사의 두 차례 일본 시찰을 통해 일본이 조선을 침략하려는 의도가 없다고 판단했다. 게다가 일본의 무기가 청나라보다 우수하다는 사실을 알게 되었다. 조선이 일본 장교를 교관으로 초빙한 행위는 청나라의 보호에서 벗어나 일본과 손잡을 수도 있음을 시사한 것이다.

구식 군대를 차별한 고종

일본군을 모델로 창설된 별기군에는 당상 민영익, 정령관 한성근, 좌부령관 윤웅렬, 우부령관 김노완, 참령관 우범선이 임명되었다. 실제 부대를 주도한 것은 수신사 김홍집을 수행했던 개화파 윤웅렬(윤치호의 아버지)이다. 윤웅렬은 5군영에서 무예가 뛰어난 80여 명을 선발해 호리모토의 지도 아래 모화관에서 훈련에 돌입했다.

국왕의 사병私兵이나 다름없는 별기군은 다른 부대와 구분하기 위해 초록색 군복을 착용했다. 보급과 급여 등 모든 면에서 구식 군대보다 대우가 나았고, 무기도 최신형 스나이퍼·마티니·유레파 등 속사 소총으로 무장했다. 8월에 고종은 별기군을 격려하기 위해 춘당대春塘臺(창경궁 내에 위치한 누각)에 나가 훈련 모습을 참관했다. 80명으로 출발한 별기군은 1882년에는 400여 명으로 병력이 늘었다.

신식 군대가 분에 넘치는 대우를 받았다면 구식 군대의 현실은 참혹했다. 훈련도감 군졸의 월급은 일반 토목 공사에 고용되는 일꾼보다 낮아 사회 최하층 빈민 신세를 면치 못했다. 워낙 급료가 적으니 처자식 있는 병사들은 복무 시간 외에 날품팔이·지게꾼·막노동 등으로 생활 대책을 마련했다. 급여 지급 능력을 상실한 군대는 이를 묵인했다.

물가는 폭등하는데 세금은 점점 늘어나 먹고살 길이 막막해진 백성들은 칼이나 몽둥이·낫·죽창으로 무장하고 민가나 부호의 집, 심지어 관청이나 국왕의 거처인 창덕궁과 종묘, 사직단, 경희궁 등에 침입해 도둑질을 일삼았다. 또 국왕이 거둥할 때 가마에 투석을 했고, 쌀 폭동과 군병들의 저항이 심심치 않게 일어났다(국사편찬위원회, 『한국사 38: 개화와 수구의 갈등』, 2003, 272~278쪽 참조).

재정이 극도로 악화되자 조선 조정은 국왕 친위 부대에 모든 혜택과 예우를 몰아주고 구식 군대는 방치했다. 이로써 신구 군대 간 알력이 심각한 양상으로 변했다. 구식 군대 소속 군병들은 민씨 척족의 사병이나 다름없는 별기군을 왜별기倭別技라고 경멸했다. 별기군뿐만 아니라 국왕 친위 부대인 무위소와 기타 다른 부대와의 차별은 구식 군대의 반란을 촉발하는 방아쇠 역할을 하게 된다.

1882년 3월 31일 고종은 조정 대신들과 상의 없이 독단적으로 기존의 5군영을 통폐합해 무위영武衛營(왕궁 수비 친위군)과 장어영壯禦營(수도 방위군) 2영 체제로 군제를 개편했다. 무위영은 무위소·훈련도감·용호영·호위청·교련병대(별기군)를 통합한 것이고, 장어영은 금위영·어영청·총융청을 통합한 것이다. 무위영의 초대 대장은 이경하, 도제조는 이최응, 제조는 이경하(겸)였으며, 장어영의 초대 대장은 신정희, 도제조는 김병국, 제조는 조영하였다. 통폐합 과정에서 군병들의 봉급을 제대로 지급하지 않아 불만이 극에 달했다.

사회 최하층민으로 전락한 구식 군인

고종이 독단적으로 추진한 2영 체제로의 통합은 기존의 각 영을 그대로 둔 채 이름만 바꾼 것이다. 때문에 군사력 증강이나 국방력 강화와는 아무 관련이 없었다. 이때의 군제 개편은 신식 군대와 구식 군대 간의 갈등을 증폭시켜 임오군란을 발생시키는 원인을 제공하게 된다.

이 무렵 몇 년째 흉년이 계속되어 세미稅米가 제대로 걷히질 않았다. 그 여파로 구식 군대 소속 군병에게 지급할 봉급이 13개월 치나 밀렸다. 조선 후기에 군병들에게 군량이 지급되지 않는 것은 이상한 일도 아니었다. 대원군 집정기에 잠깐 재정 형편이 호전되었으나 고종의 친정으로 여흥 민씨 척족 세도정치가 개시되면서 국가 재정은 엉망이 되었다.

임오군란 1년 전, 유생 황재현은 국왕에게 올린 상소에서 "8도의 감사들과 각 고을 원들은 모두 옳은 정사는 할 줄 모르고 백성들의 재물을 밑바닥까지 긁어서 빼앗기만 일삼아 백성들은 모두 물과 불 속에 빠져 '이놈의 세상 언제 망하려는고' 하고 있는 형편"이라고 심상치 않은 민심을 전했다.

이 아비규환의 와중에 선혜청宣惠廳 책임자인 병조판서 민겸호는 선혜청 예산 7,000냥을 청나라 칙사 접대비로, 12만 냥을 왕실 혼인비로 전용했다. 직업군인들이 13개월째 급료 한 푼 지급받지 못하자 이 모든 원인이 민씨 척족들의 사치와 국고 낭비 때문이라고 이를 갈았다. 그들은 군량 책임자인 민겸호와 척족의 아류인 경기관찰사 김보현에게 깊은 원한을 품었다.

때마침 호남에서 세곡선 몇 척이 도착했다. 무위영으로 소속이 바뀐 옛 훈련도감 소속 군병들에게 한 달 치 급여를 지급한다는 소식이 알려졌다. 7월 23일, 무려 13개월 만에 월급을 받게 된 군병들은 잔뜩 기대에 부풀어 선혜청 산하 곡식 창고인 도봉소都捧所에 집결했다. 그런데 급료로 지급받은 쌀을 본 순간 눈에서 불이 튀었다. 쌀자루에는 겨와 썩은 쌀, 모래와 돌이 절반 이상 섞여있었기 때문이다.

격분한 군병들은 수령을 거부하고 창고에서 쌀을 내주던 무위영 영관과 창고지기에게 항의했다. 이 와중에 몸싸움이 벌어졌다. 군병들이 창고지기들을 구타하고 투석을 하면서 도봉소 일대가 아수라장으로 변했다. 사건이 선혜청 책임자 민겸호에게 보고되었다. 민겸호는 즉시 포도청을 동원해 김춘영·유복만·정의길·강명준 등 주동자 네 명을 체포하고 군병을 강제 해산했다. 체포된 군병들은 혹독한 고문을 당했고, 다음 날 처형될 것이라는 소문이 퍼졌다.

시위 도중 체포당한 동료의 처형 소식이 전해지자 군병들은 연판장을 돌려 구명 운동에 나섰다. 군병들은 무위대장 이경하의 집으로 몰려갔다. 대원군에게 발탁된 무관 이경하는 여흥 민씨 척족들의 행태를 비판적으로 보고 있던 사람이다. 군병들은 선혜청 당상 민겸호의 불법 행위를 비롯해 그동안 자신들이 겪었던 실상을 호소하고 체포된 동료들의 석방을 요구했다.

이경하는 오랜 기간 급료도 못 받고 고생한 군병들을 위로한 후 "민겸호 대감에게 사태를 설명하고, 여러분들의 불만 제기는 정당하다는 서한을 보내겠다"라고 약속했다. 고무된 수백 명의 군병들은 안국동 민겸호의 집으로 몰려갔다.

군병들이 민겸호의 집에 도착했을 때, 이번 소요 사태의 원인을 제공한 창고지기와 마주쳤다. 도봉소의 창고지기는 민겸호 집안의 하인이었던 것이다. 흥분한 군병들은 민겸호의 저택에 난입해 기물을 부수고, 집안에서 꺼내 온 값비싼 물건들을 쌓아놓고 불을 질렀다. 민씨 척족의 수뇌인 민겸호의 저택을 파괴 방화한 죄는 사형을 면치 못할 중대 사건이었다.

어차피 체포되면 죽을 목숨이 되자 군병들은 군중심리에 휩쓸려 "민씨 척족들을 먼저 죽인 다음 우리도 죽자"라고 날뛰었다.

"일본 공사관 공격" 명령한 대원군

군병들은 운현궁으로 몰려가 흥선대원군에게 도움을 호소했다. 자초지종을 들은 대원군은 "그대들의 밀린 봉급 문제는 내가 해결한다. 별도의 명이 있을 때까지 대기하라"라면서 해산을 지시했다.

말은 그럴듯하게 했지만, 대원군이 누구인가. 아들 고종과 며느리 민왕후, 며느리 집안 일가에게 등 떠밀려 10년 가까이 숨죽여 왔던 권력의 화신, 권모술수의 달인 아니던가. 군병들이 운현궁에 몰려왔을 때 대원군은 재빨리 머리를 회전한 결과 "나의 정치적 재기를 위해 하늘이 내린 기회"라고 이해타산을 끝냈다.

일거에 민심을 장악하기 위해서는 소요를 더욱 확산시켜 조직적인 위정척사 운동으로 폭발하도록 만들어야 했다. 대원군은 유춘만과 김장손 등 군병 대표를 불러 "첫째, 대궐을 침범犯闕해 왕비 민씨를 처분하라. 둘째, 척족 및 그 당 소속을 모조리 도륙하라. 셋째, 일본 공사관과 하도감下都監(훈련도감 군영) 교련장을 습격해 일본인을 처단하라"라고 비밀 지시를 내렸다(다보하시 기요시, 김종학 옮김, 『근대 일선관계의 연구 (상)』, 2013, 702쪽).

대원군은 군란 확대를 위한 제물로 일본 공사관과 일본인을 점찍었다. 치외법권 지대인 일본 공사관이 공격당하면 국제적 사건으로 비화한다. 이 사실을 잘 알고 있는 대원군이 하필이면 왜 일본을 희생의 제물로 삼았을까?

1876년 강화도조약으로 부산이 개항되고, 관세 및 항세 면제 특권에 의해 외국 상품이 쏟아져 들어왔다. 1876년부터 1882년까지 조선에 수입된 제품은 88.3퍼센트가 유럽·미국 제품이었다. 이 제품 중 78.2퍼센트가 면직물이었으며, 일본 제품은 11.7퍼센트에 불과했다. 해외로의 수출품은 쌀(30퍼센트)·콩(10.9퍼센트)·금(19퍼센트) 등이었다(국사편찬위원회, 『한국사 39: 제국주의의 침투와 동학 농민전쟁』, 탐구당, 2013, 2쪽).

일본 상인들은 상하이나 콜카타(캘커타)로부터 영국산 면제품을 수입해 조선 개항장에 팔아 시세 차익을 챙겼다. 또 조선 쌀을 싼 값에 수입해 일본 노동자의 저임금을 위한 식량으로 삼고, 자국산 쌀은 국제 시장에 높은 값으로 수출하는 이중 교역을 통해 본원적 자본 축적을 전개했다.

일본 상인들의 쌀 매집 탓에 조선에서 쌀값이 폭등했다. 그 이익은 지주·부농·상인들에게 돌아갔고, 농민과 도시 빈민의 생활은 더욱 어려워졌다. 당시 쌀값은 1883년에서 1894년 사이 경인 지방에서 약 7배, 다른 지방에서는 약 2~3배 뛰었다(국사편찬위원회, 『한국사 39: 제국주의의 침투와 동학 농민전쟁』, 2013, 6쪽).

개항으로 인한 이익은 양반 지주와 부농에게, 피해는 농민과 도시 빈민에게 돌아가는 구조였다. 농민과 도시 빈민들은 자신들이 겪는 고통이 개항을 강요한 일본과 일본 상인 탓이라고 이를 갈았다. 대원군은 도시 빈민들의 정서와 심리 상태를 정확하게 파악해 '반일 감정'을 군란을 확대하는 무기로 동원한 것이다.

군병 대표들은 대원군의 비밀 지시에 따라 궁궐 침범은 다음 날로 연기하고 둘째와 셋째 과제를 먼저 실행했다. 대원군은 자신의 심복 허욱에게 군복으로 갈아입고 군병들의 지휘 그룹에 가담해 난을 부추기라고 명했다. 대원군의 지령을 받은 군병들은 본격적인 무장 봉기를 일으켰다.

군중심리가 폭발하면 가장 먼저 무기고를 습격하여 무장을 하는 것이 순서다. 임오군란도 예외는 아니었다. 군병들은 동별영 무기고를 습격해 무장한 다음 3대로 나누었다. 이때부터 서울 일대에 숨죽여 살던 이태원과 왕십리 일대의 하층민과 영세 상인, 수공업자 등이 군병 무리에 합세하기 시작했다.

포도청·의금부 공격, 무기고 털어 무장

군병 무리에 도시 하층민이 가세해 무장을 하면서 이들은 폭도·난민으로 돌변했다. 폭도 제1대는 종로를 휩쓸었다. 포도청을 습격해 갇혀 있던 동료 병사 네 명을 구출했고, 의금부로 몰려가 옥문을 부수고 죄수들을 합류시켰다. 이들은 강화유수 민태호(왕세자빈 민씨의 아버지)를 비롯한 민씨 척족과 개화 관료 저택을 습격 방화했다. 그들은 또 밤늦게까지 민 왕후가 제사지내던 서울 근교의 사찰을 부수고 불태웠다.

제2대는 별기군이 훈련받던 하도감으로 몰려갔다. 별기군은 대부분 귀가해 없었고, 별기군 당직자, 일본인 교관과 조교들만 남아있었다. 난민들은 영관 정용환과 교관 호리모토를 살해했다. 일부 난민들은 남대문 근처 노상에서 하도감에서 탈출해 일본 공사관으로 향하던 호리모토 휘하의 일본 육군 어학생 2명과 유학생 1명을 타살했다. 그들을 구출하기 위해 달려온 일본 공사관 외무순사 3명도 난민들에게 맞아 죽었다.

제3대는 전임 선혜청 당상이며 경기관찰사로서 부정축재의 상징으로 악명이 자자했던 김보현 체포에 나섰다. 돈의문 밖 경기 감영을 습격하기 위해 몰려가자 서대문 근처의 하층민이 대거 합세했다. 경기 감영 내부를 샅샅이 뒤졌으나 김보현은 난민들이 몰려오기 직전 도주하는 바람에 간신히 목숨을 건졌다. 난민들은 경기 감영을 파괴하고 무기고에서 각종 무기를 꺼내 무장하고 근처에 있는 일본 공사관(청수관)으로 몰려갔다.

비상이 걸린 조정에서는 사태를 파악한 결과 군병들이 대원군과 선이 닿아있다는 사실을 알게 되었다. 수도 서울을 지키는 군인들이 봉기한 상황이어서 이들을 무력으로 진압할 병력은 존재하지 않았다. 우선 '낙동駱洞(서울 중구 회현동 일대)의 염라대왕'이라는 별명을 가진 무위대장 이경하에게 명을 내려 난병 해산을 유도했다.

하지만 이경하의 위용으로 흥분한 군병을 진정시킬 수는 없었다. 오히려 수습하러 나갔던 이경하의 수행원이 이경하의 면전에서 난민들에게 살해당하는 충격적인 사건이 벌어졌다. 넋이 달아난 고종은 사태 수습을 위해 사건을 일으킨 책임자인 선혜청 당상 민겸호, 도봉소 당상 심순택, 무위대장 이경하, 장어대장 신정희를 파직했다. 그리고 대원군의 장남 이재면을 무위대장에 임명했다. 이 조치는 아버지 대원군에게 손을 내밀어 군란을 진압해 달라는 일종의 신호였다.

오후 3시경, 조정은 별기군 영관 윤웅렬을 일본 공사관으로 보내 "폭도화한 군병들이 일본 공사관을 습격할 우려가 있으니 자위책을 강구하라"라는 급보를 전했다. 하나부사 공사는 무관인 미즈노 가쓰키水野勝毅 육군대위 및 경찰관 오카 효이치岡兵一 경부警部와 함께 방어 작전을 수립했다.

당시 일본 공사관은 직원 31명 중 순사 3명이 유학생 구출을 위해 남대문 근처에 파견되었다가 살해당했고, 남은 인원 28명이 관내를 수비했다. 보유 무기는 권총 2정에 불과했다. 하지만 직원 대부분이 메이지 유신 내란에서 실전 경험을 쌓은 사무라이 출신이었다. 그들이 소지한 호신용 도검이 공사관 수비에 큰 힘이 되었다.

공사관 직원들은 공사관에서 수백 미터 떨어진 경기 감영이 난민들의 습격을 받아 흙먼지와 연기가 자욱하게 피어오르는 모습을 보았다. 잠시 후 난민들이 공사관을 향해 몰려왔다. 오후 5시 30분경, 요란한 발포 소리와 함께 난민들의 공격이 시작됐다. 공사관원들은 사력을 다해 싸웠다. 미즈노 대위는 칼을 뽑아 들고 "나에게 보검이 있으나 몇 해가 되도록 피 맛을 보지 못했다. 오늘 밤 서울 한바탕 꿈에 번개처럼 날며 개·염소를 죽이리라"라는 시를 읊어 기세를 돋우었다.

난민들, 일본 공사관 공격

그들은 지연 작전을 써가면서 조선 정부가 보내기로 약속한 구원병을 기다렸으나 한밤이 되도록 구원병은 한 명도 나타나지 않았다. 공사관 수비대의 완강한 저항에 부딪친 군중은 공사관 곳곳에 횃불을 집어 던져 방화를 하기 시작했다. 건물 곳곳에 불길이 번지면서 더 이상 방어는 불가능한 상황이 되었다. 하나부사 공사는 관원들에게 "포위망을 돌파한 후 경기 감영으로 가서 보호를 요청한다. 만약 보호가 어려우면 왕궁으로 들어가 조선 국왕과 안위를 함께한다"라고 행동 지침을 알렸다.

7월 23일 자정, 기밀문서를 소각한 하나부사 공사는 정문 앞을 막고 있는 군중을 향해 돌격을 감행했다. 군중이 사방으로 흩어진 틈을 이용해 공사관원들이 공사관을 탈출해 경기 감영으로 피신했다. 그곳도 이미 폭도들의 공격을 받아 폐허로 변해 있었다. 일행은 남대문으로 이동해 입성을 시도했으나 성문이 폐쇄되어 출입이 불가능했다.

하나부사 공사는 양화진을 거쳐 인천으로 피난하기로 결정했다. 그들은 밤새 호우 속에서 걷다 뛰다를 반복하며 7월 24일 오후 3시 천신만고 끝에 인천부에 안착했다. 사건 당일 일본 교관 호리모토 소위를 비롯해 별기군 훈련을 위해 파견 나와 있던 일본인 조교·위병, 그들을 구원하러 나간 공사관 외무순사 등 7명이 살해되고 일본 공사관이 전소되었다. 이로써 단순한 군병들의 생계형 항의 사건이 아시아 최초의 반일反日 무장 폭동으로 비화했다.

별기군 지휘관 윤웅렬은 원산으로 피신해 히가시혼간지의 일본 승려 이시카와 료인石川了因의 도움으로 일본으로 탈출했다.

7월 24일. 날이 밝으면서 반란은 걷잡을 수 없이 확대되었다. 구식 군인들은 자신들이 집단 거주하고 있던 왕십리와 이태원 일대의 하층민을 선동해 시위대로 끌어들였다. 여기에 시중 무뢰배들까지 가세해 전날보다 훨씬 불어난 난민들이 군병들의 지휘를 받아가며 조직적으로 활동했다.

전날 대원군이 내린 밀지에 의해 난민들은 창덕궁으로 몰려갔다. 그들의 목표는 창덕궁을 공격해 만악의 근원인 왕비 민씨를 비롯한 민씨 척족 세력을 도륙하는 것이었다. 궁궐로 향하는 길목에 대원군의 형 흥인군 이최응의 저택이 있었다. 대원군은 자신의 집권 기간 내내 무능하고 욕심 많은 자기 형에게 관직을 주지 않고 무시했다. 이최응은 고종과 민 왕후 연합 세력에 가담해 흥선대원군 권력을 무너뜨리는 데 일조했다. 민씨 척족 세력의 등에 올라탄 이최응은 좌의정·영의정을 지내는 등 승승장구했고, 통리기무아문의 책임자가 되어 미국·영국 등과의 수교 정책을 추진하면서 위정척사파의 표적이 되었다.

난민이 저택을 포위하자 이최응은 뒷담을 넘어 도주하다 담에서 떨어져 중상을 입었다. 신음하는 이최응을 발견한 군중들이 달려들어 그를 밟아 죽였다. 난병들은 물론이요 늙은이 어린이 할 것 없이 사람들은 피를 보자 흥분해 국왕이 집무하는 창덕궁으로 몰려갔다.

정문인 돈화문을 지키던 수문장은 성난 군중들이 몰려오자 혼비백산해 달아나는 바람에 궁궐은 무방비 상태가 되었다. 조선 개국 이래 민란을 일으킨 시위대가 조선 왕조의 상징인 왕궁에 난입해 국왕이 포로가 되는 초유의 사건이 발생한 것이다. 『고종실록』은 이 긴박한 장면을 “난병들이 궁궐을 침범했다”라고 간단하게 기록하고 있다.

국왕 면전에서 조정 대신 살해

난병들이 피 묻은 총검을 번득이며 왕궁에 난입해 점령군 행세를 하는 장면은 황현의 『매천야록』에 상세히 기록되어 있다. 그가 남긴 기록

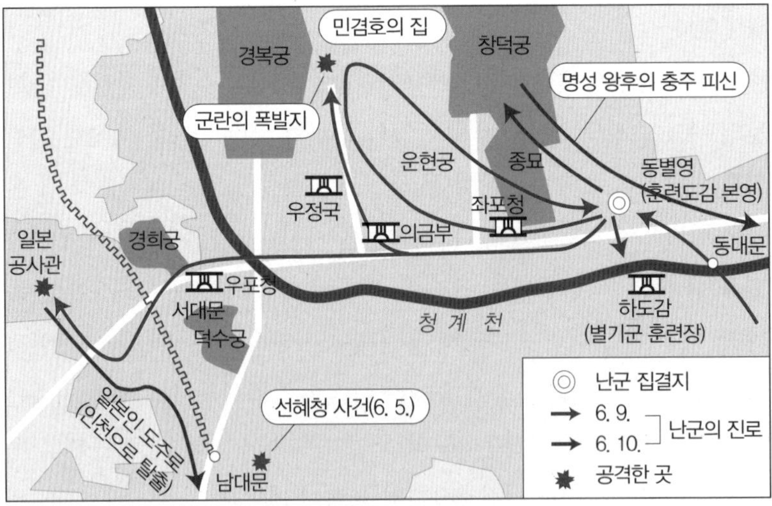

임오군란 당시의 정황 지도

을 통해 7월 24일 창덕궁에서 무슨 일이 벌어졌는지를 소개한다(황현, 허경진 옮김, 『매천야록-지식인의 눈으로 바라본 개화와 망국의 역사』, 서해문집, 2016, 80~82쪽 참조).

7월 24일 오전, 난병들이 창덕궁을 침범해 핏발 선 눈으로 경내를 들쑤시고 다니자 절반쯤 넋이 달아난 고종은 미증유의 혼란과 위기를 진정시킬 수 있는 인물은 아버지 대원군이 유일하다고 판단했다. 그는 즉시 내관을 운현궁으로 보내 "대원군은 즉시 입궐해 난병을 위무해 주길 바란다"라고 구원을 요청했다.

이 순간이 오길 얼마나 학수고대했던가. 아들 고종으로부터 긴급 입궐 요청을 받은 흥선대원군은 부인 민씨府大夫人, 장남 이재면과 입궐 준비를 했다. 반란군 200여 명이 대원군의 심복 허욱의 지휘하에 대원군을 호위해 입궐했다. 고종과 민 왕후는 중화당에서 대원군을 맞았다. 대원군의 가마를 호위해 온 구식 군인들은 중화당을 포위했다.

대원군이 가마에서 내리자 고종은 "앞으로 모든 공무는 대원군의 뜻을 받들어 처리하라"라고 어명을 내렸다. 대원군을 내치고 친정을 한 지 10년 만에 고종은 아버지에게 권력을 넘겼다. 난병들이 대전大殿으로 이동하던 중 자신들의 봉급을 착복한 민겸호를 체포했다.

민겸호는 대원군에게 뛰어들어 머리를 도포 소맷자락 속으로 들이민 채 "대감! 날 좀 살려주시오" 하고 울부짖었다. 대원군이 "내가 어찌 대감을 살릴 수 있겠소?" 하고 차갑게 웃으며 거절했다. 대원군의 말이 끝나기도 전에 난병들이 민겸호를 발로 걷어차 층계 아래로 떨어뜨렸다. 그는 화승총 개머리판에 얼굴이 짓이겨지고 총검으로 난자당한 후 시체가 토막토막 잘렸다.

군병들의 공격을 피해 경기 감영을 탈출한 김보현은 모처에 숨어있다가 황망히 궁궐로 향했다. 승정원에 이르자 그의 조카 김영덕이 승지로 입직하고 있다가 "오늘 사태가 어찌될지 알 수 없으니 들어가지 마십시오" 하며 입궐을 막았다. 김보현은 "나라에 변란이 일어났는데, 죽는다 해도 어찌 가보지 않겠느냐?" 하고 입궐하던 중 난병에게 체포되어 타살당했다.

성난 군중이 김보현의 시체를 발로 차면서 "이놈은 돈을 좋아했으니 돈으로 그 배를 채워주는 게 좋겠다"라고 말했다. 난민들은 그의 입을 찢어 엽전을 집어넣고 엽전이 갈비뼈 사이로 튀어나올 때까지 총대로 마구 짓눌렀다.

민겸호와 김보현을 살해하며 광분한 난병들은 민씨 척족 부패의 몸통인 민 왕후를 체포하기 위해 궁궐 곳곳을 들쑤시고 다녔다. 숨어있는 곳을 찾아낸다면서 총검과 창으로 장막과 벽의 곳곳을 찔러대는 통에 궁궐 건물 벽이 고슴도치같이 변했다. 그들은 "중전은 어디 있느냐?" 하며 고함쳤는데, 황현은 "난병들의 말은 흉악하고 무도해 차마 다 들을 수 없었다"라고 기록하고 있다.

7월 24일 오후 3시. 인천부사 정지용은 천신만고 끝에 서울을 탈출해 밤새 걷다 뛰다를 반복하며 인천에 도착한 하나부사 공사 일행을 인천 관아에 수용한 다음 예우를 갖춰 대접했다. 고종으로부터 권력을 접수한 대원군은 인천부에 전령을 보내 "인천부 소속 병사를 동원해 제물포로 피신한 하나부사 공사를 비롯한 일본 공사 일행을 습격하라"라고 명했다.

대원군의 명령을 받은 인천부 병사들은 관아를 포위한 다음, 휴식 중이던 일본 공사관원을 공격했다. 격렬한 전투 과정에서 일본인 6명이 사망하고 5명이 부상당했다. 하나부사 공사는 인천부 병사들이 인천부사의 명을 따르지 않고 자신들을 공격하는 모습을 보면서 이번 폭동이 단순히 분노한 폭도들의 우발적 소행이 아니란 사실을 파악했다.

하나부사 공사, 영국 군함 타고 나가사키로 탈출

천신만고 끝에 포위망을 뚫고 탈출한 일본 공사관원들은 제물포로 향했다. 그들은 마침 제물포에 출장 나와 있던 일본 육군중위 마쓰오카 도시하루松岡利治 일행과 합류했다. 7월 25일 새벽, 하나부사 공사 일행은 측량을 위해 월미도 앞바다에 정박해 있던 영국 군함 플라잉피시(Flying Fish)호에 승선하는 데 성공했다(기무라 간, 김세덕 옮김, 『대한제국의 패망과 그림자』, 제이앤씨, 2017, 163쪽). 함장 리처드 호스킨(Richard J. Hoskyn) 대위는 하나부사 공사로부터 사건의 전모를 설명 들은 후 공사의 희망에 따라 당일 출항해 7월 29일 밤 나가사키에 도착했다.

도착 즉시 하나부사 공사는 조선에서 일부 군병이 반란을 일으킨 사실, 서울의 일본 공사관이 폭도들의 습격을 받아 불탄 사실, 부산과 원산의 일본 거류민이 공격받을 위험이 있으니 신속히 군함을 파견해 재외 국민을 보호해야 하며 조선과의 교섭을 위해서는 강력한 무력시위가 필요하다는 내용을 외무성에 급보했다.

궁궐에 난입한 난병들은 "왕비 처단"을 외치며 궁중 곳곳을 들쑤시고 다녔다. 대원군 부인은 자신의 며느리이자 일가친척인 민 왕후가 발각될 경우 목숨을 부지하기 힘들 것으로 판단했다. 그녀는 민 왕후를 궁녀 옷으로 갈아입힌 다음, 자신이 입궐할 때 타고 온 사인교에 숨겨 궁궐 밖으로 피신시켰다.

민 왕후가 탄 가마가 창덕궁을 빠져나가기 직전, 난병들이 앞을 가로막았다. 병사들이 왕비의 머리채를 잡아 땅바닥에 내동댕이쳤는데 무예별감 홍재희가 나타나 "이 사람은 궁녀가 된 내 누이다"라고 고함쳤다. 홍재희의 누이는 궁궐에 근무하는 홍 상궁이었다. 왕비의 얼굴을 알지 못하는 난병들이 긴가민가하는 사이, 홍재희는 왕비를 들쳐 업고 궁궐 밖으로 탈출했다.

홍재희도 처음에는 군중심리에 이끌려 구식 군인들과 함께 궁궐에 난입했다. 하지만 폭도들이 왕비까지 죽이려 하자 변심해 왕비 구출에 앞장선 것이다. 왕비는 민씨 척족 민응식의 집에 숨어있다가 사태가 진정되자 8월 4일 충청도 장호원에 있는 민응식의 고향 집으로 피신했다. 이때 '북청 물장수'로 유명한 이용익이 민 왕후를 업고 장호원까지 내달려 왕비의 목숨을 구했다.

민 왕후가 창덕궁에서 탈출할 때 그녀의 목숨을 구한 생명의 은인인 홍재희·민응식·이용익은 임오군란이 수습되어 고종이 권력을 되찾은 후 벼슬길이 활짝 열려 탄탄대로를 달리게 된다. 민응식은 1883년 보부상을 총괄하는 혜상공국 총판總辦, 대사성(성균관 정3품 당상관), 국왕 호위 부대인 친군 좌영사左營使, 협판내무부사, 1886년에는 이조판서·병조판서 등을 지내면서 민태호·민영목·민영익과 함께 4민四閔 체제의 핵심 주역으로 등장했다.

민응식과 홍재희는 결정적인 순간에 왕비를 구한 덕에 벼락출세를 했으나, 결정적인 순간에 나라를 궁지로 몰아넣는 역할을 했다는 공통점이 발견된다. 민응식은 개화당을 공격하고 러시아 세력을 조선에 끌어들이는 일에 앞장서 망조를 들게 했다. 후에 이름을 홍계훈으로 고친 홍재희는 1894년 전라도 농민 봉기 때 토벌군 사령관으로 파견되었으나 농민군에게 두 차례나 대패했다. 그는 청군을 불러들여 농민군을 토벌해야 한다는 건의를 올려 청일전쟁의 도화선에 불을 붙인 위인이다.

권력을 대원군에게 넘긴 고종

난민들은 민 왕후와 민씨 척족, 고종을 도와 개화에 앞장섰던 관리들을 공격 대상으로 삼았다. 특히 민 왕후에 대한 불만이 폭발한 이유는 매관매직, 세도정치, 외세 끌어들이기, 궁중에서 푸닥거리와 연회로 국고를 탕진한 주범으로 믿었기 때문이다. 황현은 "민 왕후가 정권을 잡은 갑술년(1874) 이래 대궐에서 쓰는 비용이 끝이 없다 보니 국고가 모두 비어 군사들의 봉급을 주지 못한 것이 임오군란의 원인"이라고 지적했다.

임오군란으로 명명된 폭동 반란의 상처는 깊고 끔찍했다. 국왕의 거처인 왕궁이 난민들에게 유린당하고 국왕이 협박당한 끝에 권력을 내놓아야 했다. 권력 상층부를 구성하고 있던 민씨 척족 다수가 살해당했고, 왕비는 군란의 와중에 행방불명되었다.

구식 군인과 도시 하층민의 폭동으로 민씨 척족 정권이 붕괴하고 대원군이 집권한 것은 중대한 의미를 가진다. 대원군 정권을 통해 하층민의 사회 변혁 요구가 정당성을 획득하고, 정치적 차원에서 실현될 기회를 얻었기 때문이다(국사편찬위원회, 『한국사 38: 개화와 수구의 갈등』, 2003, 288쪽). 하지만 그런 기회는 청군의 불법 개입으로 33일 천하로 막을 내리게 된다.

대원군은 민심 수습을 위해 고종에게 이번 사태의 책임을 통감하는 포고문을 반포하도록 명했다. 아버지에게 등 떠밀린 고종은 "이번 사건은 모든 것이 나의 책임"이라고 스스로를 책망하는 자책교지自責敎旨를 반포했다. 대원군은 그 즉시 고종이 위정척사파의 반발을 무릅쓰고 추진해 왔던 개화 정책을 폐기하고 위정척사 정신에 입각한 반동적인 정책을 일사불란하게 밀어붙였다.

7월 25일, 개화 추진 부서인 통리기무아문이 폐지되고 삼군부가 부활했다. 통리기무아문의 고위직은 개화 추진 세력과 민씨 척족이 장악하고 있었다. 대원군은 이들을 전격 퇴진시키고 부활한 삼군부 요직에 수구적 색채가 농후한 위정척사 세력을 전면 배치했다. 신식 군대인 별기군도 폐지했고, 임오군란이 발발하기 5개월 전 5군영을 통폐합해 2영

체제로 개편했던 군제도 혁파해 원래대로 5군영 체제로 되돌렸다.

대원군은 자신의 장남 이재면에게 훈련대장, 호조판서, 선혜청 당상 등 막강한 권한을 몰아주었다. 졸지에 '떠오르는 태양' 같은 존재가 된 이재면은 취임 첫 조치로 "구식 군인들의 밀린 월급을 지급하라"라고 명했다. 또 어영대장에 신정희, 금위대장에 조의순, 총융사에 임상준 등 대원군파 인물을 군권의 요직에 배치했다.

10여 년 세월을 권력에서 밀려나 재기의 칼을 갈았던 대원군은 권력을 잡자마자 분할통치(divide and rule) 수법을 동원했다. 즉 민씨 일파는 철저하게 축출하고 풍양 조씨 세력은 끌어안아 두 파벌을 분리하려 했다. 풍양 조씨 세력의 영수인 조영하를 병조판서에, 그의 동생 조강하를 경기관찰사에 임명했다. 눈치 빠른 조영하는 대원군 정권 참여를 거부했다. 얼마 후 청나라가 임오군란 진압을 위해 조선에 군대를 파병하자 조영하는 마젠중과 공모해 대원군을 체포해 톈진으로 압송하는 작전에 결정적 역할을 하게 된다.

민영익을 비롯해 가까스로 살아남은 민씨 척족 세력과 개화파, 장안 부호들은 대원군의 보복이 두려워 서울을 탈출했다. 이때 민영익이 강원도와 경기도의 보부상 부대 1만 명을 동원해 대원군을 공격하기 위해 동대문으로 몰려온다는 유언비어가 퍼졌다. 민심이 흉흉해지자 지방으로 피난하는 사람들이 줄을 잇는 등 난리가 났다.

살아있는 민 왕후를 망자로 만들어

보부상이 고종 편에 설 경우 내전을 피할 수 없게 된다. 대원군은 군에 명을 내려 성문과 강나루를 차단했다. 또 무기고를 열어 도시 하층민에게 병기를 나눠준 다음 사대문을 수비하도록 했다. 이들은 행인을 일일이 조사해 거동이 수상하면 부상負商으로 지목했다. 7월 25일에는 그 후속 조치로 군에 소속되었던 부상들을 모두 귀향 조치했다(조재곤, 『한국 근대사회와 보부상』, 혜안, 2001, 101~102쪽).

대원군은 수색령을 내리고 암행어사를 파견해 피난 간 자들을 조사했다. 다양한 민심 수습책에도 불구하고 군란의 주역이었던 구식 군인 해산 문제가 쉽지 않았다. 무장한 군병들은 정부의 해산 명령에도 불구하고 "민 왕후를 처단할 때까지 해산할 수 없다"라면서 무기 반납을 거부했다. 혼란이 계속되자 수습책을 고민하던 대원군은 '정치적 쇼'를 준비했다.

민 왕후는 난병이 궁궐을 침입한 7월 24일 오전, 시어머니(대원군 부인)가 타고 온 사인교로 창덕궁을 탈출했다. 파괴된 가마가 궁궐 뒤뜰에서 발견되자 대원군은 왕비가 군란의 와중에 변을 당한 것으로 간주해 "중궁전이 금일 오전 승하했다"라고 공표했다. 그 즉시 창덕궁 내 명정전 뜰에 망곡처望哭處가 설치되었고, 왕비 장례식을 위해 국장도감國葬都監, 빈전도감殯殿都監, 산릉도감山陵都監이 조직되었다.

7월 25일 시체도 없이 염을 했고, 다음 날에는 선례에 따라 유해 대신 민 왕후의 옷을 관에 넣고 입관 의식을 치른 다음 빈소를 차렸다. 7월 27일에는 무덤 이름을 정릉定陵, 시호를 인성仁成으로 정해 '인성왕후'로 발표했다. 멀쩡하게 살아 장호원 민응식의 집에 숨어있는 왕비를 망자亡者로 만들어버린 것이다.

제11장

나라를 결딴낸 제물포조약·조청상민수륙무역장정

임오군란은 대원군이 집권하고 잇따른 보수 반동적 정책이 추진되면서 외견상 성공한 것처럼 보였다. 그런데 전신과 해저 케이블이 가져온 통신혁명이 결정적인 걸림돌이었다. 1837년 모르스부호가 전 세계에 보급되면서 통신혁명을 예고했다. 1871년에는 나가사키-상하이, 나가사키-블라디보스토크 간 해저 케이블이 연결되었다.

덕분에 서울에서 군량 문제로 구식 군인들이 폭동을 일으켜 일본 군인을 살해하고 일본 공사관을 공격했으며 고종이 실각하고 대원군이 권력을 잡았다는 소식이 해저 케이블 통신망을 타고 도쿄와 톈진에 알려지는 데는 반나절이면 족했다.

일본 공사관이 피습당해 상당수의 공관원과 군인이 피살되고 공사관 건물이 불탄 소식은 일본을 소용돌이에 빠뜨렸다. 일본 언론은 이번 사건을 일본에 대한 중대한 도전으로 몰고 갔다. 일본 각 신문사는 호외를 발간해 "야만국 조선을 정벌하자"라면서 연일 선동적인 기사를 실었다. 「도쿄니치니치東京日日신문」은 일본의 피해를 크게 부풀려 조선에 대한 적개심을 부채질하는 등 민심 선동에 앞장섰다. 후쿠자와 유키치가 주재하는 「지지신보」는 청국과의 충돌에 대비해 육해군 병력의 조선 출병을 호소했다(조경달, 최덕수 옮김, 『근대조선과 일본-조선의 개항부터 대한제국의 멸망까지』, 열린책들, 2015, 91쪽).

흥분한 실업자 사무라이들이 조선으로의 종군을 지원하는 사례가 속출했고, 군사비에 충당하라고 헌금을 하는 자들도 나타났다. 겐요샤玄洋社를 중심으로 정한론자들은 의용병을 조직해 조선을 공격해야 한다는 주장을 활발히 펴나갔다(국사편찬위원회, 『한국사 38: 개화와 수구의 갈등』, 2003, 299쪽).

하나부사 공사의 급보를 받은 일본 정부는 7월 31일 긴급 각료 회의를 소집했다. 밤늦게까지 계속된 회의에서 즉시 개전을 주장하는 강경론과 교섭에 의한 외교적 처리를 주장하는 온건론이 팽팽하게 맞섰다. 다음 날 아침 속개된 회의에서도 결론이 나지 않자 일본 천황은 외무대신의 건의를 받아 온건론을 수용했다. 일본 정부는 조선 정부에 사죄 및 배상을 요구하기로 결의했고, 전권위원에 하나부사 주조선 공사를 임명했다.

영국 측량함 플라잉피시호는 7월 30일 인천으로 회항할 예정이었다. 일본 정부는 외무성 직원 히사미즈 사부로久水三郎 일행을 선발대로 영국 측량함 편으로 인천에 파견했다. 그들 임무는 호리모토 소위를 비롯한 행방불명된 일본인 수색과 변란 이후의 조선 정황 시찰이었다.

이어 일본 정부는 구마모토 진대 소속의 보병 제13연대 1대대 병력 1,500명, 곤고·히에이·기요테루·닛신 등 정예 군함 4척, 전권대표와 호위 군대가 탑승할 기선 메이지마루·와카노우라마루를 조선에 파견해 일본 전권대표단 보호 및 무력시위, 부산과 원산의 일본 거류민 보호 조치를 취하기로 했다. 조선 파견군 지휘는 육군소장 다카시마 도모노스케高島鞆之助와 해군소장 니레 가게노리가 맡았다.

일본군 조선 출동

일본 정부는 조선과의 외교 교섭이 결렬될 경우 전권대표단은 인천으로 철수하고, 호위 육·해군 병력이 제물포 일대를 점거하라고 훈령했다. 조선이 무력으로 대항할 가능성에 대비해 야마가타 아리토모 육군경은 혼성여단을 편성하고, 운송선 다카사고마루高砂丸 등 4척을 후쿠오카에 대기시켰다. 이 정도 병력이면 조선 군대를 격파하고 서울을 점령하는 데 충분하다고 판단했다. 해외 원정을 위한 혼성여단 편성은 참모본부 창설 이래 최초의 시험이었다(다보하시 기요시, 김종학 옮김, 『근대 일선 관계의 연구 (상)』, 2013, 719쪽).

8월 1일, 주일 청국 공사 리수창黎庶昌은 일본 정부가 청의 속방 조선에 대군과 함대를 파병하기로 결정한 사실을 본국 정부에 긴급 보고했다. 그는 "우리도 조선 해역에 군함을 파견해 일본 공사의 행동을 감시할 필요가 있다"라고 보고했다. 한편에선 일본 정부에 "조선은 청의 속국이므로 청이 모든 책임하에 수습할 예정이다. 일본 정부는 조선에 파병하지 않는 것이 좋다"라고 설득했다.

하나부사 공사가 호위 병력 1개 대대와 함대를 이끌고 조선으로 파견된다는 결정이 나자 서양 외교관들은 "외교 협상의 호위치고는 너무 과한 것 아닌가?" 하며 일본 정부 방침에 의문을 제기했다. 분위기가 심상치 않게 돌아가자 이노우에 가오루 외상은 8월 2일, "조선에 파견하는 병력은 군함 3척과 병력 300명"이라고 규모를 5분의 1로 축소해 발표했다.

청나라는 양무운동에 총력을 기울이고 있어 조선 문제로 일본과 갈등이 벌어지는 것을 원치 않았다. 류큐·타이완·조선·베트남은 중국을 변방에서 지켜주는 울타리였고, 책봉-조공 관계로 맺어진 속방이었다. 이 와중에 청을 둘러싸고 있던 속번국들이 하나둘 떨어져 나갔다.

1852년 영국이 버마를 차지했고, 1860년에는 러시아가 연해주 일대를 차지했다. 1874년에는 프랑스가 베트남에서 시비를 걸어왔다.

메이지유신으로 힘이 넘쳐나기 시작한 일본은 류큐 병합, 타이완 침공에 이어 1876년 포함외교를 통해 조선을 개항시켰다. 만약 조선이 일본 세력권으로 넘어가면 당장 청조의 발상지 만주와 청의 수도인 베이징이 위험에 처하게 된다. 일본이 팽창주의를 통해 자신들의 변방 울타리 지역을 야금야금 잠식해 책봉-조공 체계가 붕괴될 수도 있는 상황이었다.

조선 국왕의 임면권, 즉 책봉권은 중국 황제의 권한이었다. 천자가 임명한 고종의 권한을 아버지가 쿠데타를 일으켜 찬탈한 것은 천자의 책봉권에 대한 중대한 도전이었다. 이 과정에서 일본인이 희생되자 일본이 대규모 군대를 파병해 조선을 겁박하고 조약을 체결할 경우 종속국의 지위가 위태로워질 수도 있는 상황이었다.

임오군란 이전까지 청은 조선 문제와 관련해 일본에게 선수를 빼앗기고 끌려가는 형세였다. 이 와중에 임오군란 소식이 보고되자 청 지도부는 정신이 번쩍 들었다. 그것은 조-청 관계가 파탄 일보 직전임을 알리는 경계경보였다. 청나라도 한가하게 앉아서 강 건너 불구경할 수는 없게 되었다.

이 무렵 북양대신 리훙장은 모친상을 당해 량광兩廣 총독 장수성張樹聲이 직무를 대리했다. 장수성은 리수창 주일 공사의 보고를 받자 영선사로 톈진에 와있는 김윤식과 문의관 어윤중을 소환해 조선에서 발생한 변란에 대한 의견을 청취했다. 여기서 잠시 어윤중이 톈진에 가있었던 사연을 주목해야 할 것 같다.

고종, 청나라에 자주 외교 요구

조선은 1876년 일본과 강화도조약을 체결해 근대적 조약에 의한 외교 관계를 수립했다. 반면에 중국과는 전통적인 사대 외교 관계 체제가 지속되면서 이원적 외교 시스템 상태에 놓이게 되었다. 강화도조약 체결로 자신감을 얻은 고종은 전근대적인 중국과의 책봉-조공 외교 관계를 청산하고 국제법에 의거한 근대적 조약 체계로 전환할 것을 결정했다.

고종은 1882년 4월 4일 어윤중을 문의관으로 청에 파견해, (1) 해금 정책을 풀고 통상장정 체결, (2) 조선 사신의 베이징 주재, (3) 평안도와 함경도의 개시開市, (4) 사대 의례를 행하기 위한 사신 파견 폐지 등 네 가지를 요구했다(연갑수, 『고종대 정치변동 연구』, 2008, 89쪽).

조선이 어윤중을 통해 청나라에 요구한 내용은 전통적 종주국-속방 관계를 끊고 국제법상 대등한 관계로 복원하겠다는 의미였다. 청나라 입장에서 보면 이것은 하극상이나 다름없는 일이었다. 청은 "국제법에 근거한 근대적 조약 체결"을 요구하며 청의 영향권에서 벗어나려고 발버둥치는 조선을 도저히 묵과할 수 없었다. 이들을 손봐 주기 위한 방법을 연구하고 있는 상황에서 조선에서 임오군란이 발생했다.

김윤식과 어윤중은 사건의 배후 조종 세력은 흥선대원군이며, 일본이 조선 내정에 개입할 경우 조선의 주도권이 일본으로 넘어갈 우려가 있다고 설명했다. 김윤식은 본국 정부의 훈령도 없는 상황에서 "청군을 동원해 조선 국왕을 보호하고 난당을 토벌해 달라. 신속히 군대와 군함을 파견해 밤을 새워 동쪽으로 가서 수도를 점령하고 주모자를 체포해 달라"라고 호소했다.

속방 조선에서 비상사태가 발생하자 장수성은 조선 정부의 원병 파병 요청이 없었음에도 불구하고 조선에 군함과 군대를 보내 종주국으로서의 위엄과 은혜를 보이고 일본의 도전을 강력 봉쇄하기로 결정했다. 명목적 종속을 항구적이고 실질적인 종속으로 바꿔 조선을 확실하게 청의 속방으로 묶어두기 위해 임오군란 진압을 명분으로 전광석화처럼 파병한 것이다.

8월 2일, 장수성은 북양함대 제독 딩루창에게 "군함 세 척을 이끌고 조선으로 출동해 상황을 파악하라"라고 지시했다. 이번 임무는 무력시위와 함께 고도의 외교 교섭이 필요하다고 판단한 장수성은 국제법 전문가 마젠중을 참모로 함께 파견했다.

딩루창은 1879년 리훙장의 명으로 북양함대에 근무하기 시작했고, 이후 1888년 북양함대 제독에 임명된다. 청일전쟁이 발발한 뒤에는 북양함대 총사령관으로 압록강 하구에서 벌어진 황해 해전과 웨이하이웨이威海衛 해전에서 일본 연합함대에 연패한 후 다량의 아편을 먹고 자살하게 된다.

불과 두 달 전 조선은 미국·영국·독일과 "조선은 자주독립국"이란 사실을 세계만방에 알리는 수호통상조약을 체결한 바 있다. 국제 조약을 체결한 후에도 중화 사대주의에서 헤어나지 못한 조선 지도부 인사들은 독립국의 진정한 의미를 이해하지 못했다. 모국에서 군란이 폭발하자 청에 체류 중이던 김윤식은 그 즉시 자주독립국으로서의 자존감을 팽개치고 청에 구원을 요청하는 손을 내밀었다.

자주독립, 국가 자존의식 자체가 결여되어 있던 조선 양반 관료들의 사대주의는 치유 불능의 난치병이자 고질병이었다. 그러한 외세 의존적 사고방식은 임오군란 때는 물론이고 1884년 갑신정변, 1894년 동학농민군 봉기 때도 동일하게 작동된다. 경로의존성經路依存性이란 이처럼 무서운 것이다.

제물포에서 마주친 청·일 양군

임오군란이 발생했을 때 미국과 체결한 조미수호통상조약은 비준이 안 된 상태라 미국의 공식적인 개입은 없었다. 비준서가 교환되어 조선의 수도 서울에 미국 공사관이 개설된 것은 1883년 5월이다. 이후 미국은 청나라가 조선에 대한 내정 간섭을 일삼는 근거인 '종주권' 주장은 조-미 수교 정신에 위배된다면서 공격했다. 미국은 청의 '조선 속방론'에 맞서기 위해 '조선 독립론'을 주장했다. 이런 주장은 일본의 조선 정책과 일치해 미국이 일본의 한반도 침략 정책을 간접적으로 방조하는 결과를 가져왔다(김원모, 『개화기 한미교섭관계사』, 2003, 188쪽).

일본 외무성 직원 히사미즈 사부로가 영국 측량함 플라잉피시호 편으로 인천에 도착하자 대원군은 역관 고영희를 인천에 파견했다. 고영희는 플라잉피시호 함장 호스킨 대위에게 "대원군은 무모하게 척사를 주장하는 사람이 아니며, 그의 집정으로 인해 외교 방침에 어떤 중대한 변화도 생기지 않을 것"이라고 설명했다. 영국과의 갈등을 피하기 위한 대원군의 외교적 제스처였다.

8월 10일, 일본 외무서기관 곤도 마스키가 군함 곤고호를 타고 제물포에 도착했다. 곤도는 부평부사에게 "조만간 하나부사 공사가 호위병과 함께 도착할 것이니 숙소를 마련해 달라"라고 요청했다.

일본의 대함대와 병력이 인천을 향하고 있다는 정보를 입수한 청나라는 비상이 걸렸다. 선발대로 출발한 북양함대 지휘관 딩루창은 군함 웨이위안호에 대장기를 게양하고 차오융超勇·양웨이揚威호를 이끌고 조선으로 향했다. 북양함대가 제물포에 입항했을 때 일본 군함 곤고가 먼저 도착해 있었다.

인천에 상륙한 마젠중은 문의관 어윤중에게 조선 정치 상황에 대한 정보 수집을 요구했다. 어윤중을 통해 파악한 조선 정세는 톈진에서 김윤식이 진술한 내용과 동일했다. 8월 11일, 일본 외무서기관 곤도 마스키, 함대 지휘관 니레 해군소장, 곤고 함장 해군대좌 아이우라 노리미치 相浦紀道가 딩루창 제독과 마젠중을 방문했다.

이날 곤도 서기관은 두 사람에게 임오군란이 발발한 최근 조선 정세를 설명했다. 마젠중은 인천에 나타난 일본 함대 세력을 보고는 조선 사태가 예상보다 훨씬 심각하다는 사실을 알게 되었다. 그는 일본보다 더 많은 병력을 신속하게 조선에 파견해 반란을 진압하지 않을 경우 조선에 대한 청의 종주권이 무력화될 수 있다고 판단했다.

마젠중은 딩루창 제독과 협의한 후 북양대신 앞으로 추가 병력 파병을 요청하는 상신서를 작성했다. 딩루창이 마젠중의 상신서를 가지고 급히 톈진으로 가서 보고했다. 사태의 심각성을 깨달은 청국 정부는 '속방 보호'를 위해 일본이 조선에 파병한 병력의 두 배에 해당하는 3,000명을 조선에 파병키로 결정했다.

하나부사 공사는 일본 공부성工部省 소속 기선 메이지마루 편으로 8월 10일 시모노세키를 출항해 8월 12일 제물포에 도착했다. 제1차 방일을 마치고 귀국을 위해 시모노세키에 도착한 김옥균은 하나부사 일행과 조우하고 메이지마루에 승선해서 함께 도착했다(김옥균·박영효·서재필, 조일문·신복룡 편역, 『갑신정변 회고록』, 건국대학교 출판부, 2006, 40쪽).

김옥균은 제물포에서, 청군과 함께 비밀 귀국한 어윤중과 조우했다. 김옥균이 일본으로 떠날 때 후쿠자와 유키치를 만날 수 있도록 소개장을 써준 관리가 어윤중이었다. 김옥균은 어윤중과 만나 임오군란의 사후 처리 문제를 의논했다. 이날 대화에서 김옥균은 청군을 끌어들인 인물이 어윤중과 김윤식이라는 사실을 확인했다. 김옥균은 어윤중에게 "당신들의 행동은 국권을 청에 팔아먹는 행위다. 조선의 자주독립 권리는 상실되었다"라고 비분강개했다.

조선에 청군을 끌어들인 사건을 계기로 김윤식·어윤중·김홍집 등을 중심으로 한 집권(온건) 개화파와 김옥균·박영효·홍영식·서광범을 중심으로 한 급진 개화파는 서로 등을 돌리고 돌아올 수 없는 다리를 건넌 셈이 됐다.

일본군의 2배 병력 파견한 청나라

하나부사 공사가 도착한 다음 날인 8월 13일부터 일본 수송선이 속속 제물포에 입항해 일본군을 상륙시켰다. 제물포에 입항한 일본 함대는 니레 해군소장 휘하에 군함 4척과 수송선 3척이었다. 다카지마 육군소장 지휘하에 보병 1개 대대 1,500명이 상륙했고, 혼성여단이 후쿠오카에 집결해 즉각 한반도로 출동 태세를 갖추었다(다보하시 기요시, 김종학 옮김, 『근대 일선관계의 연구 (상)』, 2013, 724쪽).

모든 준비가 완료된 8월 16일, 하나부사 공사는 조선에 파견된 청국 대표 마젠중을 방문했다. 이날 두 사람은 임오군란 수습을 위해 의견을 나누었다. 하나부사는 일본 정부가 반란 수괴 징벌, 손해 배상, 군비 배상에 관심이 있으며, 조선 주재 일본 외교관과 수행원의 조선 내지 여행권 획득을 원한다고 밝혔다.

마젠중은 조선의 국고가 텅 비었고 인민 생활이 고충을 겪고 있어 군비 배상에는 동의할 수 없으며, 내지 여행권은 국제법상 당연한 요구지만 변란 직후에 실시하는 것은 타당성이 없다는 점을 역설했다. 결국 청은 일본 측이 제기한 내용 중 반란 수괴 징벌과 손해 배상에 대해서는 이의를 제기하지 않았다. 청·일 양국은 이런 방향에서 문제 해결을 위한 타협점을 잡았다.

청 조정으로부터 조선 출동 명령을 받은 우창칭吳長慶 제독은 6영(6개 대대) 3,000명 병력을 동원해 즈푸芝罘(현재의 옌타이)를 출항했다. 제물포

항에 일본 함대가 정박해 있다는 정보를 입수한 우 제독은 일본군과의 충돌을 피하기 위해 상륙지를 경기도 남양부로 변경했다. 8월 20일, 우 제독을 필두로 휘하 막료인 우자오유吳兆有·황스린黃仕林과 청군 병력이 경기 남양부 마산포(화성시 송산면 고포리)에 상륙했다. 우창칭 부대가 남양에 상륙하면서 바다에서는 청·일 군함이 대치했고, 육지에서는 청군 3,000명과 일본군 1,500명이 맞서게 되어 일촉즉발의 위기감이 고조되었다.

우창칭은 리훙장이 1861년 조직한 회군淮軍 소속으로 태평천국군 진압에 앞장선 역전의 용사다. 정규군인 만주팔기가 태평천국 농민군에게 연전연패하자 한인漢人 지도자들이 지방에서 조선의 의병처럼 자위군을 조직해 농민군과 맞섰다. 이때 조직된 자위군 중에서 쩡궈판이 조직한 상군湘軍과 리훙장이 조직한 회군이 가장 강력한 세력을 형성했다. 태평천국의 난이 진압된 후 리훙장은 쩡궈판으로부터 상군을 물려받아 실력자로 등장했다.

우창칭은 리훙장 휘하의 회군에서 경자영慶字營이라는 부대를 지휘해 두각을 나타냈다. 그는 조선으로 출병할 때 병참 업무를 지원할 중국 상인 650여 명을 데리고 왔는데, 이들이 조선에 진출한 근대 화교의 시조始祖다.

우창칭 부대 파병 목적은 조선에 대한 일본의 군사적 보복 행동을 억제하고 청 황제가 책봉한 조선 국왕의 친정을 회복하는 것이었다. 우창칭 휘하에 23세의 새파란 청년 위안스카이가 있었다. 후에 중화민국 초대 대총통이 되는 위안스카이의 당시 직책은 행군사마行軍司馬. 조선 주둔 청군 사령부의 행정 실무를 담당하는 미관말직의 문관이었다.

1859년 허난성 출신의 위안스카이는 숙부 위안바오칭袁保慶의 양자로 들어갔다. 위안스카이는 여러 차례 과거에 낙방한 후 병서를 읽고 무예를 익히며 무위도식하던 한량이었다. 위안바오칭은 우창칭과 친구 사이였다. 우창칭이 조선에 출정하게 되자 그의 양아버지는 위안스카이를 우창칭 제독에게 소개했다. 우창칭은 친구의 양아들 위안스카이를 행정 실무자로 조선에 데리고 온 것이다(이양자, 『조선에서의 위안스카이』, 신지서원, 2002, 11쪽 참조).

대원군, 청군을 서울로 끌어들여

난세의 인물답게 위안스카이는 조선에서 벼락출세의 발판을 마련하게 된다. 남양만 마산포에 상륙한 청군은 잡다한 병력을 끌어모아 급조한 잡군雜軍이어서 군기가 엉망이었다. 상륙하자마자 민가에 침입해 노략질하고 부녀자를 강간해 민심이 흉흉해졌다. 우창칭은 행군사마 위안스카이에게 영무처營務處를 관할해 군기를 엄정하게 세우라고 명했다.

위안스카이는 범법 행위를 저지른 병사들을 체포해 사령관 명의로 목을 베었고, 휘하 장교 중 태만한 자들은 적발 즉시 귀국시켰다. 단호한 대처로 군기가 엄정해지자 부대 내에서 위안스카이의 명성이 자자해졌다. 사령관 우창칭은 이때부터 임기응변의 지략과 기민함, 과감한 판단력을 앞세워 전광석화처럼 일 처리를 하는 위안스카이를 주목하기 시작했다.

하나부사 공사가 대병력과 함께 제물포에 상륙하자 조선 수뇌부는 크게 당황했다. 대원군은 일본 공사가 군대와 함께 입경하는 것을 저지하라고 명했다. 하나부사는 조선 정부의 경고 따위는 무시하고 8월 16일 호위병과 함께 서울로 밀고 들어왔다. 8월 20일, 하나부사는 호위병 2개 중대를 인솔하고 창덕궁으로 가서 고종을 알현했다.

하나부사 공사는 의정부가 불법으로 권력을 찬탈한 대원군의 괴뢰기관이라면서 의도적으로 의정부를 무시하고 국왕과 직접 교섭했다.

이는 심각한 외교 결례이자 조선 정부의 권위를 완전 무시하는 행위였다. 하나부사 공사는 일본 측 요구 사항을 제시하고 사흘 후인 8월 23일 정오까지 공식 회답을 요구했다.

(1) 15일 내로 반란 수괴와 그 일당을 처벌할 것.
(2) 사망한 일본인 유족 및 부상자에게 5만 엔의 위로금 및 보상금을 지급할 것.
(3) 변란으로 인한 일본의 손해 및 출병 관련 일체 비용을 배상할 것.
(4) 부산·원산·인천부의 개항장을 확장하고 양화진을 신규 개항할 것.
(5) 향후 5년간 일본 육군 1개 대대를 조선에 주둔시켜 일본 공사관을 호위하도록 허락할 것.
(6) 조선 정부는 대관을 특파하고 국서를 보내 일본에 사죄할 것.

이런 일본 측 요구 사항이 시중에 알려지면서 민심이 동요하고 반일 감정이 들끓었다. 정부에서는 일본과 무력으로 맞설 것을 주장하는 강경론이 대두했다. 일본 대표단이 초강경 자세로 나오자 대원군은 일본 측 요구 조건을 거부하고 군대 동원에 착수했다. 8월 21일, 대원군은 남양에 주둔하고 있는 마젠중에게 급보를 보내 "청군 병력을 서울로 이동시켜 일본의 위협으로부터 조선 정부를 보호해 달라"라고 요청했다.

대원군으로부터 청군의 서울 진주 요청을 받은 마젠중은 접견대관 조영하와 함께 남양을 출발했다. 마젠중은 8월 23일 저녁 서울에 도착해 남별궁南別宮(서울 중구 소공동 조선호텔 자리)에 여장을 풀었다. 남별궁은 중국 사신이 서울에 왔을 때 사용하던 숙소다. 1897년 대한제국을 선포하면서 이 자리에 천제를 지내는 원구단圜丘壇을 설립하게 된다.

우창칭 제독과 딩루창 제독도 군대를 지휘해 8월 25일 서울에 입성해 동대문 외곽의 동묘 부근(현재의 동대문디자인플라자 자리)에 진영을 설치했다. 이때까지만 해도 대원군은 청군이 자신을 제거하기 위한 '비상수단'을 준비하고 있다는 사실을 까맣게 몰랐다.

고종, 청군에게 '대원군 제거' 요청

하나부사 공사와 조선 파견 육해군 지휘관에게 부여된 훈령은 통첩서 제출과 동시에 육해군 병력은 인천 제물포를 일시 점령하고 추후 명령을 기다리도록 되어있었다. 최후통첩 시한인 8월 23일이 되어도 조선 정부로부터 공식 회답은 없었다. 하나부사 공사는 다카지마 육군소장, 니레 해군소장과 함께 호위병을 인솔해 서울을 출발해 오후에 인천에 도착했다.

청군이 수도 서울에 포진한 상황에서 일본군이 훈령대로 인천 제물포 일대를 점령하는 경우 청일 양군 간에 물리적 충돌이 벌어질 수도 있었다. 하나부사 공사는 군사 지휘관과 협의 끝에 인천 제물포의 무력 점령을 중지하고 본국 정부에 새로운 훈령을 요청했다(다보하시 기요시, 김종학 옮김, 『근대 일선관계의 연구 (상)』, 2013, 729쪽).

복잡 미묘한 상황에서 패를 꺼내든 인물은 고종이었다. 고종은 비밀리에 풍양 조씨 척족 세력의 영수인 조영하를 마젠중에게 보내 "청군이 나서서 대원군을 제거해 달라"라는 밀지를 전했다. 마젠중은 사태를 진정시키기 위해서는 과격한 방식을 동원해서라도 대원군을 정리해야 한다고 판단했다. 이를 위해 일본 측에 미리 관련 사실을 통지할 필요가 있었다.

마젠중은 8월 24일 인천으로 달려가 하나부사 공사와 회견했다. 이날 마젠중은 하나부사 공사에게 "현재 시급한 일은 조선 국왕이 정권을 다시 장악하도록 하는 일이다. 청국이 육군을 파견한 이유는 반란 주모자를 징벌하기 위한 것이니 이 점 잘 이해하기 바란다"라고 발언했다. 대원군을 제거하고 고종에게 권력을 환원시키는 것이 청군 본연의 임무이며 일본군과의 충돌은 바라지 않는다며 자중을 요청한 것이다.

서울로 돌아온 마젠중은 8월 25일, 아무 일도 없었다는 듯이 대원군에게 만찬을 베풀고 장시간 필담을 나누었다. 그 직후 우창칭 제독을 방문해 하나부사 공사와의 회견 결과를 알렸다. 세 사람은 다음 날인 8월 26일, 비상수단을 동원해 '흉도凶徒의 거괴巨魁' 흥선대원군을 체포 압송하기로 결정했다.

8월 26일 정오, 마젠중은 딩루창·우창칭 제독과 함께 운현궁을 예방했다. 마젠중은 "오늘 오후 총병總兵 황스린 부대가 군영에서 친선을 위한 연회를 준비했다"라면서 대원군의 방문을 요청했다. 청군의 계급 체계는 제독(각 성의 총독)-총병(사단장)-부장(여단장)-참장(연대장)-유격(참모장)-도사(대대장)-천총(중대장)-파총(소대장) 순이다.

예방을 받았으면 답방을 하는 것이 동방예의지국의 외교 법도다. 이날 오후 잠시 소나기가 시내를 훑고 지나갔다. 비가 그친 오후 4시경, 대원군은 휘하 인사를 거느리고 용산 일대에 주둔하고 있던 청군 군영을 방문했다. 마젠중은 대원군을 막사 안으로 안내해 해가 질 때까지 필담을 나누었다. 그사이 대원군의 수행원들을 하나둘 밖으로 유인해 조용히 격리시켰다.

해가 질 무렵 군막 안에는 우창칭·딩루창 두 제독 이하 청군 장수들만 남았다. 모든 준비가 완료되자 마젠중이 글을 휘갈겨 써서 대원군에게 보였다(다보하시 기요시, 김종학 옮김, 『근대 일선관계의 연구 (상)』, 2013, 758~759쪽 참조).

"그대는 조선 국왕이 청국 황제에게 책봉을 받은 사실을 알고 있는가?"

대원군이 안다고 답하자 마젠중이 다시 글을 썼다.

"왕이 황제의 책봉을 받았으니 일체 정령이 마땅히 왕에게서 나와야 하거늘, 그대는 제멋대로 대권을 훔쳐 적대하는 사람을 죽이고 사람들을 끌어들여 황제가 책봉한 왕을 퇴위시켰으니 왕을 속인 것이요, 실제로는 황제를 우습게 안 것이다. 그 죄를 용서할 수 없으나, 그대가 왕의 친아버지이기에 관용을 베풀고자 한다. 속히 마산포에서 군함을 타고 톈진으로 가서 조정의 처분을 받으라."

톈진으로 압송된 대원군

대원군은 사방을 둘러보았으나 심복은 한 사람도 보이지 않았다. 마젠중이 대원군의 팔짱을 끼고 군막 밖으로 나서자 청군 병사 100명이 가마를 메고 기다리고 있었다. 대원군이 반항하자 위안스카이가 대원군을 억지로 가마에 욱여넣고 출발을 명했다. 딩루창 제독이 말에 올라 대원군 압송을 지휘했다.

이로써 대원군의 제2차 집권은 33일 천하로 막을 내렸다. 청군이 조선의 실력자 대원군을 압송한 미증유의 사건에 대해 『고종실록』은 "오늘 오후 대원군이 딩루창과 마젠중 두 사람이 머물고 있는 둔지미屯地尾(용산 일대)의 청나라 군영에 답례 방문을 하고 사의를 표한 다음 병선을 타고 중국으로 떠났다"라고 담담하게 기록하고 있다(고종 19년 음력 7월 13일).

대원군을 태운 가마는 한밤중에 진창길을 달려 8월 27일 오후 남양부 마산포에 도착했다. 딩루창 제독은 대원군을 군란 수괴 혐의 조사 명목으로 청국 군함 덩잉저우登瀛洲(1,258톤)에 태워 톈진으로 압송했다. 대원군은 체포 순간부터 귀국 때까지의 정황을 일기에 기록했는데, 그것이 『대원군 천진왕환일기天津往還日記』다. 그는 톈진 도착 순간의 심정을 "뱃멀미로 기운이 빠져 혀가 말리고 몸이 움츠러들고 앉지도 눕지도 못했다. (……) 흐느끼니 눈물이 떨어졌다"라고 기록했다.

대원군을 심문한 사람은 북양대신 리훙장이었다. 두 사람이 나눈 대화는 다음과 같은 내용이었다(「청나라의 '대원군 납치 3년' 시진핑 외교에 어른거린다」, 『중앙선데이』 2018년 8월 4일).

리훙장 : 난亂의 괴수는 누구냐?

대원군 : 모른다.

리훙장 : 말을 꾸며대니 형부刑部로 넘기겠다.

대원군 : 기름 가마솥 앞에 있다 하더라도 사대부가 죽으면 죽었지 모르는 사실을 함부로 지껄이겠는가?

리훙장 : 합하閤下(대원군 호칭)가 군병을 사주한 것을 목격한 사람이 있다고 한다.

대원군 : 그 사람이 어디에 있는가? 대질해 달라.

리훙장 : 합하가 난괴亂魁를 모른다는 말은 이치에 맞지 않는다.

대원군 : 이것이 춘추의 필법이다. 내게 불궤지심不軌之心이 있다면 그럴 것이나, 나는 그렇지 않다.

심문 끝에 대원군은 '영원히 귀국 불가 및 유배' 조치를 당했다. 유배 장소는 톈진 서쪽 180킬로미터 지점에 위치한 즈리 총독부의 바오딩부保定府. 대원군은 바오딩부 행정 관청인 구舊 청하도서淸河道署에 구금됐다. 그가 갇혀 있던 건물에는 "대원군 이하응은 패해 중국 정부군의 도움으로 중국에 왔다"라는 안내판이 세워졌다.

대원군은 철저하게 감시 통제당했다. 간수 허락 없이는 풀 한 포기, 나무 한 그루도 건물 안으로 반입되지 못했다. 3년여 유배 생활 동안 대원군은 난을 치고 그림을 그리는 것으로 시름을 달랬다. 시서화詩書畵에 일가견이 있던 대원군이 이 시기에 그린 석파란石坡蘭은 중국에서 높은 평가를 받아 유명해졌다.

위안스카이의 빛나는 활약

8월 27일 밤 대원군을 태운 군함이 톈진을 향해 출항하자 마젠중은 조영하와 어윤중에게 대원군 체포 압송 사실을 통보했다. 아무리 책봉-조공 체제하의 속방이라 해도 군대를 동원해 조선의 실력자를 체포 압송하는 등 청나라의 폭거가 현실화되자 조선 지도부는 경악했다.

청나라가 조선을 상대로 극단적인 강압책을 발동한 이유는 임오군란의 혼란을 틈타 열강이 침투해 조선을 경제 식민지로 탈취하지나 않을

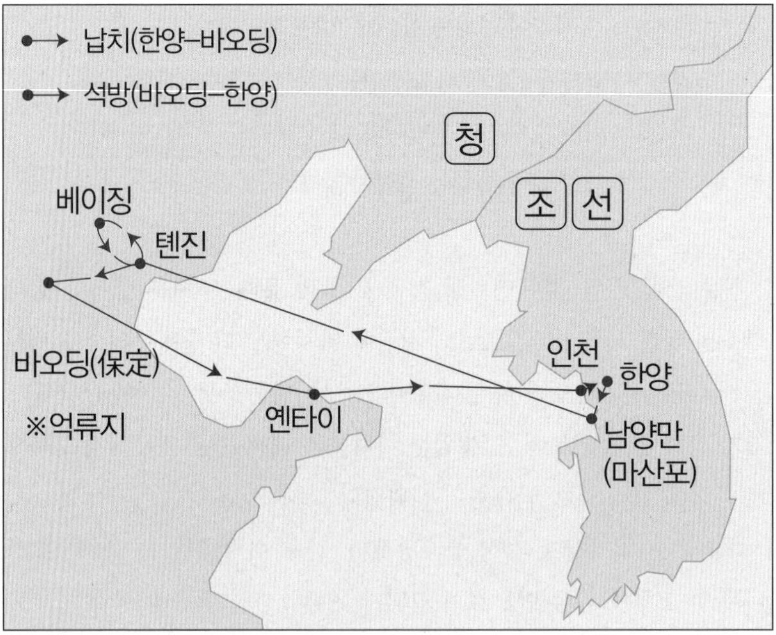

1882년 청군에 의한 대원군 납치 상황도

까 하는 우려 때문이었다. 청군에 의한 조선 수도 점령과 대원군 납치는 '내정과 외치의 자주성'을 보장하던 전통적 종속 체제 정책에 사형을 선고한 조치였다(김정기, 「청의 조선정책 연구 (1876~1894)」, 서울대학교 문학박사 학위논문, 1994, 33쪽).

임오군란 수습을 위한 마지막 과제는 대원군이 임명한 군사 지휘관의 처리 문제였다. 대원군은 장남 이재면을 훈련대장에 임명했고, 이경하·신정희 등 자신의 추종 세력을 군 주요 지휘관에 배치했다. 마젠중은 이재면을 남별궁으로 초청한 다음 조용히 체포해 억류했고, 이경하·신정희 등은 투옥해 깨끗하게 정리했다.

하루아침에 청군에 의해 대원군 정권이 붕괴되자 군란의 주역인 군병들과 도시 하층민들은 무기를 들고 곳곳에서 청군과 충돌했다. 도시 하층민들의 저항으로 청군이 한때 위기에 몰리기도 했다. 이들을 체포 격멸하는 일은 조선의 수도 서울을 방어하는 중앙군 담당이었다. 하지만 난리 와중에 중앙군이 와해되자 청군이 나섰다.

청군은 임오군란의 진원지이자 구식 군대 소속 군병들의 집단 거주지인 왕십리와 이태원 일대에 대한 공격을 준비했다. 그 전에 자신들의 무력 진압을 합리화하기 위해 김윤식을 통해 국왕 고종 명의로 "반란을 일으킨 군인들을 일망타진해 달라"라는 요청서를 받아냈다. 왕십리는 위안스카이를 비롯해 장광첸張光前·우자오유·허성아오何乘鰲가 이끄는 부대, 이태원 지역은 우창칭 제독이 이끄는 부대가 포위했다.

청군의 진압 작전이 개시되자 이태원과 왕십리 일대가 아수라장이 되었다. 하급 군병을 중심으로 주민들은 용감하게 저항했으나 많은 희생자를 내고 진압되었다. 위안스카이가 지휘한 왕십리 지역에서 150여 명, 이태원 지역에서 20명 등 170여 명이 체포되었다. 이들은 형조와 좌우포도청에서 심문을 받았고 주동자 김장손·유춘만 등 11명은 참수

되었다(국사편찬위원회, 『한국사 38: 개화와 수구의 갈등』, 2003, 298쪽). 위안스카이가 담당했던 왕십리 지역에서 체포자가 압도적으로 많았는데, 그가 진압 작전을 격렬하게 진행했음을 입증하는 증거다.

청군 덕분에 권력을 되찾은 고종은 반란 진압에 공을 세운 우창칭 사령관을 포상했다. 청군 사령관 우창칭도 임오군란 평정에 공을 세운 휘하 막료들에게 상을 내렸다. 제독 황스린과 주광민朱光民, 총병 부팅샹卜廷香, 참장 장광첸, 부장 류차오구이劉朝貴와 위안스카이가 상을 받았다. 우창칭 사령관은 특별한 공을 세운 위안스카이를 행군사마에서 중서사인中書舍人(황제에게 올리는 표문이나 황제의 칙령·조서 등을 작성하는 관리)으로 승진시키고 그에게 군사 사항을 관장할 것을 명했다.

고종은 임오군란을 평정한 청군의 공덕을 기리기 위해 우창칭 부대가 주둔했던 동대문 근처에 '오무장공사吳武壯公祠'란 사당을 세웠다. 이 사당은 1978년 서울 서대문구 연희동 한성화교중학 뒷동산으로 옮겨졌다.

청나라 지도 받아 일본과 제물포조약 체결

임오군란과 관련한 미해결 과제는 일본에 대한 조선 정부의 사죄와 배상이었다. 공사관이 불타고 자국 국민이 살해당한 사건에 대해 금전적 보상 및 정부 차원의 공식 사과를 요청한 것이다. 일본 정부가 시한을 정해 최후통첩을 하자 고종은 마젠중에게 사자使者를 보내 의견을 구했다.

마젠중은 "피해자 보상금 5만 엔은 사망자 13명에게 나눠 지급하는 것이므로 과도한 금액이 아니다. 외교관의 내지 여행은 국제법상 당연히 부여해야 하는 권리이니 허용해도 무방하다. 반면, 일본군을 조선에 영구 주둔시키는 안건은 절대 수락해서는 안 된다. 다만 공사관 호위 병력 약간 명을 상주시키는 선에서 협상하라"라고 권했다. 이것이 일본과의 협상에 임하는 조선 대표단의 가이드라인이 되었다.

마젠중의 조언을 받은 조선 대표단은 8월 28일 제물포에 정박한 일본 군함 히에이호 함상에서 일본 대표단과 회담했다. 이틀간의 협상과 조정 끝에 8월 30일, 조선과 일본은 제물포조약을 체결했다. 주요 내용은 (1) 임오군란 주동자의 조속한 체포와 처벌, (2) 군란의 와중에 난병에게 피살당한 일본인 유족에게 보상금扶助料 5만 엔 지급, (3) 일본 정부에 배상금 50만 엔 지급, (4) 조선국 특파 대관을 파견해 일본 정부에 사과 등이었다.

조선 정부는 국고가 바닥 나 일본인 유족에게 줄 보상금조차 마련하지 못했다. 협상 끝에 2만 엔은 즉시 지급, 1만 엔은 4개월 후, 2만 엔은 그로부터 4개월 후 분할 지급키로 했다. 일본 정부에 지급할 배상금 50만 엔은 매년 10만 엔씩 5년간 분할 지급키로 합의했다.

일본이 요구한 정부 보상금 50만 엔에 대해서는 논란이 많았다. 당시 조선 정부 연간 총 세입은 약 100만 석이었다. 이를 동전으로 환산하면 500만 냥, 일본 엔으로는 145만 엔이었다. 유족 보상금과 일본 정부 배상금 총계 55만 엔은 조선 정부 연간 예산의 3분의 1이 넘는 금액이었다. 이것이 조선 정부의 재정을 파탄 상태로 몰고 간 신호탄이었다(신명호, 『고종과 메이지의 시대-무엇이 조선과 일본의 운명을 결정했나』, 2016, 306쪽).

배상금에 이어 쟁점이 됐던 부분은 일본군의 조선 주둔 문제였다. 일본 측은 공사관원 및 일본 거류민 보호를 위해 주둔군 규모를 '호위병 1개 대대'로 주장했으나 협상 끝에 '약간 명'으로 합의했다. 주둔군 규모를 줄이는 데 성공했지만, 일본은 제물포조약을 통해 합법적으로 조선에 일본군 주둔 권리를 획득했다. 이것이 일본군 대륙 진출의 첫 신호탄이었다.

인천과 제물포 일대에 포진해 있던 일본군은 2개 중대 300명을 남기고 모두 철수했다. 이 중 1개 중대는 1883년 1월 주조선 공사로 부임한 다케조에 신이치로竹添進一郎의 건의에 의해 철수하고 1개 중대만 남았다. 이 병력이 1884년 12월 김옥균 일파의 갑신정변 쿠데타에 참여해 창덕궁에서 청군과 전투를 하게 된다.

제물포조약과 함께 조일수호조규 속약 2개 조항도 같은 날 체결됐다. 이 속약에 의해 일본 상인 활동 구역이 개항장 바깥 100리까지 확장되었고, 일본 외교관에게 자유로운 조선 내지 여행이 허용되었다. 이 조항은 그동안 일본 정부가 여러 차례 요청했으나 그때마다 조선이 거절했던 이슈였다. 일본은 중대한 경제적 이익이 걸려있는 조항을 조선의 혼란을 이용해 얻어내는 데 성공했다.

협상이 끝날 무렵, 일본 측은 대원군이 전국 곳곳에 세운 척화비의 철거를 요청했다. '대원군'이라면 치를 떨던 고종과 조선 협상 대표단은 즉각 이 요구를 수용했다. 그 결과 조선 팔도 큰 고을 거리마다 세워졌던 척화비는 조용히 철거되었다.

수도 서울 점령, 계엄군처럼 행동한 청군

9월 3일 제물포에서 호리모토 중위(원계급은 소위였으나 사망 후 1계급 추서)를 비롯한 일본인 피살자 13명의 장례식이 정중하게 거행되었다. 조선 정부는 예조좌랑이 예물을 가지고 장례식에 참석해 조의를 표했다. 또 일본 공사관을 습격한 용의자 9명을 체포했다. 이 중 죄질이 흉악한 3명을 일본 외교관 및 일본군 1개 소대가 입회한 가운데 모화관 앞에서 효수했다.

대원군의 체포 압송, 고종의 재집권, 제물포조약 배후 지도 등 임무를 완수한 마젠중은 귀국 길에 올랐다. 9월 2일 조선 국왕과 왕세자 이하 백관의 환송을 받으며 서울을 출발한 마젠중은 9월 3일 남양에서 군함에 올라 톈진으로 출항했다. 하지만 청 조정은 3,000명의 청군을 서울에 계속 주둔시켜 군사적 점령 상태를 유지했다.

청 조정은 조선 주둔 청군 사령관 우창칭에게 조선의 치안을 유지하고 일본 공사를 감시하라는 훈령을 내렸다. 청은 임오군란을 계기로 전통적인 속방화 정책에서 탈피해 제국주의식 식민화 정책으로 이행한 것이다. 3,000명에 달하는 청군의 수도 주둔은 공포에 가까운 재앙이었다. 군란 진압 후 우창칭은 마치 계엄사령관처럼 행세했다.

고종은 척화비 철거 직후, "서양 종교는 사특하니 음탕한 소리나 치장한 여자를 멀리하듯 해야 하지만, 저들의 기술은 이로우니 이용후생을 위해 농업·양잠·의약·병기·선박·수레 제도를 꺼릴 필요가 없다"라면서 "만약 저들의 기술을 본받지 않는다면 어떻게 저들에게 모욕당하고 욕보는 것을 막을 수 있겠는가"라며 개화 정책을 변함없이 추진하겠다는 교서를 발표했다(『고종실록』 19년 8월 5일). 이 교서는 조선이 위정척사 정책을 폐기하고 개화로 나아간다는 의지를 공식 표출한 것이다(국사편찬위원회, 『한국사 38: 개화와 수구의 갈등』, 2003, 58쪽). 이때부터 조선 정부는 개화·자강의 길로 나아갔고, 위정척사운동은 고개를 숙였다.

권력을 회복한 고종의 개화 의지는 확고했다. 9월 4일, 고종은 교서를 내려 서북인(평안도·함경도 출신), 송도인(개성 출신), 서얼, 의역 중인, 하급 서리와 군병을 차별하지 않고 등용하겠다는 '문벌 숭상 타파' 교서를 내렸다. 개화 정책 추진 과정에서 중인층 이하 출신들이 기존의 양반 관료들보다 뛰어난 적응력을 보이자 이들의 실무 능력을 수용할 필요가 있었기 때문이다(국사편찬위원회, 『한국사 38: 개화와 수구의 갈등』, 2003, 95쪽).

1883년 2월 5일에는 관료든 천민이든 누구나 돈을 벌어 부자가 될 수 있고, 출신에 관계없이 학교에 입학을 허용하는 교서를 반포했다. 이로써 조선을 옭죄고 있던 신분제에 숨통이 트였다. 1880년대 후반에는 서자나 중인 출신 개화 인사를 관료로 채용하게 된다.

고종의 개화 정책은 군란을 진압해 준 청의 속방화 정책으로 인해 내정 간섭을 강화하면서 장애를 만난다. 청 조정은 대원군을 톈진으로 압송하고 고종에게 통치권을 되찾아 주었다. 고종 입장에서 볼 때 청군은 하늘에서 내려온 은인이나 다름없는 존재였다. 임오군란의 가장 큰 피해자였던 고종과 민씨 척족 세력은 군란 진압 후 결속력이 더 한층 공고해졌다.

민씨 척족 세력, 나라를 완전 장악

1880년대 민씨 척족 세력으로서 중앙과 지방 관직에 진출한 인물은 260여 명이다(김숙연, 「1880년대 민씨 척족정권의 정치적 성격」, 이화여대 대학원 석사학위논문, 1991). 그 중 정권의 핵심 요직을 장악한 인물은 민겸호·민규호·민태호·민영익·민영위·민응식·민영목·민병석·민영상·민영준·민영우·민영소·민종묵·민영달·민치서 등 20여 명이다.

민씨 척족 세력은 1866년 민자영이 왕비가 된 후 요직에 진출하면서 막강한 정치 집단으로 등장했다. 대원군은 자신이 섭정을 맡게 되자 안동 김씨 세력을 견제하기 위해 부인 집안이기도 한 며느리 민 왕후의 양오빠 민승호를 병조판서, 민겸호를 예조참판, 민규호를 승정원 도승지, 민태호를 황해관찰사로 등용했다.

이때 등장한 민승호·민겸호 형제와 민규호·민태호 형제는 1873년 고종 친정 후 정부 핵심 요직을 장악했다. 영수 역할을 맡았던 민승호가 의문의 폭사 사건으로 사망하고 민규호도 1878년 사망하자 민겸호가 중심 인물로 부상했다. 신식 군대인 별기군을 창설하고 임오군란을 촉발시킨 민겸호는 군란의 와중에 창덕궁에서 난병들에게 맞아 죽었다.

민겸호의 뒤를 이어 영수로 부상한 사람은 민영익의 아버지 민태호였다. 총융사摠戎使·어영대장御營大將·무위도통사武衛都統使를 역임하며 승승장구하던 민태호는 1884년 12월 갑신정변 때 경우궁에 입궐하던 중 개화당 요원에 의해 참살당한다. 이후에는 임오군란 때 장호원 자택을 은신처로 제공해 신임을 얻은 민응식을 비롯해 민영환·민영위·민치상·민영준·민영원 등이 판서(장관)·참판(차관)·참의·승지 등 정권의 요직을 장악해 민씨 척족 세력을 이끌어 갔다.

1882년 임오군란 이후 민씨 척족 세력이 조선의 주요 관직을 독점한 현황은 도표를 통해 확인할 수 있다(여흥 민씨 가계도, 278쪽). 견제 세력이 사라진 권력은 반드시 부패하기 마련이다. 고종과 민씨 척족 연합 정권은 끝 모를 부패와 외세 의존 정책, 수구 사대주의로 망국의 원인을 제공하게 된다.

조선은 독립국인가, 청의 속국인가

임오군란 과정에서 청·일본·조선 삼국이 취한 행위는 정상적인 외교관계 시각으로 보면 불가사의할 정도로 기행과 파행의 연속이었다. 일본은 1876년 조선과 강화도조약을 체결해 "조선은 자주지방自主之邦으로서 일본과 평등한 권리를 보유한다"라고 명문화함으로써 조선을 자주독립 국가로 인정했다.

청나라는 국제법상 자주독립 국가인 조선에 함대와 병력 3,000명을 파병해 내란을 진압하고, 국왕의 아버지를 납치해 갔으며, 이후 계속 조선의 수도를 점령하고 노골적인 내정 간섭을 행했다. 조선 국왕은 이런 조치를 시행한 청 황제에게 감사의 뜻을 표했다. 일본도 함대와 병력 1,500명을 상륙시켜 무력으로 위협을 가해 군대 주둔 권리를 얻어냈다.

당시 주청 미국 공사 존 영(John R. Young)은 본국 정부에 "조미수호조약에 의하면 조선은 분명히 독립국인데, 대원군의 납치에 대한 마젠중

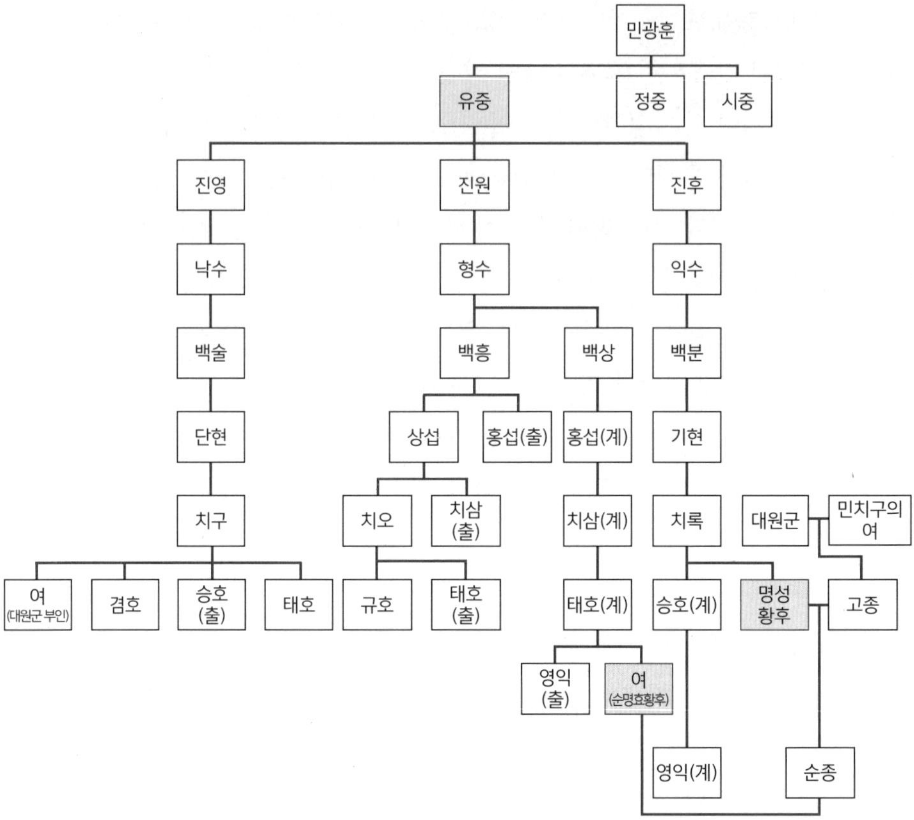

여흥 민씨 가계도

이나 청 황제의 칙서에 의하면 청 황제가 조선에 대해 주권을 갖고 있는 것 같다"라고 보고했다. 프리데릭 넬슨(Frederiek Nelson)은 "조선은 완전한 독립국도 아니고 그렇다고 완전히 청의 속국이라 인정할 수도 없으며, 조선과 청의 관계는 동양 국제사회에서나 볼 수 있는 독특한 관계"라고 평했다(임계순, 「한로밀약과 청의 대응」, 한국정신문화연구원 역사연구실 편, 『청일전쟁을 전후한 한국과 열강』, 한국정신문화연구원, 1984, 59~60쪽).

일본도 조선에 대한 청의 내정 간섭에 어떠한 항의나 책임 추궁도 하지 않았다. '동양 국제사회에서나 볼 수 있는 독특한 관계'로 인한 조선의 불행은 이후 청일 양국을 통해 주기적으로 반복된다.

군란의 와중에 왕비가 실종되자 고종은 여러 경로를 통해 왕비의 행적을 수소문했다. 그 결과 왕비가 구사일생으로 창덕궁을 탈출해 장호원에 피신해 있다는 사실이 밝혀졌다. 이후 서울 왕궁과 장호원 간의 비밀 연락은 '북청 물장수' 이용익이 담당했다.

함경도 명천 태생의 이용익은 이성계의 이복형인 완풍대군 이원계의 후손이다. 20세 때 고향을 떠나 보부상·물장수로 전국을 전전한 그는 축지법을 쓰듯 걸음이 빨랐다. 민영익의 식객으로 있던 중 임오군란이 터지자 장호원으로 민 왕후를 피신시켰고, 그 후 궁궐과의 연락 담당으로 공을 세웠다. 덕분에 단천부사·영흥부사 벼슬을 얻었다. 그는 단천·영흥에서 사금 채굴에 성공해 거부를 축적했다. 고종 황제의 재산을 관리하는 내장원 책임자로 발탁되어 탁월한 재능을 발휘했고, 국가 재정을 총괄하는 탁지부대신에도 올랐다. 후에 고려대학교의 전신인 보성전문 설립자가 된다.

군란이 완전 진압된 9월 5일, 고종은 어윤중을 통해 청군 진영에 민 왕후 환궁을 위한 호위를 요청했다. 이 사실을 알게 된 하나부사 공사는 "우리도 호위병을 보내겠다"라는 뜻을 밝혔다. 양국 군대의 충돌을 우려한 청군 수뇌부는 단독으로 병력 100명을 장호원에 보냈다.

고종이 친위군 대신 청군에게 민 왕후 환궁 호송 작전을 의뢰한 이유는 임오군란 당시 고종이 총애했던 별기군도 반란 대열에 합류했기 때문이다. 고종이 신뢰할 수 있는 집단은 자신의 권력을 되찾아 준 청군밖에 없는 고립무원의 상황이었다. 9월 12일 민 왕후가 청군의 삼엄한 호위하에 창덕궁으로 환궁했다. 이미 국상까지 치른 왕비가 버젓이 살아서 환궁한 것까지는 좋았는데, 환궁 행렬에 요사스런 무녀가 끼어들어 나라를 말아먹기 시작했다.

무당에게 '진령군' 작호 내려

민 왕후는 미신이라면 자다가도 벌떡 일어나는 특이한 여성이었다. 왕후는 결혼 초에 남편을 사로잡기 위해 여우의 질膣을 색실로 꿰어 앞가슴에 차고 다녔다. 임신을 하자 48일간 황소 머리와 기타 동물을 희생물로 제단에 바쳐 제사를 지냈다(호레이스 알렌, 김원모 완역, 『알렌의 일기』, 단국대학교 출판부, 1991, 44쪽).

왕비의 집안 내력에 유전적 문제가 있는지, 태어난 자식들이 선천적 기형과 질병으로 며칠 만에 죽었다. 천신만고 끝에 얻은 아들 이척은 태어날 때부터 병약했다. 민 왕후가 아들의 무병장수를 위해 미신에 의지하면서 구중궁궐에서 푸닥거리가 그칠 날이 없었다. 내전은 용하다고 소문 난 박수·무당의 소굴이 되었다. 귀한 아들을 세자로 삼기 위해 민 왕후는 청나라 실력자 서태후와 리훙장에게 엄청난 뇌물을 바쳤다.

고종 부부는 병약하게 태어난 왕자의 무병장수를 빌기 위해 금강산 만이천 봉우리마다 쌀 한 섬, 비단 한 필, 돈 1,000냥씩을 바쳤다. 또 매일같이 백미 500석으로 지은 쌀밥을 용왕에게 먹인다면서 한강에 뿌렸다(배상열, 『조선을 홀린 무당 진령군』, 추수밭, 2017, 65쪽).

더욱 한심한 일은 민 왕후가 장호원에 숨어 사는 과정에서 무당을 만나면서 발생했다. 이 무당은 왕비의 환궁 날짜를 예언했는데, 신통하게 그것이 적중해 왕비의 신임을 얻었다. 군란이 진압되어 환궁할 때 민 왕후는 무당을 서울로 데려와 왕궁에서 함께 살았다.

어느 날 무당이 "나는 관우의 딸이니 신당을 지어 정성껏 받들라"라고 주술하자 국왕이 무당을 진령군眞靈君으로 봉하고, 노론의 거두 송시열 집터에 북관왕묘란 사당을 지어주었다. 『경국대전經國大典』에 의하면

'군君'이란 작위는 왕의 후궁에게서 얻은 아들이나 왕실과 가까운 종친, 혹은 왕비의 아버지여야 받을 수 있는 자격이 주어진다. 신하의 경우는 역사에 이름을 남길 만한 공을 세우거나, 영의정을 역임하고 당파를 이끄는 영수로 활약하면서 군주의 신임이 돈독해야 군호를 받을 수 있었다. 조선 개국 이래 무당이 군君에 봉해진 사례는 진령군이 처음이자 마지막이었다(배상열, 『조선을 홀린 무당 진령군』, 2017, 105쪽).

진령군은 김창렬이란 수양아들과 북관왕묘 사당에 살았는데, 그가 내연남이라는 소문도 있었다. 무당은 아무 때나 대궐에 들어가 고종과 민왕후를 만났으며, 국왕 부부에게서 셀 수 없을 만큼 많은 금은보화를 받았다. 진령군은 주술의 이름으로 국정을 농단해 인사에 개입했고, 그녀의 수양아들은 벼슬아치들과 어울렸다.

밤에 무당이 고종과 왕비에게 한 말은 다음 날 어명으로 내려왔다. 훗날 종두법으로 유명해진 전 형조참의 지석영이 참다못해 1894년 7월 5일, "정사를 전횡하고 임금의 총명을 가리며, 신령의 힘을 빙자해 임금을 현혹시키고, 기도한다는 구실로 재물을 축내며 요직을 차지하고 농간을 부린 요사스러운 무당 진령군의 살점을 씹어 먹으려 한다"라는 상소를 올렸다(배상열, 『조선을 홀린 무당 진령군』, 2017, 4~5쪽).

황현은 "부끄러운 줄 모르는 대신들이 앞 다투어 무당에게 아부하니, 혹은 자매라 부르기도 했고 혹은 수양아들이 되기를 원했다. 조병식·윤영신·정태호가 특히 심했다"라고 기록했다(황현, 허경진 옮김, 『매천야록-지식인의 눈으로 바라본 개화와 망국의 역사』, 2016, 94~95쪽).

주술에 의지해 나라 통치한 고종

황현은 진령군에 대해 "왕비가 몸이 좋지 않을 때 무당이 손으로 아픈 곳을 만져주면 통증이 사라졌다"라고 썼다. 고종과 민 왕후는 무당의 말이라면 죽는 시늉이라도 할 정도로 미신에 미쳐있었다. 한 나라의 국왕 부부가 주술에 의지해 나라를 통치한 것이다. 결국 진령군은 갑오경장 때 사형을 선고받고 이승에서의 삶을 마감했다.

민 왕후를 홀린 무당이 진령군 하나뿐이었다면 애교로 이해하고 넘어갈 수도 있을 것이다. 이당주라는 시각장애인 박수는 타인을 저주해 급살을 맞아 죽게 만드는 염승술厭勝術의 달인이었다. 그도 고종과 민 왕후로부터 존귀한 대접을 받아 정2품 자헌대부資憲大夫 품계를 받았다.

유명한 역술인 이유인은 궁궐로 불려가 민 왕후에게 점을 한 번 쳐준 대가로 즉석에서 비단 100필, 돈 1만 냥을 받은 적도 있다고 한다. 윤치호는 민 왕후에 대해 "그 영리하고 이기적인 여인이 미신 섬기는 것의 반만큼이라도 백성을 열심히 섬겼더라면 그녀의 왕실은 안전했을 것"이라고 비난했다.

군인들의 반란으로 권력을 아버지에게 빼앗기고 졸지에 횡액을 당할 뻔했던 고종은 친위군 강화의 필요성을 절실하게 느꼈다. 하지만 군비를 증강하려면 막대한 예산이 뒷받침되어야 한다. 재정이 고갈된 고종과 민씨 척족 세력은 치안 안정과 통치 기강 확립을 위해 비상수단을 동원했다. 준군사 조직이나 다름없는 보부상을 군에 편입시켜 하급 군교(하사관) 역할을 맡긴 것이다.

보부상을 최초로 조직화한 사람은 대원군이었다. 그는 보부청을 설치해 전국의 보부상단을 통합했다. 쇄국이 자신들의 상권 보호에 유리하다고 판단한 보부상 집단은 철혈국수당鐵血國粹黨을 결성해 대원군의 쇄국 정책을 적극 도왔다. 강화도조약이 체결되어 항구가 개방되고 서양 열강과 수교해 구미 상인들이 조선 상권을 장악해 가자 보부상의 상권 보호가 시급한 과제로 대두했다. 그 결과 1883년 8월 혜상공국을 설치하고 보부상을 통리군국사무아문에 부속시켰다(조재곤, 『한국 근대사회와 보부상』, 2001, 103~104쪽).

1882년 여름을 뜨겁게 달구었던 임오군란은 근대 조선사뿐만 아니라 동아시아 역사 전개 과정에서 한 획을 그은 중대 사태였다. 병자호란(1636년 12월~1637년 2월) 당시 삼전도三田渡에서 인조가 항복한 후에도 청은 조선 내정에 간섭하지 않았다. 조선에 청나라 관료가 주재하면서 국정을 감시하는 일도 없었고, 청군이 조선의 수도 서울을 점령하지도 않았다.

임오군란을 계기로 청은 조선에 대한 정교자주政教自主 정책을 폐기하고 '적극 개입' 정책으로 돌아섰다. 대원군 납치와 고종 및 민씨 척족 세력 권좌 복귀는 내정 간섭의 신호탄이었다. 청 조정은 조선의 안정과 국왕 리더십 보완 차원에서 기무처를 신설하라고 유도했다. 기무처는 정치·경제·사회·군사·법률 등 군국기무 관련 정책을 입안하고 집행하는 합의제 정책 의결 기관이었다.

기무처 신설 목적은 그럴듯했지만, 청의 노림수는 다른 곳에 있었다. 기무처는 김윤식·조영하·김홍집·어윤중·신기선 등 온건 개화 노선의 친청親清 신진 관료들이 지도부를 장악했다. 이들이 고종의 국정 운영에 브레이크를 걸고, 자신들 주도하에 조선을 재건하기 위해 설립한 비상 기구가 기무처였다(김종학, 『개화당의 기원과 비밀외교』, 2017, 170쪽).

날이 갈수록 가난해진 조선

조선 정부의 결정적인 약점은 재정이었다. 임오군란 직후 김홍집은 "나라에 한 달 쓸 비축도 없다"라고 탄식했다. 친청파를 앞세워 조선 조정을 장악한 리훙장은 김홍집의 발언이 사실임을 알게 되었다. 1800년대 초, 중앙 정부 각 부처가 보유한 곡식·옷감布·동전 등 현물은 시가 500만~600만 냥 수준이었다. 이후 재정 상태가 지속적으로 악화하면서 1880년대 초에는 현물 보유량이 100만 냥 이하로 급감했다(이영훈, 『한국경제사 I』, 2016, 557~559쪽).

왕실 재정도 사정은 비슷했다. 1883년부터는 왕실에 물건을 납품한 시전 상인들에게 결제를 해주지 못할 정도로 상황이 악화되었다. 외국에서 차관을 도입하지 못할 경우 국가 부도, 파산을 면치 못할 위기가 닥쳤다. 이 무렵에 왜 이처럼 재정이 심각한 붕괴 상태가 되었을까?

언더우드(Horace G. Underwood)는 1885년 미국 북장로교 선교부의 초대 선교사로 조선에 부임했다. 얼마 후 릴리어스 호턴(Lillias S. Horton)이 광혜원에 근무할 의료 선교사로 파송되었다. 호턴이 부임했을 때 서울 장안에는 서양 사람들이 어린아이 눈과 염통을 빼서 약을 만드는 양도깨비라는 헛소문이 퍼져 서양인에 대한 습격 테러 사건이 빈발했다.

제중원에 근무하던 총각 선교사 언더우드는 처녀 의사 호턴을 호위해 주다 연정이 싹터 1889년 3월 결혼했다. 릴리어스 호턴은 민 왕후의 시의로 활동하며 왕실과 가까워졌다. 언더우드와 결혼할 때 민 왕후는 현금 100만 냥이라는 거액의 축의금을 보냈다. 조선에서 재산이 2,500~3,000냥이면 부자 소릴 들을 때의 일이다(언더우드, 신복룡·최수근 옮김, 『상투의 나라』, 집문당, 1999, 60~61쪽).

민 왕후는 각종 연회와 무당굿을 즐길 뿐 아니라 돈 씀씀이가 물 같아서 대원군이 10년 동안 내수사內需司에 모아두었던 돈과 호조·선혜청 등의 각종 창고에 쌓아두었던 재물을 한 해도 못 가서 탕진해 버렸다(이정식, 『구한말의 개혁·독립투사 서재필』, 서울대학교 출판부, 2003, 21쪽).

그런 탓에 구식 군대의 병사들뿐만 아니라 조정 관리들 또한 5년 이상 봉급 한 푼 받지 못하게 되어 임오군란의 직접적인 원인을 제공했다. 국왕 부처가 국가 공금을 흥청망청 써대는 모습에 대해 황현은 다음과 같이 비판했다.

원자(세자 이척)가 태어나면서부터 궁중에서는 잘되기를 비는 제사를 절제 없이 팔도강산을 두루 돌아다니며 지냈고, 임금 또한 마음대로 연회를 베풀어 상으로 주는 것이 헤아릴 수 없었다. 양전兩殿(고종과 민 왕후)이 하루 허비하는 비용이 천금이나 되어 내수사가 소장한 것으로는 지출을 감당할 수 없었다. 끝내 호조나 선혜청에서 공금을 취해다 썼는데, 관리 책임자로서 그것이 위반임을 말하는

조선 후기 국고 탕진 실태

품목	1873	1886
금	151냥	58냥
은	154,933냥	7,266냥
현금	1,635,498냥	151,353냥
청전	–	33
광목	5,330통	353통
삼베	1,559통	213통
흰 삼베	87통	–
고급 삼베	38통	–
쌀	205,794석	16,921석
노란콩	–	12,674석
보리	–	234석
잡곡	38석	–

출처 : 진단학회, 『한국사 최근세편』, 을유문화사, 1950, 467~468쪽.

이는 한 사람도 없었다. 1년이 채 못 되어서 대원군이 여축해 놓은 것을 모두 탕진하였다. 그래서 매관과 매과賣科(과거를 돈으로 합격시키는 행위) 등 온갖 폐정이 계속해서 생겨났다. (황현, 이장희 옮김, 『매천야록 상』, 명문당, 2008, 149쪽)

조선을 식민지로 만들어라

군란 진압을 핑계로 군대를 파견한 청 조정은 고종이 자주외교를 요구했던 의지를 완전히 분쇄하고자 했다. 이를 위해 임오군란이 진압된 지 사흘 후 "조공에 대해 아뢴 것과 사신을 파견해 베이징에 머물도록 하는 두 가지 사항은 실로 큰 은혜를 망령으로 갚으려는 것이니 그 죄를 논한다면 어떠한 처벌이라도 마땅할 것이다. 이것은 담당자가 법규를 소홀히 해서 함부로 지껄인 것"(『고종실록』 19년 12월 25일)이란 살벌한 외교 공문을 조선에 보냈다. 사대 관계를 국제법에 의거한 근대적 조약체계로 전환하려는 조선 조정의 의지에 찬물을 끼얹은 것이다.

임오군란이 수습되어 한숨 돌린 고종은 9월 23일 조영하를 수석, 김홍집을 부수석, 어윤중을 문의관으로 해서 청에 진주사陳奏使(중국에 임시로 파견하는 사절)를 파견했다. 이들은 기무처의 핵심을 이루고 있던 대표적인 친청파 신진 관료였다. 이들에게 부여된 임무는 세 가지였다. 첫째, 임오군란 당시 청이 대병력을 파병해 반란을 제압해 준 것에 대한 감사를 표하고, 둘째, 청과의 속방 관계를 청산하고 양국이 동등한 입장에서 근대적 조약을 체결하며, 셋째, 조선의 재정난 해소를 위해 청으로부터 차관을 도입하는 것이었다.

고종은 진주사를 통해 청나라 황제에게 아버지 대원군의 석방을 호소했다. 진주사의 호소를 접한 청 조정은 "대원군을 본국으로 돌려보내면 변란이 재발할 우려가 있다"라면서 일언지하에 거절했다. 대원군은 필요할 경우 적절히 활용할 수 있는 유용한 외교적 카드였다. 때문에 청이 순순히 대원군을 석방할 이유는 조금도 없었다. 고종은 이런 사실을 훤히 내다보고 정치적 쇼를 한 것이다.

청 조정은 두 번째 의제와 관련해 대단히 불쾌한 반응을 보였다. 이미 알아들을 수 있도록 경고하는 공문을 보냈음에도 불구하고 또다시 자주외교를 통해 청의 속방에서 벗어나려 하자 보다 확실한 대책을 강구해야 할 필요를 느꼈다. 청군이 조선의 수도를 점령하고 있는 상황을 이용해 국제법적으로 애매모호한 종주국-속국 관계를 청산하고 조선을 식민 통치하거나 중국에 합병키로 한 것이다.

이런 의견을 가장 먼저 제기한 사람은 임오군란 직후 우창칭의 막료로 조선에 파견됐던 장젠張謇이다. 그는 일본의 위협으로부터 조선을 보호하기 위해서는 강경책이 필요하다고 보았다. 그는 자신의 생각을 정리해 1882년 9월, 조정에 '조선선후육책朝鮮善後六策'을 상신했다.

그 주요 내용을 보면, 청은 조선의 종주국임을 분명히 선언하고 전략적 장소인 평양에 군대를 주둔시켜 한漢나라 시절 사군四郡을 설치했던 것처럼 한반도 북쪽 지역을 청의 경계로 삼으며, 조선 국왕을 존치하더라도 주周나라 전례에 따라 감국監國(일종의 총독)을 파견해 조선 군대를 근대화시키고, 강력한 군대를 파견해 조선 항구를 청의 관리하에 두며, 조선의 내정을 혁신해 만주 동삼성東三省과 하나로 만든다는 것 등이었다. 그의 아이디어는 청 조정에 적지 않은 영향을 끼쳤다.

리훙장, 조선에 대한 간접지배 전략 채택

조선 진주사 일행이 톈진에 도착하기 하루 전날, 한림원 학자 장페이룬張佩綸이 청 조정에 '조선선후사의육책朝鮮善後事宜六策'이란 상소문을 올렸다. 내용은 하룻강아지 범 무서운 줄 모르듯 청의 속국인 류큐를 병탄하고 조선을 넘보려는 일본을 정벌하되, 그전에 여섯 가지를 먼저 준비하자는 제안이었다.

조선은 현명한 신하가 없고 외척의 횡포가 심하며 국고는 비어있고 훈련이 안 된 병졸들이 서생에 의해 통솔되고 있어 나라가 어지러운 상황이다. 조선을 이대로 두면 일본이 병합할 것이 불을 보듯 뻔하니, 청이 먼저 여섯 가지 대책을 세워야 한다는 주장이었다.

장페이룬의 상소는 장젠의 주장과 일맥상통하는 내용이었다. 즉 내정·외치에 간섭하지 않는 전통적 책봉-조공 외교 시스템을 폐지하고 조선에 총독을 파견해 외교와 군대의 실권을 장악하며, 조선을 청의 직할령이나 식민지로 만들어 직접 통치하자는 제안이었다. 이를 위해 제물포 조약으로 조선이 일본 정부에 갚아야 할 임오군란 배상금 50만 엔을 청이 대신 상환해 조선에 대한 일본의 간섭을 차단하자는 주장이었다.

장페이룬의 상소가 올라오자 청 조정은 리훙장에게 이 내용을 심의하도록 했다. 리훙장은 청의 해군력이 취약해 당장 일본과의 전쟁은 어려우며, 조선에 감국을 두어 직접 통치할 경우 서양 열강의 간섭이 제기될 수 있다는 점을 우려했다. 현실 인식에 뛰어난 리훙장은 대외 환경을 고려해 다음과 같은 방식을 제안했다.

"조선은 청의 속국임을 대내외에 선포한 다음, 청과 뜻이 통하는 서양 전문가를 조선에 보내 재정·외교 고문을 맡도록 한다. 그들이 청의 지시를 받아 조선을 통치한다."

이른바 서양 전문가를 동원한 간접지배 전략이었다. 리훙장의 제안은 독일인 묄렌도르프의 조선 파견으로 현실화되었다.

불평등 조약의 표본, 조청상민수륙무역장정

리훙장은 조선에 대한 청의 영향력을 극대화하기 위해 '경제와 무역'

을 동원했다. 고종이 학수고대했던 차관 협정을 체결하고 초상국招商局과 개평광무국開平鑛務局을 통해 50만 냥을 연리 8퍼센트, 만기 12년의 조건으로 제공키로 한 것이다(김종학, 『개화당의 기원과 비밀외교』, 2017, 173쪽). 차관 조건은 후한 편이었지만, 해관세·홍삼세·광세鑛稅 등 두 겹 세 겹의 담보를 설정해 두었다.

청은 조선에 차관을 제공해 조선 해관을 창설하고 개항장에 근대적인 부두 시설을 완공했다. 청이 말하는 '경제와 무역 활성화'란 조선에 대한 청국 자본의 경제적 침탈이었다. 이어 두 번째 의제에 관해서 리훙장은 조선 진주사 조영하와 협상한 결과 1882년 10월 4일 조청상민수륙무역장정朝淸商民水陸貿易章程을 체결했다.

조약 체결 과정에서 청나라는 조선을, 이미 조약을 맺어 대등한 관계를 명문화한 서구 열강과는 완전히 다른 존재로 취급했다. 조선은 자국과 동렬의 자주독립 국가가 아니라 속국이므로 그에 합당한 대접을 한 것이다.

장페이룬이 제안한 '조선선후사의육책'

육책	뜻	주요 내용
이상정(理商政)	상정을 다스림	조선에 청의 고위 관리를 파견해 외교 통상은 물론 내정 일체를 감독한다.
예병권(預兵權)	병권에 간여함	조선에 청의 무관을 파견해 무기 구입과 군사 훈련을 장악한다.
구왜약(救倭約)	왜약을 구제함	일본군이 서울에 진주해 드러나지 않은 우환이 많으니 우창칭 등이 이를 제어한다.
구사선(購師船)	병선을 구입함	육군이 서울을 수호하는 것이 수군이 해구(海口)를 지키는 것만 못하다. 해외에서 3척의 군함을 건조해 인천에 주둔시켜 수비한다.
방봉천(防奉天)	봉천을 방어함	조선 방어를 위해 랴오둥(遼東)을 방어해야 한다.
쟁영흥(爭永興)	영흥을 다툼	러시아가 부동항을 찾아 조선 영흥만을 조차하려 하니 청이 막아야 한다.

출처 : 다보하시 기요시(田保橋潔) 지음, 김종학 옮김, 『근대 일선관계의 연구(상)』, 일조각, 2013, 770~773쪽.

우선 국가 간에 체결하는 일반 조약은 그 전문前文에 으레 양국 수뇌가 "친선과 우의를 다진다"라는 식의 외교적 수사로 치장하는 것이 관례다. 조선과 청나라가 체결한 무역장정은 이런 관례를 여지없이 깨부수고 첫머리에 조선은 오랫동안 중국의 속국이었다는 사실을 명문화해 놓았다.

조청상민수륙무역장정도 국가 간에 국제법에 근거해 체결한 조약(treaty)이었다. 그런데 정식 명칭은 '조약'이나 '조규'가 아니라 '장정章程(convention)'으로 되어있다. 속국 조선과는 양국 수뇌의 비준이 요구되는 조약은 가당치 않다. 따라서 황제의 '윤허'로 효력이 발생하는, 상하 관계의 나라들 간에 체결한 문서라는 의미에서 '장정'이라는 용어를 사용한 것이다.

조청상민수륙무역장정은 또 사대 질서를 서양 공법의 조약으로 형식화했다. 즉 사대 질서하에 있던 속번의 지위를 서양 공법 질서의 종속국으로 변화시킨 것이다. 청은 조선과의 특수 관계는 서양의 공법 질서와 양립되기 때문에, 다른 문명권 국가들이 관여할 일이 아니라고 주장했다. 이 조약이 유럽 공법과 양립된다는 점을 부각시키기 위해 명칭도 '조약'이 아닌 '장정'으로 붙였다(김용구, 『세계관 충돌과 한말 외교사 1866~1882』, 2001, 428쪽).

'상민商民'이란 용어도 의미심장하다. 조선은 청의 속국이므로 국가 간 외교 관계를 맺을 수 없다. 때문에 외교 업무를 담당하는 공사·참사관 등 정식 외교관 파견 대신 무역 등 상무 활동을 담당하는 관원을 파견한다는 차별의식의 산물이었다(김정기, 「청의 조선 '속방화' 정책과 동학농민전쟁」, 동학농민혁명기념사업회 편, 『동학농민혁명의 동아시아사적 의미』, 서경문화사, 2002, 29쪽). 주샌프란시스코 영사를 지내 영어와 통상에 능숙한 천수탕陳樹棠이 자주독립국에 주재하는 흠차대신이 아니라 총판조선상무위원

總辦朝鮮商務委員이란 희한한 직함으로 부임한 것은 이런 내막이 있었기 때문이다.

무역장정은 전문前文과 8개조로 구성되었다. 수록된 내용은 책봉-조공 체제를 혁파하고 국제법에 근거한 근대적 조약 체결을 원했던 고종의 의도와는 완벽하게 정반대되는 문구로 채워졌다. 불평등 내용이 워낙 심각하고 노골적이며 전방위적이어서 이후 조선의 정치·경제·산업 등 모든 분야에 심대한 충격을 가하게 된다. 조약의 주요 내용을 정리해 소개한다(임계순, 「한로밀약과 청의 대응」, 1984, 64~65쪽 참조).

북양대신과 조선 국왕 동렬로 취급

제1조는 청은 북양대신이 상무위원을 조선에 파견해 주재시키며 조선은 대원大員을 파견해 톈진에 주재시키되, 칙사나 조공 사절貢使과는 구별한다고 되어있다. 이와 관련해 주청 미국 대리공사 홀콤(Chester Holcombe)은 "서양 여러 나라와 조선 사이의 조약에는 서양의 원수와 조선 국왕이 동등한 지위에서 교섭하도록 규정되어 있다. 북양대신 리훙장과 조선 국왕이 동등한 지위에서 교섭한다고 되어있는 조항은 북양대신이 조선 국왕과 동렬임을 암시한 것"이라고 비판했다.

제2조는 청나라 상인이 조선에서 범죄를 저질렀을 경우 청의 상무위원이 심리하고, 조선인이 피고일 때는 조선 관원과 청의 상무위원이 합동으로 심리한다고 규정했다. 반면에 조선 상민이 청나라에서 범죄를 저질렀을 경우 해당 지방 관헌이 심리하도록 했다. 청나라에만 치외법권을 인정한 것이다.

제3조는 조선의 평안·황해도와 청의 산둥山東·펑톈성奉天省과 같은 해안에서 양국 어선이 어로 작업을 허락하며, 허가 없이 밀무역을 하면 선박과 화물을 나포해 몰수하도록 규정했다.

제4조는 청나라 상인은 서울에 창고를 소유하고 자유로운 내지 통상을 할 수 있도록 허용했다. 반면 조선 상인은 청에서 상업을 할 경우 이연釐捐(성내 통과 화물에 부과하는 내지 통행세)과 지방세를 지불해야 했다. 조선에는 이연 제도가 없고 지방세도 부과할 수 없어 조선 측이 큰 손해였다. 이 조항에 근거해 화상華商들은 조선에서 토지나 가옥의 소유가 가능했다. 또 내지로 진출해 상행위를 하는 통에 조선 상권이 잠식당해 큰 타격을 받았다. 임오군란 이후 청이 조선에서 정치·경제적으로 독점적 권리를 확보하는 데 결정적 공헌을 한 것이 제4조다.

제5조와 제6조는 변경 무역에 관한 것이다. 압록강 유역의 책문과 의주, 두만강 유역의 훈춘과 회령에서 변경 백성들이 수시로 왕래하며 교역하도록 허가했다(기존의 변경 무역은 의주·회령·경원 등지에서 호시互市가 열렸는데, 모두 관官 주도로 열려 장애가 많았다). 이때 홍삼은 15퍼센트, 홍삼을 제외한 모든 물품에는 5퍼센트로 관세를 정했다. 청은 영국·독일·일본과의 무역에는 생필품은 시가의 10퍼센트, 사치품은 30퍼센트 관세를 부과했다. 조선과의 무역은 관세를 절반으로 낮춘 것이다.

육로 통상, 즉 변경 개시 개편에 대해서는 현지답사 후에 상정하도록 되어있었다. 그 결과 1883년 봉천여조선변민奉天與朝鮮邊民무역장정, 길림조선상민수시隨時무역장정이 체결되어 육로 통상 문제를 규정했다.

제7조는 조선과 중국 간에 청나라 초상국(중국 최초의 관영 해운 회사) 기선이 월 1회 왕복한다는 내용이다. 이 조항으로 청은 조선 무역 운송권을 독점했다. 뿐만 아니라 "청국 군함이 조선 해안을 유력遊歷하거나 각처 항구에 정박해 그 국방을 공고히 한다"라고 규정했다. 조선이 외국과 체결한 조약 사상 최초로 청국 상선과 군함의 조선 연해 순찰권 및 정박권을 명문화함으로써 조선의 바다는 청나라에 무방비로 개방되었다.

조선의 바다를 장악한 청나라

조청상민수륙무역장정은 속방 규정, 최혜국 조관의 거부, 불평등 조문 등 심각한 문제를 안고있었다.

첫째, 청은 무역장정을 통해 조공 제도 유지, 책력 및 연호의 계속 사용, 왕위 계승 시 사전 승인제를 지속한다고 규정했다. 중화 제국과 조선 간의 속번 체제를 계속 유지하겠다고 만천하에 선언한 것이다.

둘째, 청이 조선에서 획득한 조약상 특권을 다른 조약국도 나눠 가지는 최혜국 조관을 거부했다. 조선에서의 배타적 권리를 자기들만 소유하겠다는 선언이었다.

셋째, 조선에는 권리를 허용하지 않고, 자신들만 소유하는 배타적 권리를 구체화해 불평등을 극대화했다. 관세 협정권, 내지 통상 및 내지 여행권, 연안 통상 및 운송권, 서울과 양화진에서의 상점 개설권, 두만강·압록강에서의 무역권, 황해 및 평안도 연해의 어업 채취권, 초상국 윤선 항로 개설권, 상무위원 재판권, 청국 군함의 정박 및 운항권, 청국 군함의 조선 해방권海防權 등이 그것이다.

이런 이유 때문에 연구자들은 조청상민수륙무역장정이 조선·청·일 3국이 서양 열강 혹은 동아시아 3국 간 체결한 근대 조약 중에서 불평등성이 가장 심각한 최악의 조약이라고 지적한다. 청과 일본이 서양 열강과 체결한 조약도 불평등한 내용이 많았지만 청·일의 수도에 서양 상인이나 상점이 진출할 수 있다는 조항은 없었다. 상무위원 재판권은 영사재판권에서 철칙으로 지켜졌던 피고주의(피고가 소속된 국가의 영사가 소속국 법률로 재판하는 것)가 무시되었다. 해방권은 외국이 침략해 왔을 때 조선의 해양 방위를 청나라 해군에 이양하는 최악의 불평등 내용이었다(김정기, 「청의 조선 '속방화' 정책과 동학농민전쟁」, 2002, 31쪽 참조).

청이 조선의 해방권을 장악한 이유가 있다. 동아시아에서 일본과 러시아 해군의 위협이 본격화하자 청나라는 조선을 자국 방위를 위한 전방 기지로 삼기 위해 이 조항을 강제한 것이다. 1885년 일본과 청은 톈진조약을 체결해 조선에서 청일 양국 군대를 철수했다. 이때 청은 조청상민수륙무역장정에 의해 청국 군함을 교대로 인천에 정박시켜 조선을 자국 영향권 안에 둘 수 있었다.

청이 조선의 해방권을 탈취해 가자 고종은 자주적 역량으로 해양을 방어하기 위해 1884년 1월 2일 기연해방영畿沿海防營, 1893년에는 해연총제영海沿總制營을 조직해 근대적 해군 창설을 시도했다. 조선 정부는 1893년 5월 9일 해군학교 설치령을 발표하고 강화도 갑곶진에 해군학당을 설립했다(배항섭, 『19세기 조선의 군사제도 연구』, 2002, 275쪽). 학당 건물은 1893년 11월 완공되었다. 조선 정부는 생도들에게 군함 운항 및 함포 교육을 실시하기 위해 주조선 영국 총영사에게 해군 교관 및 영어 교사 초빙과 군함 한 척 구입을 요청했다.

영국 정부는 예비역 해군 대위 윌리엄 콜웰(William H. Callwell), 하사관 제임스 커티스(J. W. Curtis)를 해군 교관 요원으로 조선에 보냈다. 이들은 5월 9일 조선에 도착해 고종을 알현했다. 또 조선 해관에 근무하던 영국인 허치슨(W. du Flon Hutchison)이 영어 교육을 담당했다.

하지만 조선 정부의 해군 창설 계획은 동학 농민 봉기로 엉망이 되었다. 호남 일대에서 관군이 농민군에게 연패하자 다급해진 조정은 해군학당 교육생을 진압군으로 차출해 갔다. 허치슨은 남은 교육생을 데리고 서울의 한성영어학교로 가면서 해군학당은 폐지되었다. 할 일이 없어진 영국 교관들은 1895년 6월 귀국했다.

임오군란의 역사적 의미

'장정' 체제는 중화-속번 정책을 유지하면서, 서구 자본주의 침탈 방식을 결합한 근대 중국의 식민지화 정책이라는 특이한 시스템이었다. 청은 무역장정을 통해 종주국과 속국의 위계를 확실히 함으로써 조선에 침투하려는 일본 세력을 제압했다. 종주국임을 앞세워 조선에서 이권 탈취라는 제국주의적 목적을 손쉽게 달성한 것이다.

하지만 서양 열강은 조선에 대한 청의 종주권을 인정하지 않았다. 게다가 서양 열강이 조선과 맺은 통상 조약에는 최혜국 조항이 포함되어 있었다. 이를 근거로 열강은 조선 정부로부터 청에게 보장한 이권과 동일한 이권을 받아냈다. 결과적으로 중간에 끼인 조선만 이루 말할 수 없는 피해를 당했다.

중국에 들어선 중원 세력은 수隋·당唐이 고구려·신라와 충돌했던 경험을 통해 한반도를 완전히 병합한다는 야망을 포기했다. 그 대신 한반도 세력은 중원 세력을 상국上國으로 존중하고, 중원 세력은 1,000여 년 동안 한반도 세력에 대한 내·외정을 자치에 맡긴다는 암묵적 합의를 유지해 왔다.

임오군란을 계기로 중원 세력이 이 합의를 일방적으로 파기하자 한반도 세력은 반발한다. 일본을 끌어들여 중원 세력을 축출하려는 시도는 1884년 12월 김옥균의 갑신정변 쿠데타로 표출되었다(김시덕, 『동아시아, 해양과 대륙이 맞서다』, 메디치, 2016, 279쪽).

제12장

수신사 박영효, 일본에 간 까닭은

청군의 위력으로 임오군란이 평정되고 권력이 고종에게 환원되었다. 장호원으로 도피했던 민 왕후도 환궁해 조선의 정치가 겨우 원위치를 회복했다. 한숨 돌린 조정은 이제 희생양 찾기에 골몰한다. 상국인 청나라가 원군을 보내 난당의 반란을 진압해 주었으니 친청파 대신들의 위상이 급격히 강화되었다.

조정 대신들은 고종이 민 왕후와 민씨 일가친척에 둘러싸여 독선 정치를 행한 결과가 임오군란이라면서 국왕을 비판하고 나섰다. 궁지에 몰린 고종은 대신들 앞에서 자신의 통치 행위를 자책하는 반성문을 발표했다. "토목공사를 벌여 백성의 재물을 억지로 끌어들여 가난한 자와 부유한 자 모두를 곤경에 처하게 했으며, 화폐를 수차례 개혁하고, 무고한 이를 많이 죽였으며, 사당과 서원을 헐어버리고 충현忠賢에게 제사 지내지 않았으며, 널리 인재를 등용하지 않고 종친과 외척에게만 높은 자리를 주었다"라는 통렬한 자아비판이었다.

'스스로를 벌하는 윤음綸音'이라는 제목의 반성문은 김윤식이 지은 내용을 고종 명의로 반포한 것이다. 고종의 반성문은 임오군란 진압을 계기로 국정 운영권을 둘러싼 국왕과 친청파 대신 간 파워게임이 시작됐음을 알리는 신호탄이었다. 하지만 권력의 향유에 관해서는 동물적 감각을 가지고 있던 고종은 이런 사태를 수수방관하지 않았다.

고종은 1882년 9월 7일, 제물포조약에 의해 일본에 임오군란 사죄를 위한 수신사를 파견했다. 정사正使에는 개화당의 리더 중 하나인 박영효, 부사는 청군을 끌어들인 주인공인 김윤식의 사촌형 김만식을 임명했다. 고종은 수신사 박영효에게 조선 외교사상 최초로 특명전권공사라는 직함을 부여했다. 이어 개화당 영수 김옥균 및 개화당과 밀접한 관련이 있던 민씨 척족 세력의 핵심 민영익을 고문에 임명하고, 서광범을 일본 국정 시찰 명목으로 사행단에 참여시켰다.

박영효 수신사의 주요 임무는 임오군란 때 폭도들의 공격으로 일본 공사관이 불타고 일본인 13명이 살해된 사건에 대한 정부 차원의 공식 사과였다. 일본 정부에 사과하고 우호 증진을 통해 개화 정책 추진에 도움을 받기 위해서는 일본 요인들과 선이 닿아있는 인물이 필요했다.

고종은 수신사 박영효에게 배상금 50만 엔 지급 연기, 김옥균이 재정난 타개책으로 제안한 '일본 차관 300만 엔 도입' 건을 성사시키라는 특명을 내렸다. 그가 어떤 근거로 일본으로부터 도입할 차관을 300만 엔으로 정해 고종에게 보고했는지 밝혀주는 사료는 존재하지 않는다.

당시 상황으로 계산하면 300만 엔은 조선 정부의 1년 예산, 일본 정부 연간 예산의 20퍼센트나 되는 어마어마한 금액이었다(함재봉, 『한국사람 만들기 II』, 2017, 408쪽). 일본은 이러한 거액을 일시에 동원할 여력이 없었다. 김옥균은 일본의 재정 능력을 과대평가한 셈이다.

일본 차관 300만 엔 도입 시도

고종은 300만 엔 차관 도입을 성공시키기 위해 일본과 인맥을 형성하고 있는 것으로 알려진 개화당 대표 김옥균과 자신의 최측근 민영익을 함께 보냈다. 이때 고종은 두 사람에게 "일본이 청을 견제할 의사가 있는지 확인하라"라는 밀명을 내렸다.

고종이 묘당에서 존재조차 희미했던 21세의 박영효를 정사로 전격 발탁하고 사행단에 김옥균·민영익·서광범 등 개화당 핵심을 포함시킨 것은 다 이유가 있었다. 청이 본격적으로 조선의 내·외정에 간섭하자 고종은 개화당을 통해 일본을 끌어들여 청의 압력을 물리치자는 정치적 계산을 했다. 박영효 수신사는 청의 대對조선 정책에 저항하는 고종의 반격 카드였다.

박영효는 인물 됨됨이로 볼 때 정치적 리더의 그릇은 아니었다. 그러나 수신사로 임명되면서부터 자신의 능력과 재능을 과신하기 시작했다(박종근, 박영재 옮김, 『청일전쟁과 조선-외침과 저항』, 일조각, 1989, 162쪽 참조). 김옥균은 1882년 3월부터 8월 12일까지 일본에 파견되어 차관 도입 가능성을 타진하고 귀국한 지 한 달도 안 돼 두 번째 일본에 파견되었다.

수신사 일행은 1882년 9월 20일 제물포에서 하나부사 요시모토 일본 공사와 함께 기선 메이지마루를 타고 9월 25일 고베에 도착했다. 이 배에는 인천에 출장을 나왔던 애스턴 영사가 함께 타고 있었다. 박영효는 메이지마루에서 애스턴과 조선 국기에 관해 협의했다. 애스턴은 메이지마루 선장 제임스가 세계 각국을 항해한 바 있어 국기에 정통한 사람이니 그의 조언을 받으라고 충고했다. 박영효는 제임스의 도움을 받아 태극기를 만들어 고베의 숙소 니시무라야西村屋에 처음 내걸고 조선 대표 사절임을 알렸다.

일행은 도쿄로 이동해 10월 19일 메이지 천황을 예방했다. 박영효는 메이지 천황에게 조선 국왕의 사죄 내용을 담은 국서를 제출하고, 외무경 이노우에 가오루에게 예조판서의 사과 문서를 전달했다. 김옥균과 민영익은 메이지 천황에게 일본이 조선의 독립을 지원해 줄 것과 재정

원조를 간청하는 고종의 밀명을 전했다.

이어 일본 외상 이노우에 가오루와 만난 김옥균은 "조선 국왕이 일본의 도움을 받아 청의 간섭에서 벗어나고 싶어 한다"라는 뜻과 임오군란 배상금 50만 엔의 지급 연기, 300만 엔 차관 공여를 요청했다. 박영효·김옥균으로부터 차관 및 독립 지원 요청을 받은 일본 정부는 조선에 대한 정치 구도와 정세에 대한 분석에 돌입했다.

개화당을 홀대한 일본 정부

분석 결과 국왕 및 개화당(박영효·김옥균) 그룹이 한 편이 되어 친청파로 구성된 기무처 그룹과 대립하고 있다는 점, 국왕과 개화당이 청의 간섭을 물리치고 독립하려는 의지를 불태우고 있다는 사실을 파악했다. 하지만 국왕과 개화당을 지원할 사회 세력이 전무해 과연 '청으로부터의 독립'을 달성할 수 있을지에 대해서는 확신이 서지 않았다.

이런 상황에서 일본이 개화당을 지원할 경우 청나라와 충돌할 가능성을 배제할 수 없었다. 일본군이 청나라와 전쟁을 치를 준비가 미흡한 상황에서 충돌은 백해무익이다.

난상토론 끝에 이노우에 외상은 청나라와 갈등이 발생하거나 의심을 살 만한 행동은 자제하고 개화당을 소극적으로 지원하기로 결정했다. 이노우에는 10월 26일, 박영효의 요청을 수용해 제물포조약에 의해 조선이 일본 정부에 5년간 10만 엔씩 분납키로 되어있던 배상금 지불 조건을 10년간 5만 엔씩 분납하도록 변경해 주었다. 일본 정부는 조선 수신사의 일본 체류 비용 일체를 부담하는 등 각별하게 예우했다. 이것은 어디까지나 외교적 예우일 뿐이었다.

수신사 일행은 일본 정부의 본심은 까맣게 모른 채 두 달 동안 일본 각계 인사들을 만나 300만 엔 차관 도입을 위해 백방으로 노력했다. 하지만 어느 누구로부터도 확실한 답을 얻지 못해 애를 태웠다.

박영효 수신사가 일본에 도착했을 때 일본 조야에서는 임오군란을 계기로 조선에 대한 관심이 고조되어 있었다. 조선에 큰 관심을 표명한 사람은 다이이치국립은행의 설립자 시부사와 에이이치, 게이오의숙 설립자 후쿠자와 유키치, 자유민권당 지도자 고토 쇼지로後藤象二郎였다.

고토 쇼지로는 암살당한 사카모토 료마坂本龍馬의 동료다. 메이지유신에 공헌해 참의까지 올랐으나 정한론을 주장하다가 정부에서 물러나 야인이 되었다. 그 후 이타가키 다이스케板垣退助와 함께 일본 최초의 정당인 자유당을 결성하고 자유민권운동에 뛰어들었다.

후쿠자와 유키치는 조선의 독립을 강력하게 주장했다. 이유는 일본이 조일수호조규를 체결해 조선 독립을 승인했으니 이를 지지하고 문명개화를 돕는 것은 일본의 책임이라는 논리였다. 한편에선 청이 조선의 종주국을 자처하면서 조선의 내치와 외교에 간섭하는 것은 용납할 수 없는 죄악이라고 주장했다. 과연 그가 '독립된 조선'을 원했던 이유는 무엇이었을까?

후쿠자와는 여러 가지 정황으로 볼 때 조선의 완전한 독립은 불가능하다고 판단했다. 이 상황에서 일본 이외의 어떤 나라도 조선에 손을 뻗치는 것은 용서할 수 없으며, 조선을 계도하는 것은 일본의 권리이며 의무라고 주장했다. 중국이 서양 열강에 의해 사분오열되어 서양 세력권에 빠지는 상황에서 작은 섬나라 일본을 지키는 길은 대륙에 발판을 구축하고 서양 세력을 몰아내는 일이다. 그 발판 구축의 첫걸음이 "한국을 일본의 세력 범위 안에 놓는 일"이라고 후쿠자와는 외쳤다(이노우에 가쿠고로, 한상일 역·해설, 『서울에 남겨둔 꿈』, 건국대학교 출판부, 1993, 5~6쪽).

후쿠자와 유키치와 개화당의 만남

자신의 구상을 현실화하기 위해 후쿠자와는 조선의 개화당 멤버들에게 정치학의 첫걸음을 가르쳤다. 즉 세계의 문명국들은 완전한 주권을 향유하고 있는 데 반해 조선은 2,000년의 문화를 갖고 있으면서도 노대국老大國 청의 번속에 안주하고 있는 현상을 통렬하게 비판했다. 박영효·김옥균은 후쿠자와의 가르침을 받고 나서야 비로소 독립자주의 참된 의의를 깨달아 그 실현에 매진했다(다보하시 기요시, 김종학 옮김, 『근대 일선관계의 연구 (상)』, 2013, 808쪽).

후쿠자와는 자신의 저서 『학문의 권장』에서 독립이란 "스스로 자신을 지배하며 의타심을 가지지 않는 것으로서, 자신의 인생을 스스로 판단해서 살아가는 것을 의미한다"라고 정의했다(한상일, 『일본 지식인과 한국』, 오름, 2000, 26쪽). 후쿠자와는 조선의 독립을 위해 학문에 힘쓸 것을 권했다.

후쿠자와는 김옥균과 박영효에게 국민정신 향상을 도모하는 데는 서양 학문의 진흥이 최선이며, 실천 수단은 학교 설립과 신문 발행이라고 조언했다. 또 개화사상을 조선에서 널리 퍼뜨리기 위해서는 모든 책과 글을 한글과 한자 혼용으로 출판할 것을 권했다. 김옥균이 도로의 중요성을 설파한 『치도약론治道略論』을 쓴 것도 후쿠자와의 깨우침 덕분이다.

후쿠자와가 외친 '독립'의 중요성을 확고한 신념으로 받아들인 인물은 김옥균이었다. 김옥균은 일본 체류 과정에서 육군도야마학교에 유학 중이던 조선 청년들과 매주 한 차례씩 만났는데, 그때마다 "조선이 언제 독립을 해서 서양 제국과 동등한 위치에 설 수 있을지?" 하고 한탄했다(이광린, 『개화당연구』, 1981, 39쪽). 그는 또 "일본이 동방의 영국 노릇을 하려 하니 우리는 조선을 아시아의 불란서로 만들어야 한다"라고 말했다. 이것이 그의 꿈이었고, 야심이었다.

교육의 중요성을 설파해 유학생들을 일본에 파견하고, 조선 최초의 근대 신문인 「한성순보」를 창간하며, 도로를 정비하는 등의 개화파의 사상과 실천 방안을 추적해 올라가면 후쿠자와 유키치가 나타난다. 이것이 조선 개화의 숨길 수 없는 진실이다. 하지만 후쿠자와는 교육자이자 재야 인사였기에 조선 개화당이 갈망했던 300만 엔 차관 도입에 대해서는 별 도움을 주지 못했다.

10월 30일, 주조선 임시 대리공사 곤도 마스키는 청의 초상국과 개평광무국이 조선에 50만 냥 차관을 공여하기로 한 내용을 보고했다. 일본 외무성은 개화당을 문전박대할 경우 고종이 친청親淸으로 돌아설 우려가 있다고 판단하고 약간의 차관을 제공해 달래기로 결정했다. 12월 16일, 일본 정부는 박영효가 요코하마쇼킨은행橫濱正金銀行으로부터 17만 엔의 차관을 받을 수 있도록 대출 보증을 섰다. 이자는 연 8퍼센트로, 2년 거치 후 10년 동안 매년 원금 1만 7,000엔을 상환하는 조건이었다. 원금과 이자를 연체할 경우 부산해관 수입금과 단천 금광에서 공동 채굴한 금으로 상환하도록 약정했다(日本外務省 『日本外務文書』 15, No.157, 明治 15년 12월 18일, 287쪽).

주조선 일본 공사 교체

요코하마쇼킨은행으로부터 차관한 17만 엔 중 5만 엔은 임오군란 당시 조난 일본인 및 부상자 위로금으로 지불했다. 남은 금액 12만 엔 중 일부는 무기 구입비로 사용했고, 나머지는 육군도야마학교와 게이오의숙에 유학 중인 조선 유학생들의 학자금과 생활비로 사용했다. 조선 정부는 극심한 재정난으로 인해 국비 유학생들의 학비와 체류비를 지급하지 못했다. 1881년 영선사 김윤식이 톈진으로 인솔해 간 조선 유학생 경비도 김윤식이 현지에서 돈을 빌려 충당했는데, 1882년 6월까지 그 총액이 1만 냥에 달했다. 남은 돈 5만 엔은 쇼킨은행에 예치해 두었다가 김옥균의 일본 활동비로 사용하기로 했다.

이노우에 외상의 대對조선 정책은 청과 협력을 유지하면서 '조선의 자주독립'이라는 외교 목표를 달성하는 것이었다. 이러한 고난도 외교를 현장에서 수행하려면 발군의 외교력과 노련한 정치적 수완이 필요했다. 심사숙고 끝에 이노우에 외상은 조선 주재 공사를 하나부사에서 다케조에 신이치로로 교체했다.

다케조에는 구마모토 출신의 명망 높은 한학자漢學者로서, 문장 실력이 뛰어나 청과의 외교를 위해 등용한 인물이다. 이 시기에 다케조에를 조선 주재 공사로 투입한 이유는 그가 톈진 주재 영사, 베이징 공사관 서기관을 역임하면서 리훙장을 비롯해 청국 지도층과 폭넓은 인맥을 형성한 중국통이었기 때문이다.

일제 통치 시절 서울 충정로는 '다케조에마치竹添町'로 불렸다. 이것은 다케조에 공사의 성姓에서 딴 것이다. 다케조에는 1913년 외교관에서 은퇴한 후 도쿄제국대학에서 한학을 강의했으며, 일본 학사원學士院상을 수상했다.

수신사 박영효는 1883년 1월 초 귀국하고, 김옥균과 서광범·박제경·변수는 일본에 남아 300만 엔 차관 교섭을 계속하기로 했다. 박영효의 귀국 길에 신임 다케조에 신이치로 변리공사가 동행해 서울에 부임했다. 박영효는 또 후쿠자와 유키치와 고토 쇼지로가 소개한 퇴역 일본군 장교 마쓰오 미요타로松尾三代太郎, 하라다 하지메原田一 등 두 명을 군사 교관으로 고용해 함께 귀국했다.

후쿠자와 유키치는 박영효가 귀국할 때 다시 한 번 신문 발간의 중요성을 강조했다. 후쿠자와는 자신이 직접 「지지신보」를 설립해 근대화 과정에서 신문의 유용성을 실감하고, 박영효에게 신문 발간 아이디어를 제공한 것이다. 당시 조선에는 근대식 신문 편집과 인쇄를 주관할 전문가도, 금속활자도 없었다. 후쿠자와는 자신의 수제자인 이노우에 가쿠고로를 신문 전문가로 박영효에게 추천했다.

박영효는 조선에서 신문 발간을 위해 이노우에를 통해 우시바 다쿠조牛場卓造, 다카하시 마사노부高橋正信 등을 초빙해 왔다. 조선 조정은 박영효의 제안에 따라 외아문 산하에 국영 인쇄소인 박문국을 설립했다. 이노우에는 신문 발행에 필요한 활판공과 목수 등 일본인 전문 인력을 고용하고, 쓰키지築地 활판제조소에서 납활자와 인쇄기를 도입해 「한성순보」를 발간했다. 세계 최초의 금속활자 발명국으로 떵떵거리던 조선은 이제 일본으로부터 금속활자, 인쇄기, 인쇄 전문가를 도입해 신문을 발간하는 출판 야만국 수준으로 전락한 것이다.

「한성순보」 발간을 도운 일본인

순한문으로 발간된 「한성순보」는 10일마다 한 차례씩 발간되었다. 판형은 17×24센티미터로, 내용은 관보官報 성격의 '내국 기사'와 외국 소식인 '각국 근사各國近事', 개화 교양을 위한 '해설 기사'가 실렸다(정진석, 「한성순보·주보에 관한 연구」, 『신문연구』 36, 1983). 한문 전용으로 발간되었기에 「한성순보」의 독자층은 중앙과 지방 관리, 한자 해독이 가능한 양반 계층에 한정되었다.

한문 전용이라서 독자층에 명백한 한계가 있었음에도 불구하고 「한성순보」는 개화사상 확산에 큰 영향을 미쳤다. 위정척사 세력은 「한성순보」를 "서양 종교 전파의 도구" "일본을 칭찬하는 신문"이라고 비난했다. 1884년 12월 4일 갑신정변 때 난민들이 박문국을 공격해 인쇄 시설을 파괴하는 바람에 「한성순보」는 14개월 만에 폐간될 때까지 40호가 발간되었다.

이노우에 가쿠고로는 후쿠자와가 대륙 경영의 선구자로서 조선에 보낸 인물이다. 그는 일본 정부와 협력해 조선 권력층 내에 친일파 형성에 중요한 역할을 했다. 조선에 온 이노우에는 왕궁을 드나들며 당대의 세도가 민영익, 조선 정치를 좌우하던 위안스카이 등과 자주 어울렸다. 세 사람 모두 23세 동갑이었다. 그는 근대 일본 최초의 지한知韓 인물이었다(이노우에 가쿠고로, 한상일 역·해설, 『서울에 남겨둔 꿈』, 1993, 4~5쪽).

서세동점의 시기에 국가 운영 과제 중 가장 중요한 것은 외교였다. 1876년 일본과 강화도조약을 체결한 조선은 국제법에 근거한 근대 외교 전문가가 전무했다. 때문에 사안이 발생할 때마다 어영대장 신헌을 필두로 해서 조영하·김홍집·김윤식 등이 돌아가며 맡는 식으로 대처했다.

이들은 조선 관료 중에서도 학식과 재능이 출중한 수재로 꼽혔지만, 근대 외교에 대해서는 청에 사대하는 것 외에는 어떠한 경험도 없었다. 외교 업무를 수행하기 위해서는 풍부한 국제법 지식과 외국어 구사 능력이 반드시 요구된다. 조선의 수재 관료들은 한문 외에는 외국어에 문외한이었고 국제법이 뭔지도 몰랐다.

리훙장은 서양 열강과의 연이은 조약 체결이라는 비상사태에 직면한 조선 정부를 향해 "국제법과 외교 실무에 정통한 외국인을 고문으로 초빙해 도움을 받으라"라고 요구했다. 그는 숙고 끝에 마젠중의 형 마젠창馬建常과 톈진 해관에 근무하던 독일 외교관 출신 묄렌도르프(Paul George von Möllendorf) 두 명을 추천했다.

묄렌도르프는 독일 명문가 출신으로, 고등학교 시절부터 히브리어와 동양 언어에 특출한 재능을 보였다. 할레 대학에서 법률과 동양언어학을 전공하고 북독일 관세동맹에서 근무하던 중 청국 해관(세관)의 초빙을 받아 중국에서 5년간 근무했다. 그 후 주청 독일 영사관 통역관, 톈진 주재 부영사로 근무하던 중 1869년 리훙장에게 발탁되어 톈진 해관에 근무했다.

당시 청의 해관 업무는 총세무사 로버트 하트(Robert Hart)를 비롯한 서양인들이 담당하고 있었다. 서양인 고용 이후 원리원칙에 입각한 업무 수행으로 해관 수입이 크게 증가하자 리훙장은 조선도 해관 업무를 근대화해야 한다는 명분으로 묄렌도르프를 조선에 보내 조선 최초의 서양인 고문으로 부임시켰다.

조선 감시를 위해 파견된 묄렌도르프

리훙장이 묄렌도르프를 조선에 보낸 이유는 해관 업무를 위해서가 아니었다. 묄렌도르프를 통해 조선의 내·외정을 간접 감시하고, 일본을 끌어들여 독립을 추진하려는 개화당을 견제하기 위한 목적이었다. 리훙장은 김윤식에게 "나는 일본이 귀국을 업신여기는 것을 증오한다. 묄렌도르프를 보내 그들을 제어하려 한다. 묄렌도르프가 조선에 근무하는 한 일본인은 전처럼 제멋대로 행동하지 못할 것"이라고 말했다.

조선 정부는 미국·영국·독일과 수교 이후 실무 협상과 해관 업무를 위해 리훙장이 추천한 묄렌도르프를 받아들였다. 조선 정부와 묄렌도르프가 체결한 계약서에 의하면 묄렌도르프는 조선 정부에 외교 자문 및 해관 업무를 관장하며, 보수는 매월 해관평은海關平銀 300냥이었다.

1882년 12월 9일, 35세의 독일인 묄렌도르프는 조영하의 안내를 받아 제물포에 도착했다. 1882년 12월 27일, 고종은 묄렌도르프와 만났다. 조선 국왕이 서양인을 직접 대면한 것은 이때가 처음이었다. 묄렌도르프는 동양식으로 안경을 벗고 정중한 예의를 갖춰 인사를 올렸다. 고종은 묄렌도르프에게 안경을 써도 좋다고 허락했다.

1883년 1월 12일, 고종은 통리아문을 통리교섭통상사무아문(외아문), 통리내무아문을 통리군국사무아문(내아문)으로 개편하고 묄렌도르프를 외아문협판(차관급)에 임명했다. 외교 및 해관 자문역으로 초빙된 외국인에게 단순한 '고문' 직이 아니라 조선 왕조의 공식 관직, 그것도 묘당의 일원이 되는 외무차관에 임명한 것이다. 이때부터 조정 대신들은 묄렌도르프를 '목 참판'이라 불렀다.

묄렌도르프와 함께 온 마젠창에게는 의정부 찬의(정2품) 임명과 동시에 묄렌도르프와 함께 외아문협판을 겸임시켰다. 그 결과 조선 외교 사령탑은 조영하·김홍집 라인 휘하에 마젠창과 묄렌도르프가 실무를 담당하는 체제가 완성되었다. 두 사람은 묘당 회의에도 좌석을 부여받아 고종이 참석하는 어전 회의에도 참석했다(기무라 간, 김세덕 옮김, 『대한제국의 패망과 그림자』, 제이앤씨, 2017, 180쪽).

상국인 청의 현직 관료 마젠창이 하국인 조선의 관직을 제수받은 것은 종주국 입장에서 볼 때 체면을 크게 손상하는 행위였다. 보고를 받은 리훙장은 조선 조정에 마젠창의 관직 임명을 철회하라고 압박했다. 조선 조정은 마젠창을 외교협판에서 해임했으나, 그는 관직이 없는 상태에서 조선 외교에 깊이 관여하게 된다.

이때부터 리훙장은 묄렌도르프를 통해 조선의 내정과 외교에 적극 간섭하는 등 종주권 행사를 노골화했다(김기혁 외, 『청일전쟁의 재조명』, 한림대학교 아시아문화연구소, 1996, 36쪽). 원 제국이 일본 침공을 위해 고려에 정동행성을 설치하고 다루가치達魯花赤라는 감시자를 파견한 이래, 이때처럼 중국이 내정 간섭을 노골적으로 강제한 사례는 찾아보기 힘들다.

이노우에 가쿠고로가 수신사 박영효와 함께 조선에 도착했을 때 조선 정부의 모든 내외 업무는 묄렌도르프와 마젠창이 리훙장의 지시를 받아 수행하고 있었다. 또 청군 병사 3,000명을 서울 안팎에 주둔시켜 조선의 관료와 백성들을 억압하고 있었다. 청군 병사들은 거칠고 사나워 양민을 학대하거나 민가에 들어가 부녀자를 욕보이는 사례도 자주 발생했다(이노우에 가쿠고로, 한상일 역·해설, 『서울에 남겨둔 꿈』, 1993, 29·33쪽).

1883년 4월, 고종은 묄렌도르프를 조선 해관을 지휘 감독하는 최고 위직인 조선해관 총세무사에 임명했다. 같은 해 11월, 조선 정부는 묄렌도르프의 지휘 아래 부산·원산·인천 세 곳의 개항장에 해관을 설치하고 수출입 화물에 대한 관세 업무를 개시했다. 총세무사 묄렌도르프는 자신의 휘하에 외국인 세무사를 고용했다. 이후 조선 해관은 한일합방으로 관련 업무가 일본에 귀속되기 직전까지 30여 년 서양인 직원이 업무를 담당하게 된다.

조선 개화를 위해 헌신한 묄렌도르프

묄렌도르프는 조일통상장정 체결, 서양 국가들과의 조약 체결 및 비준을 주도했다. 뿐만 아니라 당오전當五錢 발행을 위한 전환국典圜局 설치, 양잠 사업을 위한 잠상공사蠶桑公司 설립, 유리 공장과 성냥 공장 설립, 광산 등 지하자원 조사, 중국으로부터의 차관 도입, 상하이와 톈진에서 제물포 간 정기 항로 개설, 의학교 설립 등을 위해 휴가도 포기한 채 정열적으로 일했다.

조선은 1678년(숙종 4)부터 상평통보를 주조해 사용해 왔다. 동전 제조는 상설 조폐 기관이 아니라 편의에 따라 임시 설치한 주전소에서 필요한 만큼 주조했다. 1883년 8월 7일 설립된 전환국은 통화 정책의 합리적 운용을 위해 문을 연 최초의 상설 조폐 기관이다(원유한, 「전환국고」, 『역사학보』 37, 1968, 47쪽).

묄렌도르프는 청나라의 견직 공장을 시찰한 후 10만 주의 뽕나무를 중국에서 구입해 조선에 심고 누에고치에서 실을 뽑는 노轤를 국내 각처에 설치했다. 근대적 양잠법을 보급하기 위해 1884년 9월 잠상공사를 설치하고 독일인 메르텐스(A. H. Maertens)를 기사로 초빙했다. 메르텐스는 부평과 인천 지방에 100만 그루의 뽕나무를 재배했다. 고종도 경복궁 정원 일부에 뽕나무를 심었다.

하지만 조선 정부의 재정 악화로 메르텐스의 봉급이 체불되었고, 뽕나무 소유권 문제로 복잡한 소송이 제기되면서 성과가 나지 않자 1889년 잠상공사를 폐지했다.

묄렌도르프는 1883년 8월, 독일 킬(Kiel)대학 지질학 교수로서 도쿄대학에 파견되어 근무하던 카를 고체(Karl Gotsche) 박사 부부를 조선으로 초청했다. 고체는 조선을 두 차례 탐사해 지하자원 매장지를 조사해 「조선반도 지질 답사기」를 작성했다.

그는 또 고종을 설득해 정치범의 연좌제 폐지에 앞장섰다. 당시까지만 해도 정치적 범죄자가 사형을 선고받으면 연좌제에 의해 아이들은 노비가 되고 부녀자들은 관비官婢로 끌려갔다. 묄렌도르프의 요청에 의해 고종이 연좌제를 폐지하자 서울 시민들이 환호했다.

묄렌도르프가 청의 실력자 리훙장과 고종의 신임을 동시에 받고 있다는 사실이 알려지면서 모든 부서 관리들이 그를 우러러보았다. 그에게 거의 매일 투서가 들어왔는데, 조선 관리들의 악행을 폭로하고 그들을 단죄해 달라는 내용이었다. 묄렌도르프에 대한 평가가 크게 엇갈리지만, 그가 조선에 와서 정열적으로 업무를 추진한 것은 누구도 부인할 수 없는 사실이다.

1883년 가을 묄렌도르프의 부인 로잘리 여사가 두 자녀와 함께 서울에 도착했다. 부인이 서울 생활을 시작하자 고종과 민 왕후는 묄렌도르프 내외에게 위급하고 곤경에 처하게 될 때면 언제든지 국왕 부처에게 보호를 요청할 수 있도록 하는 증명서를 써 주었다. 또 닭과 달걀, 건어물·꿀·과일 등 식품을 풍부하게 하사했다.

로잘리는 "왕비는 극히 좋은 인상을 주었다. 사람을 끌면서도 부드러운 외관과 좋은 마음씨에다가 지성도 갖춰진 것이 보였다"라고 회고했다. 민 왕후에 대한 우호적인 인상기는 민 왕후를 알현한 서양 여성들의 기록에서 공통적으로 발견된다. 이러한 인상기는 따져볼 구석이 많다. 만나는 외국인마다 상상조차 하기 힘든 파격적인 선물과 거액의 돈, 권한을 아낌없이 제공하는 왕비에게 악평을 남길 외국인이 있었을까?

1883년 1월 초 서울에 부임한 다케조에 공사는 정세 파악에 나섰다. 서대문에 있던 일본 공사관은 임오군란 때 불타서 일본으로 철수했다가 1882년 8월 16일부터 중구 회현동 왜성대에 위치한 이종승의 한옥을 사무실로 사용했다. 1884년부터는 교동 천도교회관 부근의 박영효 저택으로 임시 이전해 그곳에 건물을 신축해 사용했다. 1884년 11월 3일 천장절天長節에 교동 공사관 낙성식을 거행한 지 한 달여 후에 갑신정변이 발발해 불타 없어졌다.

개화당을 부정적으로 본 다케조에 공사

다케조에 신임 공사가 보니 서울에는 청군 3,000명이 주둔하고 있는데 비해 일본군은 2개 중대 병력에 불과했다. 양측 군대가 제삼국 수도에 함께 주둔하면서도 단 한 차례도 충돌하지 않은 것은 기적이나 다름없었다.

다케조에는 톈진 주재 영사로 근무하던 시절 톈진 해관에 근무하던 묄렌도르프와 절친한 관계였는데, 서울에서 재회하게 되었다. 두 사람은 청·일 양국의 조선 정책에 대해 깊은 대화를 나누었다. 다케조에는 묄렌도르프와의 대화를 통해 청 조정이 조선에 대해 종주권을 강화하고 있는 것은 사실이지만, 조선을 식민지로 억누르는 데는 한계를 느끼고 있다는 사실을 눈치 챘다. 청의 속사정을 파악한 다케조에 공사는 본국 정부에 공사관 경비대 2개 중대를 절반으로 감축할 것을 요청했다. 일본 정부는 이 요청을 승인해 1개 중대 150명만 잔류시키고 1개 중대는 철수시켰다.

다케조에 공사는 서울의 정치 상황을 파악하는 과정에서 묄렌도르프의 의견을 다양하게 참고했다. 그는 리훙장이 심사숙고 끝에 보낸 '심복'이었다. 일본에 의지해 개화를 추진하려는 개화당과 정적 관계였던 묄렌도르프는 친구 다케조에에게 개화당에 대한 부정적 이미지를 잔뜩 심어주었다.

수신사 박영효가 귀국하고 일본에 남은 김옥균은 서광범·박제경·변수와 함께 일본 정부 인사들과 접촉해 300만 엔 차관 교섭을 진행했다. 묄렌도르프의 조언을 들은 다케조에는 조선 개화당은 일본 친화적 그룹은 분명하나 조선 조정에서 뿌리도 없고 실체도 불분명한 '경박한 인재들의 모임'이라고 본국 정부에 보고했다. 다케조에 공사는 이노우에 외상에게 "개화당에 차관을 제공해서는 안 된다"라고 비판적인 의견을 제출했다.

이런 정황을 전혀 모른 채 김옥균은 차관 도입을 위해 전방위적인 노력을 기울였다. 이노우에 외상은 김옥균의 거듭된 요청에 "국왕의 위임장이 없어 곤란하다"라고 둘러댔다. 김옥균은 "그렇다면 국왕의 위임장을 받아 가지고 오겠다"라면서 1883년 6월 귀국했다. 잔뜩 기대하고 보낸 개화당 인사들이 아무 성과 없이 빈손으로 귀국하자 개화당에 대한 고종의 애정이 급속 냉각되었다.

고종의 재임 기간 내내 변치 않았던 통치의 최고 목표는 '왕권 강화'였다. 그 목표를 위해 고종이 즐겨 사용한 방법은 분할통치였다. 국왕과 민 왕후는 정치판을 개화당과 수구당으로 분열시킨 다음 김홍집 세력을 중간파로 등장시켜 각 파벌이 이전투구하도록 유도했다. 예를 들어 대원군 세력이 강할 때는 박영효를 등용해 대원군을 견제하고, 박영효 세력이 강해지면 박정양을 이용해 박영효를 쳤다. 김홍집·어윤중 등 온건 친청 노선의 집권 개화파 세력을 억누를 때는 김옥균·박영효 등 친일 성향의 급진 개화당을 동원해 갈등을 부추겼다.

고종은 이러한 통치술을 국제 외교에도 적용했다. 그 결과 청에서 일본으로, 일본에서 러시아로, 러시아에서 미국으로 현란하게 조선의 뒤를 봐줄 후견 국가를 대체했다. 고종은 근대 국제 질서 세력균형의 의미를 이해하는 데 큰 어려움이 없었다(김종학, 『개화당의 기원과 비밀외교』, 2017, 101~102쪽).

청나라가 훈련시킨 조선 친위군

개화당이 일본으로부터 300만 엔 차관 도입에 실패하자 국내 정치 판도는 온건 개화파와 수구 사대당이 민영익을 중심으로 결집했다. 그 결과 김옥균·박영효를 중심으로 한 급진 개화당은 '왕따' 신세로 전락했다. 개화에 긍정적 입장이었던 민영익이 친청 수구 입장으로 돌아선 것은 김옥균 일파에게는 큰 타격이었다.

김옥균은 '독립 개화당'을 자처하면서 민영익 일파를 '사대 수구당'으로 공격했다. 박영효는 민영익에 대해 "윤태준(친군 후영사後營使)과 청나라 장수 위안스카이와 결의형제를 맺고 말 타고 달리면서 위세를 부리고, 청나라 식으로 어영군을 교련하며 청병의 위세를 빌려 궁정을 짓눌러 더럽히고 전횡하던 것은 입으로 다 형언할 수 없다"(김옥균·박영효·서재필, 조일문·신복룡 편역, 『갑신정변 회고록』, 2006, 202쪽)라고 비판했다.

급진 개화당은 일본을 모델로 조선의 개화와 독립을 추진하려 해서 '일본당'으로 불렸다. 일본을 추종하는 것까지는 좋았는데, 국제 관계란 오로지 국익에 의해 작동된다는 현실 인식이 결여되어 있었다. 또 일본이 자신들을 부정적으로 보고 있다는 사실을 인지하지 못했다.

청 조정은 총판조선상무위원으로 조선에 파견한 천수탕을 앞세워 사사건건 내정에 간섭했다. 천수탕이 조선에 파견된 내막은 이렇다. 임오군란 당시 조선에 파견된 청군의 보급을 돕기 위해 화상華商이라 불리는 청국 상인들이 조선에 온 사실은 앞에서 설명했다. 청군의 주둔 기간이 길어지자 화상들은 조선에서 상업 활동에 나섰다. 이들은 종주국 신민으로서 거주·영업·여행 등에서 아무런 제약을 받지 않았고, 개항장 아닌 곳에서도 제멋대로 장사를 했다.

임오군란이 수습된 후 조청상민수륙무역장정이 체결되어 서울이 개방되자 화상들이 연이어 조선에 진출했다. 리훙장은 이들의 활동을 체계적으로 지원하기 위해 1883년 10월 천수탕을 파견했다. 천수탕은 서울에 도착하자마자 4대문 중 하나에 "청은 조선의 종주국으로, 조선과 각국이 통상해 이권을 도모하도록 특별히 허락한다"라는 도착 성명서를 써 붙였다(임계순, 「한로밀약과 청의 대응」, 1984, 64쪽).

천수탕은 외교관과 대등한 예우를 원했지만 조선 정부나 다른 나라 외교관들은 '총판조선상무'로 무역·통상만 전담토록 되어있는 천수탕에게 외교관 지위 부여를 거부했다(함재봉, 『한국사람 만들기 II』, 2017, 379쪽).

임오군란 와중에 서울 수비를 담당하는 조선의 중앙군인 경군京軍이 풍비박산 났다. 그 결과 수도 서울의 방어와 치안을 담당할 공권력이 사라져 조선 주둔 청군 사령관 우창칭 휘하의 청군이 그 역할을 대신했다. 고종은 우창칭 제독에게 조선 친위군 조직을 의뢰했고, 우창칭은 그 임무를 위안스카이에게 위임했다.

위안스카이는 1882년 11월, 조선 장정 1,000명을 선발해 훈련에 돌입했다. 제1부대는 위안스카이의 감독하에 부장副將 왕더궁王得功이, 제2부대는 동별영에서 제독 주셴민朱先民의 감독하에 총병 허쩡주何增珠가 훈련을 담당했다. 훈련을 마친 부대는 신건친군영新建親軍營으로 명명되었다.

위안스카이는 신건친군영을 좌영左營·우영右營으로 분리해 이조연과 윤태준을 각각 좌우영 감독으로 임명했다. 이조연은 어윤중과 함께 청에 있을 때 임오군란이 일어나자 청군의 조선 파병에 앞장섰던 인물이다. 신분이 미천한 서얼 출신이나 위안스카이를 충심으로 따른 덕에 일개 지방 수령(군수)에서 군영 대장으로 파격 승진했다.

잡탕 군대가 되어버린 친군 4영

신건친군영은 청에서 도입한 신병기로 무장하고 청군 방식으로 조련해 청군 색채가 강했다. 그런 까닭에 1881년 창설된 교련병대(별기군)를 왜별기, 왜병대倭兵隊라고 했듯이 이 부대는 청별기, 호병대胡兵隊라 불렀다. 조선군 체계가 일본식에서 중국식으로 바뀐 것이다. 이 문제와 관련해 황현은 "개화 이래 군제가 여러 차례 바뀌어 혼란스러웠다"라고 비판했다. 병사들도 대부분 무뢰배 출신으로 밤이면 도적이 되었다가 날이 밝으면 병영으로 돌아왔다고 한다(황현, 김종익 옮김, 『오하기문梧下記聞』, 역사비평사, 1994, 53~54쪽).

1882년 12월, 위안스카이는 강화도 주둔 조선군을 청군 방식으로 개편했고, 1883년 11월에는 박영효가 남한산성에서 일본식으로 양성한 군대를 흡수해 친군 전영前營을 창설했다. 1884년 7월 30일에는 충주목사 민응식이 조련한 군대를 서울로 옮겨 친군 후영後營을 창설했다.

1884년 8월, 위안스카이가 양성한 좌·우영과 전·후영 등 네 그룹의 군대 2,000여 명이 국왕 직속의 '친군 4영'으로 개편되었다. 이때 사령관에 해당하는 감독을 영사營使로 개칭하고 전영사前營使에 한규직, 후영사後營使에 윤태준, 좌영사左營使에 이조연, 우영사右營使에 민영익을 임명했다. 이들 모두 민씨 척족 세력이거나 고종이 총애하는 인물 일색이었다. 조선의 최신예 군대인 친군 총수는 위안스카이가 맡았다.

친군 4영의 무기는 북양대신 리훙장에게 요청해 톈진기기국에서 12파운드 청동포 10문, 영국 엔필드 라이플 1,000정과 탄약을 공급받았다. 임오군란 1년 반이 지난 후 조선 정부는 비교적 최신 병기로 무장한 2,000명의 신식 군대를 보유하게 되었다(다보하시 기요시, 김종학 옮김, 『근대 일선관계의 연구 (상)』, 2013, 794쪽). 이때 조직된 국왕 직속의 친군은 명색만 조선군이었을 뿐 교관은 청군 장교, 병력의 지휘 통솔권은 위안스카이가 장악했다. 조선의 신식 군대는 사실상 주한 청군 사령관 우창칭의 지휘 통제하에 있는 용병이나 다름없었다.

친군 4영의 족보를 추적해 올라가면 조선 말기 군사 제도의 난맥상이 적나라하게 드러난다. 수도 서울을 방어하고 국왕에게 충성하는 친위부대이자, 조선에서 가장 정예롭고 최신 무기로 무장한 부대가 친군이다. 그런데 좌·우영은 청군 방식, 전·후영은 일본군 방식으로 조련되어 무기나 군복, 계급, 지휘 통솔 방법이 모두 다른 잡탕 군대였다.

오만무례한 서울 주둔 청군

좌·우영과 전·후영은 통합된 지휘 체계를 갖지 못해 서로 원수처럼 적대했다. 윤치호가 자신의 일기(1884년 1월 4일)에 "좌영은 전영을 비방하고 전영은 좌영을 비웃어 서로 적대 관계를 이루고 있다. 만약 전란이 벌어지면 저들은 반드시 개인적인 원한으로 인해 공의公義를 버리게 될 것이며, 나라를 위해 힘쓸 자는 없을 것"이라고 지적할 정도였다.

윤치호의 예언은 1884년 12월 4일 갑신정변 쿠데타가 발생했을 때 소름 끼치도록 적중했다. 일본군 방식으로 훈련된 전·후영 소속 장교와 병사들 중 상당수는 개화당 거사에 가담했고, 청군 방식으로 조련된 좌·우영은 청군 장수 지휘하에 쿠데타 진압에 나서는 난맥상을 연출했다(김종학, 『개화당의 기원과 비밀외교』, 2017, 259~260쪽).

친군 4영 구성도

부대 명칭	사령관(營使)	주요 구성원	특징
전영	한규직	– 박영효가 남한산성에서 일본식으로 양성한 병력 흡수 – 육군 도야마학교 유학 후 귀국한 생도 일부 배속	– 일본군 방식으로 조련 – 갑신정변 당시 개화당·일본군 편에 가담
후영	윤태준	– 충주목사 민응식이 조련한 병력 중심 – 임오군란 이후 교련병대(별기군)에 소속됐던 병력 합류	
좌영	이조연	– 위안스카이가 훈련시킨 신건친군영이 주축	– 청군 방식으로 조련 – 갑신정변 당시 청군 장수 지휘하에 개화당·일본군과 전투
우영	민영익		

창덕궁에서 개화당 편에 선 일본군과 친군 전·후영 연합군은 청군과 친군 좌·우영 연합군과 전투를 벌였다. 대세가 청군 쪽으로 기울자 개화당 편에 섰던 전·후영 군대가 배신해 청군 쪽으로 돌아서면서 갑신정변 쿠데타는 실패로 귀결되었다.

서울에 주둔한 청군 사령관 우창칭은 리훙장의 밀명을 받아 마젠창·묄렌도르프와 긴밀한 연락을 취하면서 조선 정부의 외교와 재정을 밀착 감시했다. 우창칭은 중요한 사항만 자신이 결정하고 세부 사항은 휘하 막료에게 위임하는 스타일이었다. 그 결과 군사 관련 사안은 위안스카이, 외교와 재정은 묄렌도르프와 마젠창이 전권을 담당하게 되었다.

인류 역사를 보면 난세에 인물이 나오는 법이다. 당시 위안스카이는 20대 초반의 나이여서 인생관이 제대로 정립되지도 않은 데다가, 과거에서 낙방해 관직 경험도 없었다. 독학으로 병서를 공부하던 백면서생이 양아버지의 도움으로 조선에 건너와 난리를 만나자 자신의 재능을 마음껏 표출했다. 미관말직으로 조선에 건너온 위안스카이는 하루아침에 조선 주둔군 사령관 대리 역할은 물론, 조선 최정예 부대인 친군 4영의 지휘권을 장악했다.

임오군란 이후 조선을 식민지로 격하시킨 청의 압력은 상상을 초월하는 것이었다. 서울에 주둔한 청군의 행패도 극심했다. 청군 병사들은 군기가 엄정하지 않아 때때로 조선 관민을 약탈 폭행하는 일이 비일비재해 원망의 표적이 되었다(조경달, 최덕수 옮김, 『근대조선과 일본-조선의 개항부터 대한제국의 멸망까지』, 2015, 97쪽).

1884년 1월 29일 청군 병사 세 명이 서울 광통교 약국에 들어가 인삼을 구입하고 돈을 내지 않았다. 약국 주인이 물건 값을 요구하자 청군이 권총으로 주인을 사살했다. 피해자 아들이 조선 관청에 이들을 살인죄로 고소했다. 조선 정부는 우창칭 제독에게 범죄자 체포와 처벌을 요구했으나 청군 측은 "우리 병사들은 기율이 엄정해 그런 범인은 없다"라고 답했다.

외아문 고문과 박문국 주사로 초빙되어 「한성순보」 발행을 담당했던 일본인 이노우에 가쿠고로가 이 사건을 취재해 「한성순보」에 기사화했다. 신문을 보고 격분한 청군 지휘부는 조선 정부에 문제의 기사가 게재된 「한성순보」 배포를 금지하라고 요구했다. 이노우에는 이 요구를 거부하고 신문을 배포해 요주의 인물로 낙인찍혔다.

하루는 이노우에가 거리를 걷는데 청군 병사들이 이노우에의 이름을 크게 쓴 종이를 칼로 찍어 높이 들고 지나갔다. 일본 공사관은 이소바야시 신조磯林眞造 대위를 박문국으로 보내 이노우에의 신변 경호를 해주었다. 이소바야시는 항상 베개 밑에 총과 칼을 놓고 잠을 잤다.

「한성순보」에 관련 기사가 보도되자 리훙장은 총판조선상무 천수탕에게 사실 관계를 조사해 보고하라는 훈령을 보냈다. 우창칭 제독은 약국 주인 살해범은 청군이 아니라 청군 군복으로 위장한 조선인이었다고 거짓 해명했다. 청군은 그에 대한 보복으로 「한성순보」를 발행하는 박문국을 습격했다.

한 달 후 리훙장은 조선 정부에 "「한성순보」 기사는 청군의 이미지를 실추시키기 위한 가짜 뉴스다. 이것은 실무자의 단순한 실수가 아니라 청군을 모욕하는 처사"라는 항의 서한을 보내왔다. 이 사건으로 이노우에는 외아문 고문에서 쫓겨나 1884년 5월 일본으로 돌아갔다. 청-프랑스 전쟁이 벌어져 청군 절반이 철수하자 이노우에는 1894년 8월 조선에 재입국했다(이노우에 가쿠고로, 한상일 역·해설, 『서울에 남겨둔 꿈』, 1993, 40~42쪽 참조).

남의 불행은 나의 행복

인류 역사를 보면 남의 불행이 나의 행복이 되는 사례가 비일비재하다. 청나라에서 발생한 태평천국의 난이 그랬고, 조선의 임오군란이 그랬다. 난리를 당한 나라는 수많은 사람이 죽고 다치는 불행에 치를 떨지만, 서양 열강이나 주변국은 불운을 이용해 수많은 이권을 탈취했다.

임오군란은 조선이 청나라에 등 떠밀려 미국·영국·독일과 차례로 수교 조약을 체결한 지 한 달여 만에 폭발했다. 이 사건을 계기로 청은 조청상민수륙무역장정을 체결해 조선을 식민지 취급해 처절하게 약탈하기 시작했다. 청나라만 조선을 상대로 카니발을 벌인 것이 아니다. 일본이 그랬고, 영국이 그랬다. 임오군란은 1년 이상 봉급을 받지 못한 구식 군인들의 봉급 문제로 촉발된 생계형 사건이었다. 단순한 생계형 사건을 국제적인 정치·외교·군사적 대사건으로 확대시킨 주인공은 대원군이었다.

청의 조선 외교를 총괄하고 있던 리훙장은 주일 청국 공사 리수창으로부터 조선에서 임오군란이 터졌다는 전문을 받은 순간, 자신의 주도하에 진행해 온 『조선책략』 외교 노선이 파탄을 맞았음을 직감했다. 영국은 태평천국 반란을 틈타 애로호 사건(제2차 아편전쟁)을 일으켜 청으로부터 거대한 이권을 탈취한 사례가 있다. 임오군란은 조선판 태평천국의 난이나 다름없었다. 리훙장은 조선을 노리고 있는 열강이 이 기회를 헛되이 넘기지는 않을 것으로 예견했다.

가장 먼저 발 빠르게 움직인 나라는 영국이었다. 그들은 조선과 체결한 수호통상조약(일명 윌리스조약)에 심각한 하자가 있다면서 이의를 제기했다. 이 조약도 리훙장의 주선과 중재를 통해 체결된 결과물이다. 윌리스조약은 체결 한 달여 후 발생한 임오군란을 계기로 영국이 비준을 거부하면서 폐기 처분 위기를 맞게 되었다.

윌리스조약 체결로 러시아의 한반도 침투 저지라는 1차 목표가 달성되자 영국은 제국주의적 본색을 유감없이 드러내기 시작했다. 서양의 기독교적 문명과 관련 없는 지역은 팽창과 섬멸의 대상, 혹은 '경제적 욕구'를 채우기 위한 대상으로 바라보는 '파우스트 정신'이 본격 가동된 것이다.

조선 정부에 이미 체결한 윌리스조약을 폐기하고 신조약 체결을 강력하게 요구한 인물은 대영 제국의 동아시아 정책을 현장에서 수행한 주일 영국 공사 파크스였다. 그는 제2차 아편전쟁의 도화선이 된 애로호 사건을 도발한 포함외교의 명수이자, 산전수전 다 겪은 외교 베테랑이었다.

파크스는 동아시아에 진출한 영국 상인들의 여론을 수렴한 후 조-영 조약을 자국에 더 유리한 내용으로 바꾸기 위한 공작에 나섰다. 조-영 조약 체결 2주 후인 1882년 6월 21일, 파크스는 본국 외무성에 의견서를 보내 윌리스조약이 안고 있는 문제점을 조목조목 제기했다. 그는 "조-영 조약은 1858년 체결된 영-청 조약보다 더 불리하며, 청나라에

놀아난 조잡한 협정"이라고 비난했다. 영국이 조선에 추가 요구할 사안은 관세율 인하, 영국 군함의 조선 항만 자유 출입 및 해도 작성 권리, 아편 수입 금지 조치의 무력화로 전략 목표가 정해졌다.

박영효에게 새 조약 체결 요구한 영국

때마침 7월 23일 조선의 수도 서울에서 구식 군인들의 폭동이 일어났다. 정치적 격변으로 고종이 실각하는 등 조선 조정이 위기에 처하자 영국은 본격적으로 행동을 개시했다.

1882년 가을, 임오군란에 대한 사과를 위해 조선 수신사가 일본에 파견되었다. 이때 일본에 파견된 수신사는 박영효·김옥균을 비롯한 개화당 일색으로 구성되어 있었다. 그들은 임오군란 직후부터 조선의 목줄을 죄어오는 청의 내·외정 간섭에 치를 떨면서 "외세의 힘을 빌려서라도 청의 속박에서 벗어나 명실상부한 조선 독립을 이룬다"라는 순진한 구상을 갖고 현해탄을 건넜다.

박영효·김옥균과 함께, 민씨 척족 세력의 실력자로서 조선 조정의 떠오르는 태양 같은 존재였던 민영익은 3개월 동안 일본에 체류했다. 조선 대표들은 일본 외무성의 안내로 주일 영국 공사 파크스와 10월 16일, 10월 23일, 11월 25일, 12월 23일 등 여러 차례 회동했다.

박영효가 10월 23일 주일 영국 공사관에서 파크스와 회견할 때의 일이다. 파크스가 윌리스조약의 문제점을 조목조목 지적하자 박영효는 "영국 측에서 불만을 갖는 조항은 무엇인가?" 하고 물었다. 파크스가 치외법권, 관세율 인하 등 민감한 사안들을 열거했다. 박영효는 제기된 사안에 대한 구체적인 논의는 회피한 채 "청을 배제하는 조건으로 조약 개정을 위한 교섭에 나설 용의가 있다"라고 발언했다(김종학, 『개화당의 기원과 비밀외교』, 2017, 204쪽). 영국이 청의 압력을 물리쳐 조선의 자주독립을 보장하면 영국이 원하는 신조약을 체결할 의향이 있음을 시사한 것이다.

박영효는 1861년생이니 수신사로 일본에 파견되었을 때 나이는 21세였고, 민영익은 22세, 김옥균은 31세였다. 개화 열정에 휩싸여 세상 무서운 줄 모르던 순박한 청년들은 베테랑 외교관 파크스가 파놓은 함정에 스스로 빠져들었다. 고종이 수신사 박영효 일행을 일본에 파견할 때 내린 훈령에는 영국과 신조약 체결을 위한 교섭은 들어있지 않았다. 영국 공사와의 접촉 및 신조약 체결 시사 발언은 박영효의 월권 행위였다.

파크스는 조선 지도부가 청의 굴레에서 벗어나려는 목적이 충족될 경우 자국에 불리한 조건을 감내하고 영국과 손잡을 의향이 있음을 간파했다. 이때부터 파크스는 강압 수단을 동원해 조선 조정에 조약 개정을 요구하기 시작했다.

당시 조선 조정이 미국·영국·독일과 체결한 수교 조약은 서양 나라들이 제 발로 찾아와 자기들 뜻에 맞게 내용을 정한 것이다. 외교 협상도 청의 리훙장이 대신 해주었다. 그 결과 서양 열강의 요구 사항이 거의 100퍼센트 반영된 조약이었다.

국제법에 의하면 양국이 자유의사에 기초해 절차상 하자 없이 조약을 체결했으면 '성실 이행의 의무'에 따라 이를 비준하고 시행해야 할 의무를 지는 것이 당연했다. 중대한 사정 변경이 있지 않는 한, 체결된 조약을 폐기하고 새 조약 체결을 요구하는 것은 국제 외교 관례상 있을 수 없는 일이었다(김종학, 『개화당의 기원과 비밀외교』, 2017, 202쪽).

영국은 자기들 자유 의지로 체결한 조약을 비준도 하지 않은 상태에서 불과 몇 개월 만에 뒤엎고 보다 유리한 조건으로 새 조약을 체결하자고 조선 대표들을 압박했다. 파크스는 조선이 청과 맺은 조청상민수륙무역장정 사본을 입수해 분석한 후 박영효가 귀국하기 직전 회담을 열었다.

"청을 배제하는 조건으로…"

이 자리에서 파크스는 "영국이 청을 배제하고 조선과 직접 교섭할 경우, 조선은 청과 체결한 무역장정에서 청에 양여한 특권을 영국에도 동일하게 허용할 의사가 있는지"를 질의했다. 조-영 조약에 명기된 10~30퍼센트의 관세를 5퍼센트의 종가세로 낮춰달라는 요구였다. 박영효는 가능하다면서 "내가 귀국한 뒤 일본에 남아있게 될 김옥균과 자세한 교섭을 해달라"라고 답했다.

조선에서는 그동안의 책봉-조공 체제하에서는 상상조차 할 수 없는 청의 내·외정에 대한 간섭과 압력이 가중되고 있었다. 고종은 수단 방법을 총동원해, 즉 서양 열강의 힘을 끌어들여서라도 청의 속박에서 벗어나야 한다고 판단했다. 약육강식의 살벌한 정글에서 토끼나 사슴이 사자를 이용해 호랑이의 속박에서 벗어나겠다는 발상은 지극히 낭만적이고 비현실적인 모험이었다.

박영효는 1883년 1월 귀국했고, 김옥균은 일본에 남아 영국과 신조약 체결 문제를 협상했다. 3개월 후인 1883년 3월 14일, 김옥균과 고베 주재 영국 영사 애스턴은 영국 군함 모헨(Moorhen)호 편으로 인천에 도착했다. 그로부터 수개월에 걸쳐 "청의 중재를 배제한 상태"에서 조선과 영국 간에 신조약 체결을 위한 교섭이 진행됐다.

일본은 영국이 조선과 체결한 윌리스조약 비준을 거부하고 수입 관세 인하를 요구하는 신조약 체결을 추진 중이라는 정보를 입수했다. 일본은 이를 기회로 삼아 조선 조정을 압박해 1883년 7월 25일 조일통상장정 및 세칙에 조인했다. 묄렌도르프가 초안을 작성한 조일통상장정은 일본 선박의 조선 연안 취항을 인정하고 미곡 수출을 허용했다. 다만 조선이 미곡 수출 금지를 원할 경우 1개월 전에 사전 통고한다는 단서를 달았다. 이 단서가 후에 방곡령防穀令의 원인을 제공하게 된다.

수입 관세는 종가 5퍼센트에서 30퍼센트까지 여덟 종류로 구분했다. 약재 및 일본인의 생활에 절대적으로 필요한 식료품·일용잡화·가구 등은 5퍼센트, 양주·시계·장식품·보석류는 25~30퍼센트, 일반 상품은 8~10퍼센트로 규정했다. 수입 관세에서 주목할 부분은 일본산 제품에 대해서는 5퍼센트, 직물류에는 8퍼센트의 저율 관세를 부과키로 한 점이다. 또 일본 정부 산하 관청과 관련된 상품 및 선박에는 면세 특권을 허용하는 등 일본에 유리한 조건이 나열되어 있었다.

수출세의 경우 화폐 및 금·은과 사금砂金은 면세, 그 외의 모든 항목은 5퍼센트로 정했다. 이때 체결된 조일통상장정을 통해 조선 정부는 수출입 모두 무관세로 규정한 1876년의 조일수호조규 체결로부터 7년이 지난 후에야 관세권을 회복했다. 그러나 묄렌도르프는 일본에게 큰 인심 쓰듯 아무 조건도 없이 저율 관세와 귀금속 면세를 허용했다.

묄렌도르프의 파격적인 양보는 일본 한 나라에만 저관세율을 허용하는 것으로 끝나지 않았다. 이미 조약을 통해 최혜국 조항을 보장받은 미국·영국·독일도 일본과 동일한 관세를 요구한 것이다. 조선은 저율 관세를 모든 열강에게 허용하면서 관세 수입의 상당 부분을 허공에 날린 셈이 되었다.

모든 조건이 완벽하게 갖춰졌다고 판단한 파크스 공사는 신조약 체결을 직접 압박하기 위해 1883년 10월 27일 서울에 나타났다. 영국 대표단은 파크스 공사와 애스턴, 힐리어, 모우드 등이었고, 조선 대표단은 민영목을 수석으로 하고 묄렌도르프가 참여했다.

“우리는 원하는 모든 것을 다 얻어”

파크스는 일본에서 여러 차례 박영효·김옥균 등 개화파 인사들과 접촉한 결과를 토대로 만반의 준비를 했다. 조선은 조약의 내용이나 결과가 자신들에게 유리한지 불리한지, 그런 것은 주된 관심사가 아니었다. 오로지 영국으로부터 청의 외압을 물리쳐 주겠다는 약속을 받아내는 것이 최대 목표라는 사실을 베테랑 외교관 파크스는 꿰뚫어보았다.

양국 대표단은 한 달간의 교섭 끝에 1883년 11월 26일, 이미 영국과 체결한 수호통상조약(윌리스조약)을 폐기하고 새로운 조영수호통상조약(파크스조약)을 체결했다. 12월 4일 파크스는 본국 정부에 “대단한 고역과 인내를 겪은 후 1883년 11월 26일에야 마침내 조영 신조약이 조인되었다. 우리는 우리가 원하는 모든 것을 얻었다”라고 긴급 보고했다. 그는 이어 이 조약으로 영국이 의도한 목표 가운데 하나가 “블라디보스토크에서부터 남쪽으로 영향력을 행사하려는 러시아의 의도를 저지하는 것”이라고 밝혔다. 파크스조약에 근거해 독일도 거의 비슷한 내용의 새로운 조약(차페조약)을 체결했다.

제2차 조-영 및 조-독 조약은 청의 중재 없이 체결한 자주 외교의 산물이었다. 때문에 청의 중재와 교섭을 통해 체결한 제1차 조약에 비해 조선 측에 유리한 내용이 풍성하게 담겨있어야 정상이라고 평가받을 수 있다. 그런데 청의 중재 없이 자주적으로 체결한 신조약은 조선 측에 훨씬 불리한 조항들이 백화점 식으로 나열된 ‘불평등 조약’의 전형이었다. 제1차 조약보다 현저히 퇴보한 내용이 되어버린 것이다. 대표적인 개악改惡 내용을 정리하면 다음과 같다.

1882년 미·영과 체결한 조약에는 양국 중 한 나라가 제삼국과 분쟁이 발생할 경우 타국은 자동으로 거중조정을 주선하도록 규정되어 있었다. 조-영 신조약은 자동으로 거중조정을 실행한다는 조항이 “요청이 있을 경우에 한해 거중조정을 할 수도 있다"로 바뀌었다. 거중조정 조항은 있으나 마나 한 장식물로 전락했다.

조-영 신조약은 30퍼센트였던 관세율을 종가 5·7·10·20퍼센트 등 4종으로 구분해 놓았다. 그런데 일반 상품과 영국의 주력 수출 품목인 면직물은 세율을 5퍼센트와 7.5퍼센트로 정해 영국이 일방적으로 큰 이득을 보았다.

조-영 신조약은 1차 조-영 조약에 비해 관세율을 절반 정도로 끌어내렸다. 그 결과 1910년 일본에게 국권을 상실할 때까지 조선의 관세 수입에 계산조차 하기 어려울 정도의 막대한 손실을 안겨주었다. 1887년부터 1891년까지 4년간 조선의 수입량이 무려 8배나 증가한 것으로 미루어 볼 때 조선이 입은 관세 손해액은 이루 말할 수 없을 정도였다. 이것이 구한말 조선의 재정을 극도로 악화시킨 결정적 요인이 되었다.

뿐만이 아니다. 파크스조약에는 조선의 경제와 안보를 뒤흔드는 치명적인 조항들이 줄줄이 추가되어 있었다. 제4조는 영국인이 조선의 3개 개항장에서 토지 매입은 물론 공장 건설까지 가능하도록 허용했다. 또 항구에서 관세 지불을 마친 수입품은 내륙에서 재차 관세를 부과하지 못하도록 규정했다. 영국인은 신조약을 통해 조선 내지를 자유롭게 여행하고, 어떠한 종류의 물품이든 구매하고 판매할 수 있는 권리를 취득했다.

내지 통상권은 청과 체결한 조청상민수륙무역장정에서 조선 산품의 구매에 한해 부분적으로 인정되었는데, 조-영 신조약은 외국산 제품의 판매에 이르기까지 포괄적으로 승인되었다. 교섭 과정에서 파크스 공사는 내지 통상권을 다른 조항을 얻어내기 위한 협상 카드로 활용하려 했다. 그런데 조선의 외교고문 묄렌도르프와 그를 후원한 민 왕후의 무책임한 대응으로 너무나 쉽게 양보하고 말았다(이영훈, 『한국경제사 I』, 2016, 575쪽).

영국 군함 조선 항구 입항 권리 허용

이 밖에도 영국은 영국인에 대한 재판권을 부정한 치외법권, 연안 무역·해운권, 개항장에서 주택·공장·창고를 설치할 자유, 조선이 외국에 부여하는 모든 권리를 영국이 무조건적으로 향유하는 최혜국대우의 권리 등을 취득했다.

조-영 신조약의 제8조 1항은 위에서 언급한 사항보다 더 중대한 내용을 담고 있다. 영국 군함이 조선의 어떤 항구에도 입항할 수 있으며, 그 선원들이 상륙할 자유 등 각종 특권을 규정하고 있다. 제8조 2항은 영국 선박이 조선 연안을 측량할 수 있다고 규정하고 있다. 유럽 공법에 의하면 군항 입항은 사전에 연안국의 승인을 받는 것이 통례였고, 영해 측량은 중대한 주권 침해였다(김용구, 『세계관 충돌과 한말 외교사 1866~1882』, 2001, 425쪽).

제8조에는 또 조선과 영국 양국 군함의 상호 방문이 가능하도록 규정했다. 당시 조선은 태평양과 인도양 등 대양을 항해해 영국 항구에 입항할 수 있는 선박이 단 한 척도 없었다. 때문에 이 조항은 현실적으로는 영국 군함의 조선 항구 입항을 무제한 허용하는 근거가 되었다.

문제의 조항에 근거해 영국은 1885년 조선이 러시아와 밀약을 체결하자 군함을 파견해 거문도를 점령했다. 조선 입장에서 보면 이 사건은 영국의 조선 영토 침략 및 무단 점거였지만, 영국은 "조-영 신조약에 의거한 정당한 입항"이라고 주장하는 근거가 되었다.

서양 열강 입장에서 볼 때 조선은 거대한 영토와 인구를 보유한 중국과 구매력 있는 일본에 비해 시장으로서의 매력은 거의 기대할 수 없는 지역이었다. 그럼에도 불구하고 조선에 가해진 조약의 불평등성은 일본보다 훨씬 가혹했고, 중국보다 덜하지 않았다. 그 이유는 무엇이었을까?

조선에는 영국·독일·미국 등 서양 열강의 외압뿐만 아니라 후발 자본국으로 발돋움하는 일본 및 종주국을 자처하는 청의 외압이 복합적으로 가해졌다. 게다가 서양 열강은 조선에서 통상 이익을 추구하는 데 그쳤지만 청·일은 정치적·군사적 지배를 추구했다.

조선은 무엇을 얻었나

조약의 불평등성이 심화된 것을 서구 열강과 일본·청의 호전성 탓으로만 돌리는 것은 모든 책임을 남에게 떠미는 사고방식이다. 실상을 들여다보면 조약의 불평등성을 심화시킨 주범은 조선의 외교·군사적 역량 부족이다. 조-영 신조약 체결의 발동이 걸린 계기는 임오군란이었다. 따라서 임오군란이 조선에 끼친 손해는 제물포조약에 규정된 배상금 50만 엔 정도에서 그친 게 결코 아니었다(최문형, 『제국주의 시대의 열강과 한국』, 1990, 82쪽).

조-영 신조약이 체결되자 청나라도 조청상민수륙무역장정 개정을 강요해 영국과 동일한 권리를 획득했다. 이것이 김옥균 개화당 일파가 그토록 원했던 '조선 자주독립'의 값비싼 대가였다.

조선은 신조약 체결의 대전제로 "조선이 자주독립할 수 있도록 영국이 청을 견제해 달라"라고 요구했다. 그 대가로 조선은 영국과 신조약 체결 과정에서 영국이 원하는 거의 모든 이권을 제공했다. 그렇다면 "청의 외압을 물리쳐 조선의 자주독립"은 쟁취되었을까? 이 질문에 대한 답은 파크스 공사의 다음과 같은 발언에서 찾을 수 있을 것 같다.

"조선 백성들은 어리석어서 독립의 가치를 알지 못한다. 혹시 독립을

개악된 제2차 조–영 조약의 문제 조항
① 적극적인 거중조정(good offices) 실행 조문 삭제
② 조선 정부의 관세 자주권 부정
③ 수입품에 대해 관세를 제외한 모든 징세 금지
④ 개항장 간 무역 허가
⑤ 방곡령 실시에 대한 규정 및 인천에서의 미곡 수출 금지 규정 삭제
⑥ 수입 관세율을 10퍼센트에서 7.5퍼센트로 조정
⑦ 청과 일본에서 시행되는 치외법권의 동등한 적용
⑧ 한양(서울)과 양화진의 개항
⑨ 조계지 설치 및 운용에 관한 규정
⑩ 조선 경내에서 영국인의 내지 통행 및 통상의 자유 보장
⑪ 개항장으로부터 100리 이내 여권 없이 자유 왕래 허용
⑫ 조선 항구 및 근해에서 영국 군함의 자유로운 항행 및 입항 허용
⑬ 무조건적인 최혜국대우 권리 규정
⑭ 조약의 개정 시한을 5년에서 10년으로 확대

출처 : 최덕수 외, 『조약으로 본 한국근대사』, 열린책들, 2010, 189~200쪽.

도모하는 움직임이 있더라도 지나(중국)가 반드시 그것을 제압할 것이다."

조선과 신조약을 체결해 자신들이 원하는 이권을 충분히 얻어내는 데 성공하자 영국은 청나라 견제는커녕 대놓고 조선을 무시했다. 영국은 조선 주재 외교관의 등급을 공사에서 총영사급으로 낮추었고, 주청 공사가 주한 공사를 겸직하도록 했다. 서울에는 대리총영사, 제물포에는 영사를 주재시켜 베이징에 종속시켰다. 영국은 청의 종주권을 강화하는 조치를 연이어 취함으로써 "조선이 자주독립할 수 있도록 청을 견제한다"라는 항목은 풍성한 말잔치로 끝났다.

덕분에 임오군란부터 1894년 청일전쟁이 발발할 때까지 조선은 청나라의 집요하고도 잔인한 간섭에 시달려야 했다. 전통적 관례대로 조공 사신단을 베이징에 보내 사대의 예를 표했고, 청의 칙사가 서울에 도착하면 다른 나라 외교관이 지켜보는 가운데 굴욕적인 영접의 예를 거행했다.

조선 국왕은 청나라 황제의 조서를 받으려면 궁궐에서 왕세자를 비롯해 문무백관과 유생들을 거느리고 4배拜 3고두叩頭를 하도록 규정되어 있었다. 그런데 중종은 1537년부터 도성 밖 모화관으로 직접 나가 칙사에게 5배 3고두를 행했다. 중종반정 쿠데타에 의해 신하들의 도움으로 왕위에 오른 중종은 자신도 여차하면 왕위에서 쫓겨날 수 있다는 생각에 사로잡혔다.

그가 기댈 언덕은 명을 천자의 나라요 부모의 나라로 받드는 사대 정책의 강화였다. 그는 기존 왕들과는 비교될 정도로 자주 명나라에 사신을 파견해 과도한 사대 행위를 했다. 그리고 그 결과 중종은 조선 국왕으로서는 처음으로 도성 밖 교외에서 구경 나온 일반 백성들까지 모두 지켜보는 가운데 청나라 칙사를 향해 5배 3고두의 예를 거행한 것이다(계승범, 『중종의 시대-조선의 유교화와 사림의 시대』, 역사비평사, 2014, 133쪽). 이후 조선의 역대 국왕들은 중국 칙사를 옥황상제 모시듯이 극진하게 예우해야만 했다.

청나라의 속박에서 벗어나기 위해 몸부림쳤던 조선의 요구와는 정반대로 영국이 집요하게 청의 종주권을 싸고돈 이유가 있다. 영국 입장에서 볼 때 청나라는 자국의 '현금 지급기'나 다름없을 정도로 큰 이권을 제공하고 있었다. 영국은 청나라 대외 교역량의 65퍼센트를 점하고 있었고, 교역 총량은 영국 이외의 최대국보다 무려 19배에 달했다.

조-영 신조약은 최악의 불평등 조약

1890년 이전에 중국에서 영업하는 외국 기선 회사는 11개였다. 그 중 영국 국적이 8개 회사, 영국과 포르투갈 합작 회사 1개, 미국과 독일이 각각 1개 회사였다. 영국은 청으로 들어오고 나가는 수출입 해운의 83퍼센트 이상을 점했다(최문형, 『제국주의 시대의 열강과 한국』, 1990, 157쪽). 뿐만이 아니다. 청은 장강 유역에서 영국의 기득권을 보호해 주고, 조선으로 남하하려는 러시아의 야심을 막아주는 완충국 역할을 수행했다. 영국에는 더 이상 바랄 것이 없는 우호국이었다.

이러한 영국의 청나라 우호 정책은 1883년을 전후해 변화 조짐을 보였다. 영국 해군은 전과 동일하게 친청반일親淸反日 입장이었다. 반면에 로즈버리(Rosebury) 수상과 킴벌리(John W. Kimberley) 외상은 청나라가 영국의 권익을 지속적으로 보장해 줄 능력이 있는지에 대해 회의하기 시작했다. 그 결과 청과 함께 일본도 동시에 이용하는 쪽으로 정책 변경이 모색되었다.

영국이 러시아의 남하를 봉쇄하는 것 이외에 조선에 어떤 관심도 없다는 사실은 그로부터 20년 후인 1902년 1월 30일, 영일동맹 체결로 보다 명확해졌다. 영일동맹 제1조에서 "영·일 양국은 한·청 양국의 독립을 승인하고 영국은 청에, 일본은 한국에 각각 특수한 이익을 갖고 있으므로 제삼국으로부터 그 이익이 침해될 때는 필요한 조치를 취한다"라고 규정했다. 영국은 러시아의 남진을 봉쇄하는 임무를 일본에게 맡겼고, 필요할 경우 조선을 일본에 넘겨버린 것이다.

조-영 신조약(파크스조약)은 조선에 치명적인 타격을 가한 최악의 조약이었다. 이 조약이 모태가 되어 미국·독일·프랑스·이탈리아·러시아 등 서양 각국에 동일한 이권과 혜택을 제공해야 했다. 조선은 조미수호통상조약이 아니라 조-영 신조약을 통해 완전 무장해제당했다. 변변한 방호 장구도 없이 벌거숭이 상태로 제국주의 침략자들에게 이권을 뜯어먹히는 '국제적 호구'로 전락한 것이다.

영국을 끌어들여 청의 압력을 물리치고 자주독립을 이루겠다는 개화당의 의도는 순수했는지 몰라도, 영국에게 실컷 이용만 당한 끝에 무지막지한 피해를 당했다. 서양 열강과 대등한 조약을 체결해 국제사회에서 독립을 공인받으면 국제법의 보호를 받을 수 있을 것이라는 개화당의 순진무구한 생각은 무지갯빛 환상이었음을 영국이 적나라하게 깨닫게 해준 것이다.

제3권 연표

1510 포르투갈, 인도 서해안 고아 점령

1511 포르투갈, 말레이반도 서남부 항구 말라카 점령

1519 마젤란, 세계 일주 시작

1571 에스파냐, 필리핀 전체에 대한 영유권 선언

1588 영국, 에스파냐 무적함대 격파

1600 영국, 동인도회사 설립하고 인도양과 태평양 무역 독점권 부여

1602 네덜란드, 주식회사 형태로 동인도회사 설립

1609 네덜란드 동인도회사, 무역선단 일본 파견

조선 정부, 기유약조 체결해 임진왜란으로 단절되었던 일본과 국교 재개

3월, 사쓰마 번주 시마즈 이에히사, 류큐 왕국 침략

1618 네덜란드 동인도회사, 자와섬에 바타비아(자카르타) 건설

1757 영국, 플라시에서 프랑스군 격파해 인도 식민 지배

1759 건륭제, 친정으로 중가르 멸망시키고 신장 일대 청 제국에 편입

1799 네덜란드 동인도회사 해산

1811 홍경래의 난

1832 자딘매시슨상회 광저우에 설립

1834 영국 정부, 동인도회사에 부여했던 중국 무역 독점권 회수, 중국 무역 자유화 선언

1844 미국, 청과 왕사조약 체결

1853 1월, 부산 용당포 앞바다에 미국 포경선 표착

1855 6월, 미국 포경선 투브라더즈호 강원도 통천에 표착

1860 청-러 베이징조약 체결. 러시아, 청으로부터 연해주 지역 획득

1861 러시아 해군 쓰시마 점령

1862 7월 1일, 링컨 미국 대통령 '태평양 철도법' 서명. 대륙횡단철도 착공

1869 일본, 판적봉환 단행

1871 일본, 폐번치현 단행해 번 폐지하고 현 설치

7월, 러시아, 이리 침공

1872 메이지 정부, 류큐 왕국 폐지하고 번藩으로 강등(제1차 류큐 처분)

1873 12월, 고종, 아버지 흥선대원군 내쫓고 친정 체제 출범

1874 일본, 타이완 침공

프랑스 달레 신부, 파리에서 『조선교회사』 출간

11월, 박규수, 우의정 사임

12월 12일, 리훙장, 해양 안보의 긴급성을 역설하는 상소

1876 1월 15일, 조일수호조규 체결 위해 일본 함대 부산 입항

2월 11일, 조일 대표단 첫 회담 개시

2월 15일, 최익현, 일본과 수교 반대 위한 도끼 상소

2월 21일, 고종, 최익현을 흑산도로 유배

2월 27일, 강화부 연무당에서 조일수호조규 체결

5월 22일, 제1차 수신사 김기수 일본 파견

6월 19일, 제1차 수신사 김기수 귀국

8월 5일, 일본, 사무라이들에게 지급하던 연금 중지하는 '질록 처분' 발표

9월 23일, 구로다 기요타카, 삿포로 맥주 양조소 개설

10월 25일, 일본 구마모토에서 사무라이들 반란

11월, 미쓰비시상사, 월 1회 나가사키-부산 증기선 운행

1877 2월 19일, 일본 서남전쟁 발발

5월 26일, 메이지유신 삼걸 기도 다카요시 지병으로 사망

일본 외교관 하나부사, 한문으로 번역된 『만국공법』 조선에 전수

1878 5월 14일, 메이지유신 삼걸 오쿠보 도시미치 암살

청나라, 베이징-펑톈 간 경봉철도 착공

1879 4월 4일, 일본, 류큐 병탄(제2차 류큐 처분)

청-러, 리바디아 조약 체결. 러시아는 이리 반환, 청은 이리 서남부 영토 러시아에 할양하기로 합의

1880 5월 14일, 미 해군 제독 슈펠트, 부산에서 조선 조정에 수교 요청서 제출

7월, 조선 정부, 원산 개항

7월 31일, 제2차 수신사 김홍집 일본 파견

8월 26일, 슈펠트 제독, 톈진에서 리훙장과 조선 수교 회담

9월 8일, 제2차 수신사 귀국

11월 15일, 이동인, 고종의 밀사로 일본 파견

12월 27일, 하나부사 공사, 조선 국왕에게 국서 봉정. 조선 정부, '천황' 명시된 일본 국서 최초 접수

일본 메이지 정부, 국영 기업 민간에 매각

오페르트, 독일에서 『금단의 나라 조선』 출간

1881 1월 19일, 고종, 개화 정책 추진 위해 통리기무아문 출범

3월 15일, 이동인 실종

3월 25일, 영남 만인소 운동 개시

5월 7일, 조사시찰단 일본 파견

5월, 영국, 페가서스호 조선에 파견, 수교 요청

8월 25일, 조사시찰단 귀국

11월 17일, 고종, 청에 영선사 파견

12월 1일, 이재선 역모 사건

1882 3월, 김옥균, 제1차 일본 방문

3월 31일, 고종, 5군영 통폐합해 무위영·장어영 2영 체제로 개편

4월 4일, 고종, 어윤중을 청에 파견해 사대 의례 폐지 요구

5월 22일, 조미수호통상조약 체결

6월 1일, 김옥균, 일본의 계몽사상가 후쿠자와 유키치와 면담

6월 6일, 조영수호통상조약(윌리스조약) 체결

6월 30일, 조독수호통상조약(브란트조약) 체결

7월 8일, 조선 정부, 국호를 '조선'에서 '대조선국'으로, '국왕'을 '대군주'로 격상

7월 23일, 임오군란 발생

7월 24일, 군란 일으킨 난병들, 창덕궁 침입

7월 25일, 하나부사 일본 공사 일행, 인천에서 영국 군함 플라잉피시호 타고 탈출

7월 31일, 일본 정부, 조선 정부에 임오군란 사죄 및 배상 요구. 일본군 1,500명과 군함 조선 파병 결의

8월 13일, 일본군 1,500명 제물포 상륙

8월 20일, 청군 3,000명 경기 남양부 마산포 상륙

8월 20일, 하나부사 일본 공사, 창덕궁에서 고종 알현하고 최후통첩

8월 21일, 대원군, 남양의 마젠중에게 급보 보내 "청군 병력 서울로 이동해 조선 정부 보호" 요청

8월 25일, 청군 서울 입성

8월 26일, 청군, 대원군 체포해 톈진으로 압송

8월 30일, 조선 정부, 일본과 임오군란 수습 위한 제물포조약 체결

9월 7일, 임오군란 사죄 위한 제3차 수신사로 박영효 일본 파견. 개화당 영수 김옥균, 수신사 요원으로 제2차 도일(300만 엔 차관 도입 명목)

9월 12일, 민 왕후, 장호원에서 창덕궁으로 환궁

9월, 청 관리 장젠, 조선을 중국의 일개 성으로 흡수하자는 '조선선후육책' 상신

9월 22일, 청의 한림원 학자 장페이룬, 조선을 청의 직할령이나 식민지로 만들어 직접 통치하자는 '조선선후사의육책' 상소

10월 1일, 조선 정부, 청으로부터 50만 냥 차관 도입

10월 2일, 그리피스, 『코리아: 은자의 나라』 발간

10월 4일, 조청상민수륙무역장정 체결

10월, 천수탕을 총판조선상무위원으로 조선에 파견

11월, 조선 정부, 행정 개혁 위해 감생청 설치

11월, 청군, 조선군 훈련시켜 신건친군영 창설

12월, 기무처 폐지하고 통리아문과 통리내무아문 설치

12월 9일, 청이 파견한 묄렌도르프·마젠창 제물포 도착

12월 16일, 제3차 수신사 박영효, 요코하마쇼킨은행에서 17만 엔 차관 얻어

1883 1월, 신임 주조선 일본 공사 다케조에 신이치로 부임

1월, 일본군 2개 중대 중 1개 중대 조선에서 철수

1월 12일, 통리아문을 통리교섭통상사무아문(외아문)으로, 통리내무아문을 통리군국사무아문(내아문)으로 개칭

1월 12일, 고종, 묄렌도르프를 외아문협판에 임명

조선 유학생 14명 일본 육군도야마학교 입교

3월, 조선 최초의 근대식 병기 공장인 기기창 건립

4월, 고종, 묄렌도르프를 조선 해관 총세무사에 임명

6월, 김옥균, 제2차 방일 마치고 귀국(300만 엔 차관 도입 실패)

7월 25일, 조일통상장정 및 세칙 조인

8월, 국내 최초의 근대식 인쇄소 박문국 설치

8월, 독일인 카를 고체 박사, 조선의 지하자원 매장지 조사

8월 7일, 전환국 설립

9월 30일, 조선 정부, 제물포(인천) 개항

10월 31일, 조선 최초의 신문 「한성순보」 발간

11월, 묄렌도르프 지휘 아래 부산·원산·인천 개항장에 해관 설치, 관세 업무 개시

11월 18일, 미국 최초로 전국 열차 시각표 통합

11월 26일, 조선, 영국과 체결했던 기존 조약(윌리스조약) 폐기하고, 새로운 조영수호통상조약(파크스조약) 체결

1884 1월 2일, 조선, 해양 방어 위해 기연해방영 설치

6월 26일, 조선-이탈리아 수호통상조약 체결

8월, 위안스카이, 친군 4영 개편. 4영사에 한규직·윤태준·이조연·민영익 임명

12월 4일, 갑신정변으로 박문국 파괴되어 「한성순보」 발간 중단

1886 1월 25일, 「한성주보」 발간

헐버트 선교사, 육영공원 영어 교사로 조선에 도착

1888 7월 7일, 「한성주보」 폐간

1893 5월 9일, 조선 정부, 해군학교 설치령 발표. 해군 교관 요원으로 영국 예비역 해군 대위 윌리엄 콜웰, 하사관 제임스 커티스 초빙

11월, 강화도 갑곶진에 해군학당 건물 완공

1895 유길준, 국한자 혼용체로 『서유견문』 출간

1900 4월, 뉴욕 카네기홀에서 해외선교회의

1904 7월 16일, 대한제국, 일본과 한일양국인민어채조례 체결

1906 일본, 남만주철도주식회사(만철) 설립

1908 일본, 동양척식주식회사 설립

참고문헌

가토 요코加藤陽子, 박영준 옮김, 『근대 일본의 전쟁논리』, 태학사, 2003.

강재언, 『한국근대사연구』, 한울, 1992.

계승범, 『중종의 시대—조선의 유교화와 사림의 시대』, 역사비평사, 2014.

국사편찬위원회, 『한국사 38: 개화와 수구의 갈등』, 탐구당, 2003.

______, 『한국사 39: 제국주의의 침투와 동학 농민전쟁』, 탐구당, 2013.

기무라 간木村幹, 김세덕 옮김, 『대한제국의 패망과 그림자』, 제이앤씨, 2017.

기시모토 미오岸本美緖·미야지마 히로시宮嶋博史, 김현영·문순실 옮김, 『조선과 명청』, 너머북스, 2014.

김기수, 「일동기유」, 국사편찬위원회 편, 『수신사기록』, 1971.

김기혁, 『근대 한·중·일 관계사』, 연세대학교 출판부, 2010.

김기혁 외, 『청일전쟁의 재조명』, 한림대학교 아시아문화연구소, 1996.

김도태, 『서재필 박사 자서전』, 을유문화사, 1972.

김성현, 「19세기 말 조선에 대한 일본 외교관의 이미지와 인식—곤도 마스키近藤眞鋤의 『눌헌유고訥軒遺稿』를 중심으로」, 『정신문화연구』 제41권 제4호(통권 153호), 한국정신문화연구원.

김숙연, 「1880년대 민씨 척족정권의 정치적 성격」, 이화여대 대학원 석사학위 논문, 1991.

김시덕, 『동아시아, 해양과 대륙이 맞서다』, 메디치, 2016.

김옥균·박영효·서재필, 조일문·신복룡 편역, 『갑신정변 회고록』, 건국대학교 출판부, 2006.

김용구, 『세계관 충돌과 한말 외교사 1866~1882』, 문학과지성사, 2001.
______, 『거문도와 블라디보스토크』, 서강대학교 출판부, 2009.
김용삼, 『한강의 기적과 기업가정신』, 프리이코노미스쿨, 2015.
김원모, 『개화기 한미교섭관계사』, 단국대학교 출판부, 2003.
김윤희·이욱·홍준화, 『조선의 최후』, 다른세상, 2004.
김인영, 『한국의 경제성장-국가주도론과 기업주도론』, 자유기업센터, 1998.
김정기, 「청의 조선정책 연구 (1876~1894)」, 서울대학교 문학박사 학위논문, 1994.
______, 「청의 조선 '속방화' 정책과 동학농민전쟁」, 동학농민혁명기념사업회 편, 『동학농민혁명의 동아시아사적 의미』, 서경문화사, 2002.
김정렬 (회고록), 『항공의 경종』, 도서출판 대희, 2010.
김종학, 『개화당의 기원과 비밀외교』, 일조각, 2017.
김홍집, 「수신사일기」, 국사편찬위원회 편, 『수신사기록』, 1971.
(조셉) 니담, 이석호 옮김, 『중국의 과학과 문명』, 을유문화사, 2011.
다나카 아키라田中明, 윤학준 옮김, 『한국정치를 투시한다』, 길안사, 1995.
다보하시 기요시田保橋潔, 김종학 옮김, 『근대 일선관계의 연구 (상)』, 일조각, 2013.
(샤를르) 달레, 최석우 외 옮김, 『한국천주교회사』 (상·중·하), 한국교회사연구소 편, 1980.
대한민국 역사박물관, 『대륙에서 해양으로-1876년 개항』, 2016.
민경배, 『알렌의 선교와 근대 한미 외교』, 연세대학교 출판부, 1991.
박상섭, 『근대국가와 전쟁』, 나남, 2004.
박은숙, 『김옥균 - 역사의 혁명가 시대의 이단아』, 너머북스, 2011.
박종근, 박영재 옮김, 『청일전쟁과 조선-외침과 저항』, 일조각, 1989.
박종효, 『격변기의 한·러 관계사』, 도서출판 선인, 2015.
______, 『러시아 연방의 고려인 역사』, 도서출판 선인, 2018.
배상열, 『조선을 홀린 무당 진령군』, 추수밭, 2017.

배항섭, 『19세기 조선의 군사제도 연구』, 국학자료원, 2002.

백용선, 「주일 영국 외교관 Ernest M. Satow와 초기 조선개화파-이동인을 중심으로」, 한국방송통신대학교 대학원 석사학위 논문, 2016.

(제임스) 브레들리, 송정애 옮김, 『임페리얼 크루즈』, 도서출판 프리뷰, 2010.

(이사벨라 버드) 비숍, 이인화 옮김, 『한국과 그 이웃 나라들』, 살림, 1994.

성희엽, 『조용한 혁명-메이지유신과 일본의 건국』, 소명출판, 2016.

신명호, 『고종과 메이지의 시대-무엇이 조선과 일본의 운명을 결정했나』, 역사의아침, 2016.

신복룡, 『전봉준평전』, 지식산업사, 2006.

신봉승, 『나라를 세웠으면 역사를 고쳐야지』, 가람기획, 2006.

신용하, 『초기 개화사상과 갑신정변 연구』, 지식산업사, 2000.

신헌, 김종학 옮김, 『심행일기』, 푸른역사, 2010.

안승일, 『김홍집과 그 시대』, 연암서가, 2016.

(호레이스) 알렌, 김원모 완역, 『알렌의 일기』, 단국대학교 출판부, 1991.

야마무로 신이치山室信一, 정재정 옮김, 『러일전쟁의 세기』, 도서출판 소화, 2010.

(릴리아스) 언더우드, 신복룡·최수근 옮김, 『상투의 나라』, 집문당, 1999.

연갑수, 『고종대 정치변동 연구』, 일지사, 2008.

오구라 기조小倉紀藏, 조성환 옮김, 『한국은 하나의 철학이다』, 모시는사람들, 2017.

오카 요시타케岡義武, 장인성 옮김, 『근대일본정치사』, 소화, 1996.

(에른스트) 오페르트, 신복룡 역, 『금단의 나라 조선』, 집문당, 2000.

오항녕, 『조선의 힘』, 역사비평사, 2010.

왕소방王紹坊, 한인희 옮김, 『중국외교사』, 도서출판 지영사, 1997.

원유한, 「전환국고典圜局巧」, 『역사학보』 37, 1968.

유성룡, 이민수 옮김, 『징비록』, 을유문화사, 1994.

윤기엽, 「개화기 일본불교의 포교양상과 추이」, 『원불교사상과 종교문화』 제

54집, 원광대학교 원불교사상연구원, 2012.
이광린, 『한국개화사연구』, 일조각, 1969.
______, 『개화당연구』, 일조각, 1981.
______, 『개화파와 개화사상 연구』, 일조각, 1989.
이기동, 『비극의 군인들—근대 한일관계사의 비록』, 일조각, 2020.
이기백, 『한국사신론』, 신수판, 일조각, 1996.
이노우에 가쿠고로井上角五郎, 한상일 역·해설, 『서울에 남겨둔 꿈』, 건국대학교 출판부, 1993.
______, 신영길 역·저, 『조선조 망국 전야기』, 지선당, 2008.
이능화, 『조선불교통사 (下)』, 신문관, 1918.
이병천, 「개항기 외국상인의 침입과 한국 상인의 대응」, 서울대학교 대학원 경제학과 박사학위 논문, 1985.
이삼성, 『동아시아의 전쟁과 평화 (2)』, 한길사, 2017.
이성무, 『한국역사의 이해 (1)』, 집문당, 1998.
______, 『조선시대 당쟁사 (1)』, 동방미디어, 2000.
이양자, 『조선에서의 위안스카이』, 신지서원, 2002.
이영훈, 『한국경제사 I』, 일조각, 2016.
이영훈·박이택, 「18세기 조선왕조의 경제체제」, 나카무라 사토루·박섭 엮고 지음, 『근대 동아시아 경제의 역사적 구조』, 일조각, 2007.
이용주, 「문명론을 거쳐 탈아론에 이르는 길—후쿠자와 유치키의 아시아 인식과 문명화의 사명」, 이규수·임경석·진재교 외, 『근대전환기 동아시아 속의 한국』, 성균관대학교 출판부, 2004.
이윤섭, 『일본 100년—문호개방에서 55년 체제까지 일본 제국주의 흥망사』, 아이필드, 2016.
이정식, 『구한말의 개혁·독립투사 서재필』, 서울대학교 출판부, 2003.

이태진, 『고종시대의 재조명』, 태학사, 2000.
이헌창, 『한국경제통사』, 도서출판 해남, 2012.
이현희, 「신출귀몰의 개화승 이동인」, 『통일한국』 1987년 2월호(통권 제38호), 평화문제연구소.
이황직, 『군자들의 행진』, 아카넷, 2019.
이희권, 「조선후기 지방통치행정연구」, 전남대 박사학위 논문, 1989.
임계순, 「한로밀약과 청의 대응」, 한국정신문화연구원 역사연구실 편, 『청일전쟁을 전후한 한국과 열강』, 한국정신문화연구원, 1984.
임종국, 『일본군의 조선침략사 (1)』, 일월서각, 1988.
정병석, 『조선은 왜 무너졌는가』, 시공사, 2016.
정진석, 「한성순보·주보에 관한 연구」, 『신문연구』 36, 1983.
조경달, 최덕수 옮김, 『근대조선과 일본–조선의 개항부터 대한제국의 멸망까지』, 열린책들, 2015.
조재곤, 『한국 근대사회와 보부상』, 혜안, 2001.
최덕수 외, 『조약으로 본 한국근대사』, 열린책들, 2010.
최문형, 『제국주의 시대의 열강과 한국』, 민음사, 1990.
______, 『한국을 둘러싼 제국주의 열강의 각축』, 지식산업사, 2006.
최봉서, 『한국인의 사회적 성격 (2)』 도서출판 느티나무, 1994.
최인택, 「개항기 奧村圓心의 조선포교 활동과 이동인」, 『동북아 문화연구』 제10집, 2006.
최정운, 『한국인의 탄생』, 미지북스, 2017.
최희재, 「중화제국질서의 동요」, 서울대학교 동양사학연구실 편, 『강좌중국사 V: 중화제국의 동요』, 지식산업사, 1989.
표교열, 「제1·2차 중영전쟁」, 서울대학교 동양사학연구실 편, 『강좌 중국사 V: 중화제국의 동요』, 지식산업사, 1989.

한상일, 『일본 지식인과 한국』, 오름, 2000.

한우근, 『동학과 농민 봉기』, 일조각, 1997.

함재봉, 『한국사람 만들기 II』, 아산서원, 2017.

______, 『한국사람 만들기 III: 친미기독교파 1』, H프레스, 2020.

허동현, 「1881년 조선 조사朝士 일본시찰단에 관한 일연구一研究」, 『한국사연구』 52, 한국사연구회, 1986.

______, 「조사시찰단(1881)의 일본 경험에 보이는 근대의 특성」, 『한국사상사학』 제19집, 한국사상사학회, 2002.

(호머) 헐버트, 신복룡 역주, 『대한제국 멸망사』, 집문당, 1999.

(에릭) 홉스봄, 정도영 외 옮김, 『혁명의 시대』, 한길사, 1998.

____, 정도영 옮김, 『자본의 시대』, 한길사, 1998.

____, 김동택 옮김, 『제국의 시대』, 한길사, 1998.

황현, 김종익 옮김, 『오하기문梧下記聞』, 역사비평사, 1994.

____, 이장희 옮김, 『매천야록 상』, 명문당, 2008.

____, 허경진 옮김, 『매천야록—지식인의 눈으로 바라본 개화와 망국의 역사』, 서해문집, 2016.

후지와라 아키라藤原彰, 서영식 옮김, 『일본군사사日本軍事史 상』, 제이앤씨, 2013.

세계사와 포개 읽는 한국 100년 동안의 역사 ❺
-강화도조약·임오군란의 뒤안길

펴낸날 초판 1쇄 2021년 7월 20일
초판 2쇄 2022년 4월 14일

지은이 김용삼
펴낸이 김광숙
펴낸곳 백년동안
출판등록 2014년 3월 25일 제406-2014-000031호

주소 경기도 파주시 광인사길 22
전화 031-941-8988
팩스 070-8884-8988
홈페이지 http://www.백년동안.com
이메일 on100years@gmail.com

ISBN 979-11-86061-79-4 04910
979-11-86061-70-1 04910 (세트)

※ 값은 뒤표지에 있습니다.
※ 잘못 만들어진 책은 구입하신 서점에서 바꾸어 드립니다.